O HOMEM, O ESTADO E A GUERRA

O HOMEM, O ESTADO E A GUERRA
Uma análise teórica

Kenneth N. Waltz

Tradução
ADAIL UBIRAJARA SOBRAL
Revisão da tradução
MARINA APPENZELLER

Esta obra foi publicada originalmente em inglês com o título
MAN, THE STATE AND WAR: A THEORETICAL ANALYSIS
por Columbia University Press.
Copyright © 1954, 1959, 2001 Columbia University Press.
Todos os direitos reservados.
Copyright © 2004, Livraria Martins Fontes Editora Ltda.,
São Paulo, para a presente edição.

1ª edição *2004*
2ª edição *2022*

Tradução
ADAIL UBIRAJARA SOBRAL

Revisão da tradução
Marina Appenzeller
Acompanhamento editorial
Luzia Aparecida dos Santos
Revisões
Maria Fernanda Alvares
Lilian Jenkino
Dinarte Zorzanelli da Silva
Produção gráfica
Geraldo Alves
Paginação
Studio 3 Desenvolvimento Editorial
Capa
Katia Harumi Terasaka Aniya
Foto da capa
Chad Slattery/Getty Images

Dados Internacionais de Catalogação na Publicação (CIP)
(Câmara Brasileira do Livro, SP, Brasil)

Waltz, Kenneth N., 1924-2013
    O homem, o estado e a guerra : uma análise teórica / Kenneth N.
Waltz ; tradução Adail Ubirajara Sobral. – 2. ed. – São Paulo, SP :
Editora WMF Martins Fontes, 2022.

    Título original: Man, the state and war : a theoretical analysis.
    Bibliografia.
    ISBN 978-85-469-0409-9

    1. Guerra 2. O Estado 3. Política mundial 4. Relações interna-
cionais I. Título.

22-128506   CDD-327-16

Índices para catálogo sistemático:
1. Conflitos internacionais : Relações internacionais :
Política   327.16

Eliete Marques da Silva - Bibliotecária - CRB-8/9380

Todos os direitos desta edição reservados à
Editora WMF Martins Fontes Ltda.
Rua Prof. Laerte Ramos de Carvalho, 133 01325.030 São Paulo SP Brasil
Tel. (11) 3293.8150 e-mail: info@wmfmartinsfontes.com.br
http://www.wmfmartinsfontes.com.br

ÍNDICE

Prefácio à edição de 2001 .... *VII*
Apresentação (1959), *por William T. R. Fox* .... *XV*
Prefácio (1959) .... *XIX*

CAPÍTULO UM: Introdução *3*

CAPÍTULO DOIS: A primeira imagem: *Conflito internacional e comportamento humano* *23*

CAPÍTULO TRÊS: Algumas implicações da primeira imagem: *As ciências do comportamento e a redução da violência entre Estados* *55*

CAPÍTULO QUATRO: A segunda imagem: *O conflito internacional e a estrutura interna dos Estados* *101*

CAPÍTULO CINCO: Algumas implicações da segunda imagem: *O socialismo internacional e o advento da Primeira Guerra Mundial* *155*

CAPÍTULO SEIS: A terceira imagem: *Conflito internacional e anarquia internacional* *197*

CAPÍTULO SETE: Algumas implicações da terceira imagem: *Exemplos da economia, da política e da história* *231*

CAPÍTULO OITO: Conclusão *277*

Bibliografia *297*

Índice analítico *313*

PREFÁCIO À EDIÇÃO DE 2001

Quase cinco décadas se passaram desde que escrevi uma tese de doutorado intitulada "O homem, o Estado e o sistema dos Estados nas teorias sobre as causas da guerra". Depois de todos esses anos, é agradável recordar a origem e a evolução do texto original.

Em 1950, quando minha mulher e eu éramos alunos de pós-graduação na Columbia University, dediquei o ano acadêmico a duas tarefas repletas de exigências – preparar-me para o exame oral de duas horas que determinava o nosso destino acadêmico e garantir um adiamento longo o suficiente de minha nova convocação pelo Exército que me permitisse estar por perto quando do nascimento de nosso primeiro filho. Por volta de abril de 1951, eu havia terminado de me preparar para a área em que não me especializaria, relações internacionais, e planejava dedicar as poucas semanas restantes a uma revisão final de minha especia-

VIII

lização, teoria política. Na época fiquei sabendo que o professor Nathaniel Peffer, que seria meu principal examinador em relações internacionais, estava com a saúde bem abalada e não mais estaria presente nas bancas de alunos que se especializariam na área. Pedi então ao professor William T. R. Fox que substituísse Peffer e expliquei que, como era o hábito do professor Peffer, tínhamos acertado que me concentraria em certos tópicos, como o imperialismo e a história diplomática da Europa, e deixaria em grande parte de lado outros temas, como direito e organização internacionais. Depois de ligar para a secretária do departamento, Edith Black, que entendia de todos os assuntos acadêmicos, e de constatar que esses acordos eram de fato uma prática costumeira, o professor Fox virou-se para mim e, num tom gentil, disse: "Mesmo assim, quando se apresentam as relações internacionais como matéria de exame, você tem de cobrir o assunto como um todo e não fragmentá-lo concentrando-se em uns poucos tópicos."

Em outras circunstâncias, eu teria adiado o exame até o outono – um plano razoável, dado que corria a notícia de que dois terços dos pós-graduados não passavam nos exames orais. Não obstante, no outono eu estaria de novo no Exército. Os alunos de pós-graduação chamavam o professor Fox de "Fox Superpotência", a partir do título de seu livro, *The Superpowers* [As superpotências], que deu nome a uma época. Minha mulher e eu reunimos então todos os livros que pudemos encontrar acerca do sempre ardiloso tópico do poder nas relações internacionais.

Tentando ingerir um conjunto bem amplo de obras de uma só vez, perturbaram-me as concepções contrastantes de autores que, embora lidassem ostensivamente com o mesmo tópico, chegavam a conclusões dife-

IX

rentes e muitas vezes contraditórias. Como eu poderia entender essa literatura? Sentado na biblioteca Butler, de Columbia, acendeu-se uma luz em minha mente. Numa folha de papel hoje bem amarelada, escrevi às pressas o que considerei os três níveis de análise usados no estudo da política internacional. Eu descobrira a chave que me permitiu organizar os recalcitrantes materiais relativos ao assunto e alojá-los com segurança na mente.

Para matar o tempo em Fort Lee, Virgínia, escrevi um esboço da dissertação proposta. Com cerca de quinze páginas, cobria tudo, das utopias à geopolítica e à explosão populacional prospectiva, todos os temas que se encaixavam no formato tripartite. Enviei o esboço ao professor Fox e fui vê-lo quando estava no norte de Nova Jersey em licença do Exército. Seu comentário sobre o esboço foi de que seria útil para um curso que algum dia eu viesse a dar. Ele sugeriu que, enquanto isso, eu passasse um dia escrevendo um resumo de três ou quatro páginas da dissertação. Escrevi. Muitas semanas depois, chegou uma carta para mim na Coréia, dizendo que os titulares do departamento não tinham compreendido o que eu me propunha a fazer, mas concordaram em me deixar seguir em frente e fazê-lo.

No outono de 1952, voltei à cidade de Nova York, tarde demais para começar a dar aulas, mesmo que houvesse alguma vaga. O professor Fox, que assumira recentemente a chefia do Institute of War and Peace Studies [Instituto de estudos da guerra e da paz], felizmente me ofereceu um cargo de assistente de pesquisa no instituto. Eu deveria passar metade do meu tempo trabalhando na dissertação e a outra metade na revisão de um original do historiador Alfred Vagts. O original, empilhado numa mesa do instituto, tinha mais de vinte e dois centímetros de altura. Na primavera de 1954, terminei a dissertação e um curso que dei de política internacional; no final do verão, eu reduzira o original de Vagts a proporções publicáveis[1]. Cinco anos depois, minha dissertação foi publicada como *O homem, o Estado e a guerra: uma análise teórica*.

Esta é a história da gênese deste livro. As páginas a seguir refletem acerca de sua substância. De início, usei o termo "níveis de análise" para estabelecer a localização da suposta causa principal dos resultados da política internacional. Minha mulher me convenceu a usar o termo "imagem", mais preciso e elegante – mais preciso porque quem pensa em termos de níveis é facilmente levado a pensar que a escolha de um nível é somente uma questão do que parece se adequar ao tema e à fantasia de cada um. "Imagem" é também o melhor termo porque, embora o pensamento analítico seja apropriado a alguns problemas da política internacional, uma compreensão mais ampla desta requer uma abordagem sistêmica que chame a atenção para os efeitos da terceira imagem e ao mesmo tempo permita a compreensão de todos os "níveis".

A palavra "imagem" sugere que se forme um quadro mental; sugere que se veja o mundo de uma certa maneira. "Imagem" é um termo adequado porque não se pode "ver" diretamente a política internacional, por mais atentamente que se olhe para ela, e porque desenvolver uma teoria exige que se descreva um domínio pertinente de atividade. Dizer "imagem" sugere ainda que, para explicar os resultados internacionais, seja preciso filtrar alguns elementos de nossa visão a fim de nos concentrarmos nos elementos presumivel-

---

1. *Defense and Diplomacy*, Nova York, King's Cross Press, 1956.

mente fundamentais. Ao relacionar a primeira e a segunda imagem com a terceira, percebi a terceira imagem como "a estrutura da ação do Estado" e como "uma teoria dos efeitos condicionantes do próprio sistema dos Estados"[2]. A explicação de resultados internacionais requer o exame das situações dos Estados, bem como de suas características individuais[3].

O que na época chamei de "o sistema dos Estados" defini mais tarde de maneira mais precisa como a estrutura do sistema político internacional. A rigor, *O homem, o Estado e a guerra* não apresentou uma teoria da política internacional. No entanto, o livro assentou as fundações para a elaboração de uma. Desenvolveu conceitos e identificou problemas que continuam a preocupar muito os estudiosos e formuladores da política. O capítulo quatro, o mais longo do livro, examina a base e questiona a validade do que é erroneamente chamado de "teoria da paz democrática". (Trata-se de uma tese, ou de um fato suposto, mas não de uma teoria.) Estabeleci uma distinção entre liberais intervencionistas e não-intervencionistas e alertei para os perigos das inclinações dos primeiros, advertência hoje muitas vezes desprezada pelos responsáveis pela política externa norte-americana. Afinal, a paz é a mais nobre causa da guerra, e, se as democracias são a forma pacífica de Estado, justificam-se todos os meios usados para levar outros Estados a se tornarem democráticos. Os meios que podem ser usados para alcançar a meta de administração de Clinton de "aperfeiçoar a democracia" fazem os liberais não-intervencionistas tremer. Questionei a validade da tese da paz democrática ao colo-

---

2. Ver pp. 285-6.
3. Ver pp. 210-1.

car a terceira imagem em contraste com a segunda e ao evocar a autoridade de Jean-Jacques Rousseau. Esperar que Estados de qualquer tipo permaneçam confiavelmente em paz numa condição de anarquia exigiria a perfeição uniforme e duradoura de todos eles.

Os americanos há muito acreditam que seu país promove valores universais no exterior. Essa crença tem duas conseqüências. Em primeiro lugar, quando o país age para manter o equilíbrio, como ao entrar na Primeira Guerra Mundial e ao se opor à União Soviética durante a Guerra Fria, a justificação da política é expressa não em termos de poder político, mas de fortalecimento das forças da liberdade no mundo e de promoção da causa da democracia. Em segundo, os americanos julgam difícil de acreditar que outros países possam se ressentir do fato de os Estados Unidos ampliarem sua influência e aumentarem seu controle internacionalmente, e temê-lo. Para eles, é complicado crer que sua atual preponderância de poder, mesmo acompanhada de boas intenções, seja uma preocupação para os Estados que vivem à sua sombra. *O homem, o Estado e a guerra* explica como os equilíbrios resultam não da malevolência dos seres humanos ou dos Estados, mas da condição na qual todos os Estados existem[4].

A tendência dos Estados ao equilíbrio baseia-se na anarquia dos Estados. O mesmo acontece com outras práticas e preocupações dos Estados. A guerra pode eclodir hoje em função do medo de que um equilíbrio satisfatório venha a se tornar um desequilíbrio contra o país em questão no futuro. Mostra-se que aquilo que é agora denominado apropriadamente "a sombra do futuro" e que de um modo geral se julga um fator de pro-

---

4. Ver especialmente pp. 245-75.

XIII

moção da cooperação entre Estados é uma causa importante da guerra, sendo a Primeira Guerra Mundial usada como um exemplo amplo[5]. Além disso, demonstra-se que o conflito reside menos na natureza dos seres humanos ou dos Estados do que na natureza da atividade social[6]. O conflito é um subproduto da competição e de esforços de cooperação. Num sistema de auto-ajuda, em que se espera que o conflito ocorra, os Estados têm de se preocupar com os meios necessários para se manter e se proteger. Quanto mais acirrada a competição, tanto mais fortemente os Estados buscam ganhos relativos e não absolutos[7].

A permanência de *O homem, o Estado e a guerra* atesta a continuidade da política internacional. Os muitos eventos importantes de décadas recentes deixaram intacta a estrutura anárquica da política internacional, conservando a pertinência desta obra. Graves questões – a prevalência da política do equilíbrio de poder, o peso causal de forças identificadas por uma ou outra das três imagens, os efeitos da sombra do futuro, a importância dos ganhos relativos *versus* os ganhos absolutos – continuam sendo objeto da preocupação dos estudiosos da política internacional.

---

5. Ver o capítulo cinco, especialmente pp. 162 ss.
6. Ver p. 208.
7. Ver pp. 244-5, 274.

APRESENTAÇÃO (1959)

O homem, o Estado e a guerra é o segundo dos Estudos Monográficos em Relações Internacionais a ser publicado. Planejou-se que a série mostraria algumas contribuições que os grupos de conhecimento existentes são capazes de dar à compreensão das relações internacionais modernas. Mesmo num campo relativamente novo de especialização acadêmica, não é necessário que o estudioso parta absolutamente do zero. Na realidade, cabe a ele não deixar de recorrer a fontes existentes de conhecimento. Uma das fontes menos inventariadas sistematicamente quanto à sua utilidade para as relações internacionais é o pensamento político ocidental clássico. Cada volume da série Estudos Monográficos foi concebido para ser um inventário desse gênero. É particularmente apropriado que *O homem, o Estado e a guerra* seja incluído na série.

O professor Waltz optou por investigar a contribuição particular que a teoria política clássica oferece à compreensão das causas da guerra e à definição das condições sob as quais a guerra pode ser controlada ou eliminada como árbitro final de disputas entre grupos de homens na ausência de uma autoridade central. Há outras questões fundamentais de interesse para o estudioso das relações internacionais às quais os teóricos políticos clássicos buscaram dar respostas, mas nenhuma tem um caráter tão central quanto aquela de que o professor Waltz se ocupa.

Seu método é descrever as respostas que certos teóricos representativos dão e, em capítulos alternados, discutir algumas implicações e aplicações das percepções clássicas para a pesquisa contemporânea em ciências sociais e para as escolhas no campo da política pública. Seu livro, portanto, é mais do que uma obra de exegese. Ele se preocupa não somente com aquilo que certas figuras importantes da história do pensamento político ocidental pretenderam de fato dizer, como também, mais do que isso, com os efeitos do fato de eles terem pensado e escrito da maneira como o fizeram. A preocupação do autor não é a do antiquário, e seu ponto de vista não é puramente o da "arte pela arte".

A série Estudos Monográficos foi organizada, em sua maior parte, em 1947 pelo doutor Grayson Kirk, atual presidente da Columbia University, mas na época professor de Relações Internacionais nessa universidade. Seus encargos administrativos tornaram necessário que uma outra pessoa assumisse a responsabilidade editorial direta da série; e ele pediu em 1951 que eu assumisse essa responsabilidade. Os estudos da série foram possíveis graças a uma subvenção concedida pela Carnegie Corporation à Columbia University. Nem a fundação nem a universidade assumiram por isso a responsabilidade pelas descobertas dos vários colabo-

XVII

radores da série Estudos Monográficos. Como observei na apresentação do volume anterior da série, *Defense and Diplomacy* [Defesa e diplomacia], Nova York, King's Cross Press, 1956, de Alfred Vagts, as opiniões expressas são as dos autores, e a estes cabe propriamente tanto o crédito como a responsabilidade por elas.

WILLIAM T. R. FOX

Institute of War and Peace Studies
Columbia University
Cidade de Nova York
6 de abril de 1959

PREFÁCIO (1959)

As páginas que se seguem refletem uma preocupação direta com as relações internacionais e um interesse há muito existente pela teoria política. Este data dos anos que passei no Oberlin College, quando John e Ewart Lewis me levaram ao fascínio pela teoria e à compreensão de sua importância no estudo da política. Mais tarde, na Columbia University, tive a grande felicidade de ser aluno do falecido Franz Neumann, cujo brilho e excelência como professor nunca serão esquecidos por quem o conheceu.

Minhas dívidas mais imediatas e profundas são para com William T. R. Fox. Do primeiro vago esboço do trabalho à versão final aqui apresentada, ele ofereceu gentilmente seus conselhos e suas críticas argutas. Além disso, como diretor do Institute of War and Peace Studies da Columbia University, ele me possibilitou dedicar verões e partes do ano acadêmico à pesquisa e à re-

XX

dação. Não basta dizer que graças a ele este é um livro melhor, dado que, sem seu estímulo e aconselhamento, é difícil ver como o livro existiria.

Tive uma sorte incomum com os meus outros críticos: Herbert A. Deane e John B. Stewart, ambos da Columbia University, e Kenneth W. Thompson, da Rockfeller Foundation. Cada um deles teve a grande gentileza de ler todo o texto em algum dos estágios da preparação, e o professor Stewart teve a enorme paciência de lê-lo em dois estágios distintos. Cada um deles fez sugestões que me pouparam inúmeros erros e, o que é mais importante, levaram-me a reconsiderar e muitas vezes reformular parcelas substanciais do texto, ainda que eu nem sempre tenha chegado a conclusões que eles julgaram aceitáveis.

Minha mulher fez mais do que manter as crianças quietas e mudar vírgulas de lugar, mais do que criticar e ler provas; ela fez a maior parte das pesquisas para um dos capítulos e contribuiu com idéias e informações para todos eles. Devo ainda agradecer à Columbia University Press por sua compreensão pelos problemas que o autor inexperiente tem de enfrentar e por sua generosa assistência a ele para superar esses problemas.

Excertos das obras de outros autores muitas vezes veiculavam as idéias que eu tinha em mente com muito mais felicidade do que poderia esperar atingir. Citei, portanto, livremente, e desejo agradecer aos seguintes editores sua gentil autorização para citar fragmentos protegidos por direitos autorais: George Allen and Unwin Ltd., o livro de John Hobson, *Imperialism*; Constable and Company Ltd., o livro de Jean-Jacques Rousseau, *A Lasting Peace through the Federation of Europe*, traduzido por C. E. Vaughan; E. P. Dutton and Company, Inc., o livro de Jean-Jacques Rousseau, *The Social*

Contract, traduzido por G. D. H. Cole (edição da Everyman's Library); William Morrow and Company, Inc., os livros de Margaret Mead, *Coming of Age in Samoa* (copyright 1928 de William Morrow and Company), e *And Keep Your Powder Dry* (copyright 1942 de Margaret Mead); à Philosophical Library o livro *Psychological Factors of Peace and War*, editado por T. H. Pear; e ao Social Science Research Council a obra de Otto Klineberg, *Tensions Affecting International Understanding*.

KENNETH N. WALTZ

Swarthmore College
Abril de 1959

O HOMEM, O ESTADO E A GUERRA

CAPÍTULO UM

Introdução

Perguntar quem ganhou uma determinada guerra equivale, disse alguém, a perguntar quem ganhou o terremoto de São Francisco. Em guerras não haver vitória, mas apenas graus variados de derrota, é uma consideração que vem obtendo crescente aceitação no século XX. Mas as guerras também são iguais aos terremotos como ocorrências naturais cujo controle ou eliminação estão além do engenho humano? Poucos admitiriam que são, mas as tentativas de eliminar a guerra, por mais nobre que fosse sua inspiração e por mais assiduamente que tenham sido perseguidas, produziram pouco mais do que momentos passageiros de paz entre os Estados. Há uma aparente desproporção entre esforço e produto, entre desejo e resultado. O desejo de paz, dizem-nos, corre forte e profundamente entre o povo russo; e estamos convencidos de que o mesmo pode ser dito dos americanos. Essas afirmações podem trazer algum consolo, mas, à luz da história e dos atuais acontecimentos, é difícil crer que esse desejo venha a gerar a condição que se quer alcançar.

Dando-se conta, a partir de seus estudos, da solidez com que o presente se acha vinculado ao passado e da íntima dependência das partes de um sistema entre si, os cientistas sociais tendem a ser conservadores ao estimar as possibilidades de se chegar a um mundo radicalmente melhor. Quando se pergunta se agora podemos ter paz onde no passado houve guerra, as respostas são na maioria das vezes pessimistas. Talvez esta seja a pergunta errada. E, com efeito, as respostas serão um pouco menos desestimulantes se fizermos, em vez disso, as seguintes perguntas: Há maneiras de reduzir a incidência da guerra, de aumentar as chances de paz? Podemos ter paz mais freqüentemente no futuro do que no passado?

A paz é um entre vários fins visados simultaneamente. São inúmeros os meios pelos quais se pode buscar a paz. O fim é buscado e os meios são aplicados sob diversas condições. Embora se possa julgar difícil de acreditar haver caminhos ainda não experimentados por estadistas ou defendidos por jornalistas que levem à paz, a própria complexidade do problema sugere a possibilidade de combinar atividades de diferentes maneiras na esperança de que alguma combinação nos leve para mais perto da meta. Somos então levados a concluir que a sabedoria do estadista reside em tentar primeiro uma determinada política e depois uma outra, em fazer o que o momento parece exigir? Uma resposta afirmativa sugeriria que a esperança de melhoria está na política divorciada da análise, na ação afastada do pensamento. Não obstante, cada tentativa de aliviar uma condição implica alguma idéia de suas causas: explicar como a paz pode ser alcançada de modo mais imediato requer uma compreensão das causas da guerra. É esta compreensão que buscaremos nas páginas que se seguem. Tomando emprestado o título de um livro de Mortimer Adler, nosso assunto é "Como pensar sobre a guerra e a paz". Os capítulos a seguir são, nesse sentido, ensaios de teoria política. Essa descrição justifica-se em parte pelo modo como é feita a investigação – procedemos por meio do exame de pressupostos e do questionamento repetido dos efeitos que têm – e, em parte, pelo fato de considerarmos diretamente alguns filósofos políticos, por vezes de maneira limitada, como é o caso de Santo Agostinho, Maquiavel, Espinosa e Kant, e outras vezes longamente, como ocorre com Rousseau. Em outros pontos do livro, vamos nos concentrar num determinado tipo de pensamento, como nos capítulos sobre os cientistas sociais, os liberais e os socialistas. Mas qual a importância do pensamento de outras pessoas, muitas das quais viveram em épocas remotas, para os problemas urgentes e terríveis do presente? O restante do livro é uma resposta a essa pergunta, mas é de bom tom indicar desde o início os caminhos que vamos percorrer.

Por que Deus, se é onisciente e onipotente, permite a existência do mal? Assim pergunta o simplório Huron no conto de Voltaire, confundindo desse modo os eruditos homens da Igreja. O problema da teodicéia em sua versão secular – a explicação que o homem dá a si mesmo da existência do mal – é tão intrigante quanto intricado. A moléstia e a peste, a intolerância e o estupro, o roubo e o assassinato, a pilhagem e a guerra, aparecem como constantes na história do mundo. Por que isso acontece? Pode-se explicar a guerra e a malevolência da mesma maneira? A guerra é simplesmente uma malevolência de massa e, portanto, será uma explicação da malevolência uma explicação dos males a que os homens em sociedade estão sujeitos? Muitos pensam que sim.

> Porque, embora nos tenha sido concedido pela divina indulgência sermos imunes a tudo de fora que nos pode prejudicar [escreve John Milton], a perversidade de nossa demência tem tal inclinação que nunca deveríamos cessar de extrair a marteladas de nosso próprio coração, como se fosse de uma pedra, as sementes e as centelhas de novas aflições para nós mesmos, até que tudo voltasse a tornar-se chama.[1]

Nossas aflições são inelutavelmente produto de nossas naturezas. A raiz de todo o mal é o homem, sendo portanto ele a raiz do mal específico que é a guerra. Essa estimativa da causa, disseminada e firmemente sustentada por muitos como artigo de fé, tem exercido uma enorme influência. É a convicção de Santo Agostinho e de Lutero, de Malthus e de Jonathan Swift, de Dean Inge e de Reinhold Niebuhr. Em termos seculares, sendo os homens definidos como seres que combinam razão e emoção e em quem a paixão triunfa repetidamente, essa crença foi um dos fundamentos da filosofia, inclusive da filosofia política de Espinosa. Pode-se alegar que influiu tanto nas atividades de Bismarck, com sua opinião pouco lisonjeira acerca dos semelhantes, quanto nos rigorosos e austeros escritos de Espinosa. Se as crenças da pessoa condicionam suas expectativas, e se suas expectativas condicionam seus atos, a aceitação ou a rejeição da afirmação de Milton se

---

1. Milton, "The Doctrine and Discipline of Divorce". *In: Works*, III, 180.

torna importante nos assuntos dos homens. E, com efeito, Milton poderia ter razão mesmo que ninguém acreditasse nele. Sendo assim, os esforços para explicar a recorrência da guerra em termos de, digamos, fatores econômicos ainda podem ser jogos interessantes, mas seriam jogos com poucas conseqüências. Se é verdade, como disse certa vez Dean Swift, que "exatamente o mesmo princípio que influencia um valentão a quebrar a vidraça da mundana que o dispensou incita naturalmente um grande príncipe a reunir exércitos poderosos e sonhar apenas com cercos, batalhas e vitórias"[2], as razões apresentadas pelos príncipes para as guerras que eles vêm travando são meras racionalizações que encobrem uma motivação que eles mesmos podem não ter percebido e que, caso as percebessem, não teriam condições de afirmá-las abertamente. Disso se seguiria ainda que os esquemas do estadista Sully, se é que tinham a séria intenção de produzir uma paz maior no mundo, eram tão inúteis quanto os sonhos do monge francês Crucé – inúteis a não ser que se pudesse chegar às raízes, ao orgulho e à petulância que têm produzido as guerras e os outros males que assolam a humanidade.

Há muitos que concordam com Milton quanto ao fato de o homem dever examinar o próprio homem para entender os eventos sociais e políticos, mas que discordam quanto ao que é ou pode vir a ser a natureza humana. Há muitos outros que, com efeito, se indispõem contra a premissa principal. O homem faz a sociedade à sua imagem ou a sua sociedade que o faz? Era de se esperar, numa época em que a filosofia era pouco mais do que um ramo da teologia, que

---

2. Swift, *A Tale of a Tub*.

os teólogos-filósofos atribuíssem à ação humana aquilo que muitos filósofos antes deles descreveram como os efeitos da própria política. Rousseau, entre muitos outros que poderiam ser mencionados, rompe claramente com a concepção de que, sendo o homem um animal social, pode-se explicar seu comportamento na sociedade apontando-se a sua paixão animal e/ou sua razão humana. O homem nasce e em sua condição natural permanece nem bom nem mau. É a sociedade que constitui a força de degradação da vida dos homens, mas ela é também o agente moralizador. E a este último efeito Rousseau relutava em se render, mesmo que julgasse possível os homens voltarem ao estado de natureza. Essa é sua posição, que se reflete com coerência em suas várias obras, embora persista o mito de que ele acreditava no selvagem nobre e lamentava o advento da sociedade[3]. O comportamento do homem, sua própria natureza, que alguns consideraram causa da sociedade em que ele vive, é, de acordo com Rousseau, em grande parte um produto da sociedade em que ele vive. E a sociedade, afirma ele, é inseparável da organização política. Na ausência de um poder organizado, que no mínimo tem de servir como autoridade adjudicadora, é impossível aos homens viverem juntos numa paz mesmo razoável. O estudo da sociedade não pode ser separado do estudo do governo, nem o estudo do homem de ambos. Rousseau, como Platão, acredita que uma política ruim torna os homens maus, e uma boa os torna bons. O que não equivale a dizer que o Estado é o oleiro e o homem, uma porção de argila que não oferece resistência à forma que o

---

3. Para uma discussão mais ampla de Rousseau, ver o cap. seis adiante.

artista quer lhe atribuir. Há, como reconheceu Rousseau, semelhanças entre os homens em qualquer lugar em que vivam. Há igualmente diferenças, e a busca de suas causas é uma tentativa para explicar essas diferenças. A explicação da conseqüência – quer se esteja preocupado com a recorrência do roubo, quer da guerra – deve ser encontrada no estudo das diversas relações sociais entre os homens, que requer, por sua vez, o estudo da política.

O homem em sociedade pode ser mais bem entendido mediante o estudo do homem ou o estudo da sociedade? A resposta mais satisfatória seria retirando-se a palavra "ou" e pondo-se em seu lugar "ambos". Mas o ponto a partir do qual se começa a explicação dos eventos faz a diferença. O reverendo Thomas Malthus escreveu certa vez que, "embora as instituições humanas pareçam ser as causas óbvias e perceptíveis de muitos distúrbios que afetam a humanidade, ainda assim elas são, na realidade, leves e superficiais, são meras penas que flutuam na superfície, em comparação com as causas mais profundamente arraigadas da impureza que corrompem as fontes e que tornam turva toda a corrente da vida humana"[4]. Rousseau examinou o mesmo mundo, o mesmo conjunto de eventos, mas descobriu o *local* das grandes causas em um âmbito diferente.

Seguir a orientação de Rousseau levanta, por sua vez, algumas questões. Assim como os homens vivem em Estados, os Estados existem em um mundo de Estados. Se agora concentrarmos nossa atenção no motivo pelo qual as guerras ocorrem, devemos enfati-

---

4. Malthus, *An Essay on the Principle of Population*, pp. 47-8 (cap. X da ed. de 1798).

zar o papel do Estado, com seu conteúdo social e econômico e com sua forma política, ou principalmente naquilo que é por vezes chamado de sociedade de Estados? Mais uma vez, pode-se dizer, risque o "ou" e trate de ambos – mas muitos enfatizaram o primeiro ou o segundo elemento, o que ajuda a explicar as conclusões discrepantes a que chegaram. Os que enfatizam o primeiro de certo modo procedem paralelamente a Milton. Ele explica os males do mundo pelo mal que há no homem; eles explicam o grande mal da guerra pelas más qualidades de alguns ou de todos os Estados. A afirmação costuma ser invertida: se os maus Estados travam guerras, os bons Estados viverão em paz uns com os outros. Com vários graus de justificativa, essa concepção pode ser atribuída a Platão e a Kant, a liberais do século XIX e a socialistas revisionistas. Eles concordam com o princípio em questão, ainda que discordem em suas descrições dos bons Estados e também quanto ao problema de implementar sua existência.

Enquanto os marxistas eclipsam parcialmente a descrição do mundo dos liberais, outros a obnubilam por completo. O próprio Rousseau não identifica as grandes causas da guerra no homem nem nos Estados, mas no próprio sistema dos Estados. Sobre os homens em estado de natureza, ele assinalou que nenhum homem pode de início se comportar com decência sem a garantia de que os outros não poderão destruí-lo. Esse pensamento é desenvolvido por Rousseau e por ele aplicado a Estados que existem em condições de anarquia em seu ensaio fragmentário sobre "O estado de guerra" e em seus comentários sobre as obras do abade de Saint-Pierre. Embora queira permanecer em paz, o Estado pode ter de considerar a possibilidade de travar uma guerra preventiva; porque, se não atacar quando o momento for favorável, ele pode atacar quando a vantagem tiver passado para o outro lado. Essa concepção forma a base analítica de muitas abordagens das relações internacionais fundamentadas no equilíbrio de poder e do programa da federação mundial. Implícita em Tucídides e Alexander Hamilton, explicitada por Maquiavel, Hobbes e Rousseau, trata-se a um só tempo de uma explicação generalizada do comportamento dos Estados e de um *point d'appui** fundamental contra aqueles que examinam a estrutura interna dos Estados para explicar seu comportamento externo. Embora alguns acreditem que a paz vai resultar do aprimoramento dos Estados, outros asseveram que a natureza de um Estado depende de sua relação com os outros. Esta última tese foi deduzida por Leopold Ranke da história dos Estados da Europa moderna e aplicada a ela. Também tem sido usada para explicar a organização interna de outros Estados[5].

Alguns estadistas, assim como filósofos e historiadores, têm se empenhado em explicar o comportamento dos Estados na paz e na guerra. Woodrow Wilson, no esboço de uma anotação escrita em novembro de 1916, observou que as causas da guerra então travada eram obscuras, que as nações neutras não sabiam por que ela começara e que, se fossem envolvidas, não saberiam por que fins estariam lutando[6]. Mas é freqüente que, para agir, tenhamos de nos convencer de que de fato sabemos as respostas a essas perguntas.

---

* Em francês no original. (N. do T.)

5. Ranke, "The Great Powers", trad. H. H. von Laue. *In*: Theodore H. von Laue, *Leopold Ranke*. E ver, p. ex., Homo, *Roman Political Institutions*, trad. Dobie, especialmente pp. 146, 364-9.

6. Link,*Woodrow Wilson and the Progressive Era*, p. 257n.

Wilson, para sua própria satisfação, logo as soube. Ele aparece na história como um entre muitos que, estabelecendo uma nítida distinção entre Estados pacíficos e agressivos, atribuiu às democracias todos os atributos dos primeiros e, a Estados autoritários, todos os atributos dos últimos. Num grau que varia de acordo com o autor considerado, a incidência da guerra é então pensada como dependente do tipo de governo nacional. Assim o faz Cobden, num discurso pronunciado em Leeds, em dezembro de 1849:

> Onde procurar a nuvem negra, cada vez mais carregada, da guerra? De onde a vemos levantar-se? Ora, do despotismo do norte, em que um só homem subjuga o destino de quarenta milhões de servos. Se quisermos saber onde reside o segundo perigo de guerra e de perturbações, ele está na província da Rússia – esse país sofrido e degradado; na Áustria – o seguinte em estágio de despotismo e de barbárie, e aí se verá outra vez o maior risco de guerra; mas, na medida em que se encontrar a população governando a si mesma – como na Inglaterra, na França ou na América –, ali se descobrirá que a guerra não é a vontade do povo e que, caso o governo a queira, o povo irá se opor a ele.[7]

O interesse constante do povo é a paz; nenhum governo controlado pelo povo lutará se não for atacado. Contudo, poucos anos depois a Inglaterra, embora não tenha sido atacada, efetivamente lutou contra a Rússia; e Cobden perdeu o cargo em 1857 como resultado de sua oposição à guerra. A experiência abala a crença, mas não lhe é fatal; porque esta revive nas palavras de Wilson, por exemplo, e, mais uma vez, nas do sena-

---

7. Cobden, *Speeches*, org. Bright e Rogers, I, pp. 432-3.

dor Robert Taft. À maneira de Cobden, mas em 1951, Taft escreve: "A história mostra que, quando tem a oportunidade de falar, o povo de um modo geral decide em favor da paz, se esta for possível. Isso mostra que dirigentes arbitrários estão mais inclinados a favorecer a guerra do que o povo está a qualquer momento dado."[8] Será verdade, fica-se imaginando, que há apenas uma forma pacífica de Estado? Se fosse verdade, que grau de importância isso teria? Iria permitir a alguns Estados saber em que outros Estados confiar? Os Estados que já são bons deveriam buscar maneiras de melhorar os outros Estados e, assim, possibilitar a todos os homens desfrutarem os prazeres da paz? Wilson julgava moralmente imperativo ajudar a regeneração política de outros Estados; Cobden julgava que isso não é sequer justificável. Concordando com respeito à localização das causas, eles divergem em suas conclusões políticas.

Mas o que dizer dos que se inclinam a uma avaliação diferente das principais causas? "Ora, o povo", disse o presidente Dwight Eisenhower, "não deseja o conflito – o povo em geral. Só líderes equivocados, acredito, tornam-se demasiado beligerantes e acham que o povo realmente quer lutar."[9] Embora, aparentemente, nem todo o povo deseje a paz com suficiente fervor, dado que, numa outra ocasião, ele disse o seguinte: "Se as mães de todas as terras pudessem ensinar os filhos a compreenderem os lares e as esperanças das crianças de todas as outras terras – na América, na Europa,

---

8. Robert A. Taft, *A Foreign Policy for Americans*, p. 23.

9. Citado por Robert J. Donovan, "Eisenhower Will Cable Secret Geneva Reports". *In: Herald Tribune*, Nova York, 13 de julho de 1955, p. 1.

no Oriente Médio, na Ásia –, a causa da paz no mundo seria de fato nobremente servida."[10] Neste último caso, o presidente parece concordar com Milton acerca de onde está a causa, mas sem o pessimismo deste – ou o realismo, dependendo das predisposições que se tenha. As tendências agressivas podem ser inerentes, mas será inevitável seu direcionamento equivocado? A guerra começa na mente e nas emoções dos homens, tal como acontece com todos os atos; mas será possível mudar mentes e emoções? E, caso se concorde que sim, até que ponto e com que rapidez podem a mente e os sentimentos de alguém ser alterados? E se outros fatores também são relevantes, que diferença essas mudanças fariam? As respostas a essas interrogações e às do parágrafo precedente não são óbvias, mas são importantes. Qual a melhor maneira de chegar a elas?

Alguns sugerem considerar as respostas possíveis como hipóteses a serem investigadas e testadas empiricamente. Trata-se de um empreendimento difícil. A maioria dos liberais ingleses na época da Primeira Guerra Mundial argumentou, como Wilson, que o caráter militarista e autoritário do Estado alemão levou a Alemanha a buscar a guerra, que logo se espalhou pelo mundo inteiro. Ao mesmo tempo, alguns liberais, de modo mais marcante G. Lowes Dickinson, alegaram que nenhum Estado isolado poderia ser considerado culpado. Somente por meio da compreensão do sistema internacional, ou da falta de sistema, pelo qual os líderes dos Estados eram muitas vezes forçados a agir com pouca consideração pela moralidade convencio-

---

10. Eisenhower, pronunciamento em uma reunião do National Council of Catholic Women. Texto no *Times*, Nova York, 9 de novembro de 1954, p. 14.

nal, seria possível compreender e avaliar com justiça os processos mediante os quais a guerra foi produzida[11]. Dickinson foi bombardeado tanto por liberais como por socialistas, devido à sua inversão da explicação de dentro para fora dominante. A aceitação ou a rejeição de teses explicativas em assuntos como esse dependem na maioria das vezes da habilidade dos defensores e do estado de espírito do público. Estes não são obviamente critérios adequados, mas seria uma tolice alegar que o simples ato de examinar mais detalhadamente os dados poderia permitir a defesa de uma ou da outra teoria explicativa. Considerando o mesmo conjunto de dados, as partes envolvidas no debate chegaram a conclusões radicalmente distintas entre si, dado que as imagens que apreciavam as levavam a selecionar e a interpretar os dados de maneiras diferentes. Para entender a hipótese dos liberais, precisamos ter de algum modo uma idéia da inter-relação de muitos fatores possivelmente pertinentes, e essas inter-relações não estão presentes nos dados que estudamos. Somos nós que as estabelecemos, ou melhor, afirmamos. Dizer "estabelecer" seria perigoso; porque, quer as rotulemos assim, quer não, não podemos escapar de pressupostos filosóficos. A idéia que temos se torna um filtro pelo qual passamos nossos dados. Se forem cuidadosamente selecionados, os dados passarão pelo filtro como o leite pelo tecido que envolve os queijos. A recalcitrância dos dados pode nos levar a trocar de filtro, a modificar ou a abandonar a teoria que adotamos – ou pode levar a uma seleção e a uma interpretação mais engenhosas dos dados, como tem acontecido com

---

11. Dickinson, *The European Anarchy, passim.*

muitos marxistas que tentam salvar a tese de que, com o desenvolvimento do capitalismo, as massas empobrecem cada vez mais.

Se as investigações empíricas variam em incidência e em resultados de acordo com as idéias dos empiristas, vale a pena nos perguntarmos se as próprias idéias podem ser submetidas a escrutínio. É claro que podem. O estudo da política se distingue de outros estudos sociais devido à sua concentração nas instituições e nos processos de governo. Isso dá um foco à preocupação do cientista político sem constituir uma prática que nega a si mesma o uso de materiais e técnicas de outros cientistas sociais[12]. Sobre este último ponto, o estudioso das relações internacionais não encontra dificuldades; há consideráveis dificuldades com respeito ao primeiro, dado que as relações internacionais se caracterizam pela ausência de instituições realmente governamentais, o que, por sua vez, confere aos processos pertinentes uma tendência radicalmente distinta. Há, porém, um sentido amplo e importante em que a filosofia política tradicional, concentrando-se, como é o caso, na política doméstica, tem pertinência para o estudioso das relações internacionais. A paz, costuma-se dizer, é o problema do século XX. E é também uma das constantes preocupações dos filósofos políticos. Em épocas de relativa calma, a questão que os homens colocam pode ser: de que serve a vida sem justiça e liberdade? Melhor morrer do que levar uma vida de escravo. Todavia, em épocas de perturbações internas, de fome endêmica e de guerra civil, de insegurança premente, muitos perguntarão: de que serve a

---

12. Cf. David B. Truman, "The Impact on Political Science of the Revolution in the Behavioral Sciences". *In*: Bailey *et al.*, *Research Frontiers in Politics and Government*, pp. 202-31.

liberdade sem suficiente poder para estabelecer e manter condições de segurança? A prioridade da vida sobre a justiça e a liberdade é considerada uma verdade evidente por si mesma por Santo Agostinho e Lutero, por Maquiavel, Bodin e Hobbes. Se a alternativa à tirania é o caos e se o caos significa uma guerra de todos contra todos, a boa vontade para suportar a tirania torna-se compreensível. Na ausência de ordem, não pode haver fruição da liberdade. O problema de identificar e alcançar as condições da paz, um problema que assola o homem e atormenta o estudioso das relações internacionais, tem atormentado, principalmente em períodos de crise, também os filósofos políticos.

R. G. Collingwood sugeriu certa vez que a melhor maneira de compreender os escritos dos filósofos era procurar as perguntas que eles estavam tentando responder. Sugere-se aqui que a melhor maneira de examinar os problemas da teoria política internacional consiste em formular uma questão central e identificar as respostas que lhe podem ser dadas. Podemos buscar na filosofia política respostas para a pergunta: Onde se encontrariam as principais causas da guerra? As respostas são espantosas em sua variedade e em suas qualidades contraditórias. A fim de tornar manejável essa variedade, podemos organizar as respostas sob as seguintes rubricas: no homem, na estrutura dos Estados separados, no sistema dos Estados. A base dessa ordem e sua pertinência no mundo dos negócios de Estado foram sugeridas nas páginas precedentes. Essas três avaliações de causa serão mais tarde chamadas de imagens das relações internacionais, enumeradas na ordem dada aqui, sendo cada imagem definida de acordo com onde se localiza o nexo de causas importantes.

Comentários anteriores indicam que as concepções que cada imagem compreende podem em alguns sentidos ser tão contraditórias quanto são as diferentes imagens *inter se**. O argumento de que a guerra é inevitável porque os homens são irrevogavelmente maus e aquele segundo o qual as guerras podem chegar ao fim porque os homens podem ser mudados são contraditórios; mas, como em cada um deles os indivíduos são considerados o *local* da causa, esses dois argumentos estão incluídos na primeira imagem. Do mesmo modo, a aceitação de uma análise da terceira imagem pode levar ao falso otimismo dos defensores do federalismo mundial ou ao pessimismo muitas vezes falsamente definido de uma posição fundamentada na *Realpolitik*. Como pode haver em quase todos os aspectos várias opiniões no âmbito das imagens, e, como a prescrição está relacionada tanto com a meta como com a análise, não há para cada imagem uma só prescrição. Há no entanto, com relação a cada par formado por imagem e meta, prescrições lógicas e ilógicas.

Pode-se dizer que uma prescrição é errada se for possível mostrar que segui-la não produz o resultado previsto. Mas será possível em algum momento demonstrar que uma prescrição foi de fato seguida? É comum ouvirmos afirmações como: "A Liga das Nações não fracassou; nunca foi experimentada." E essas alegações são irrefutáveis. Mas, mesmo se a refutação empírica fosse possível, ainda resta resolver o problema de provar que uma prescrição é válida. Um paciente que, num dado momento da doença, experimenta dez medicações diferentes pode ficar imaginando qual das pílulas provocou a cura. A partilha de crédito costuma ser mais difícil do que a atribuição de culpa. Se um es-

---

* Em latim no original. (N. do T.)

tudo histórico mostrasse que, no país A, o aumento da prosperidade nacional sempre acompanhou o aumento das tarifas, para alguns observadores isso poderia parecer provar que as tarifas elevadas são uma causa da prosperidade; para outros, que esses dois fatores dependem de um terceiro; para outros ainda, que isso não prova coisa alguma. A abordagem empírica, embora necessária, não é suficiente. A correlação de eventos nada significa ou ao menos não deve ser considerada como significando algo isolada da análise que a acompanha.

Se não há solução empírica para o problema da verificação de prescrições, que solução há? É logicamente impossível haver uma prescrição isolada da análise. Toda prescrição para uma paz maior no mundo se relaciona então com uma de nossas três imagens das relações internacionais, ou com alguma combinação delas. Uma compreensão dos termos analíticos de cada imagem revelará duas possibilidades adicionais para aceitar ou rejeitar as prescrições. 1. Uma prescrição baseada numa análise deficiente não tem probabilidade de produzir os resultados desejados. O pressuposto segundo o qual o aprimoramento dos homens de uma determinada maneira prescrita servirá para a promoção da paz apóia-se no pressuposto adicional de que, em alguma de suas formas, a primeira imagem das relações internacionais é válida. Esta última pressuposição tem de ser examinada antes de se formular a anterior. 2. Uma prescrição será inaceitável se não tiver relação lógica com sua análise. Quem está com as amídalas inflamadas beneficia-se pouco de uma extração do apêndice. Se a violência entre os Estados é causada pela maldade do homem, ambicionar uma reforma interna dos Estados não vai ser muito útil. E, se a violência entre Estados é produto da anarquia internacional, ambicionar a conversão dos indivíduos pouco pode realizar. O prognóstico de um homem confunde a prescrição do outro. Se a validade das próprias imagens puder ser estabelecida, a relação crucial da prescrição com a imagem se torna um fator de verificação da validade das prescrições. Há, porém, um complicador a mais. Pode ser necessária à compreensão precisa das relações internacionais antes alguma combinação de nossas três imagens do que qualquer uma delas isoladamente. Podemos não nos encontrar numa situação em que só nos é dado considerar as amídalas ou o apêndice do paciente. Os dois podem estar contaminados, mas a remoção de algum dos dois pode matá-lo. Em outras palavras, compreender as prováveis conseqüências de qualquer uma das causas pode depender da compreensão de sua relação com outras causas. A possível inter-relação de causas torna ainda mais difícil o problema de avaliar o mérito das várias prescrições.

Quais os critérios do mérito? Suponha que consideremos novamente a pessoa que diz que Estados "ruins" produzem guerras, que os "bons" Estados viveriam pacificamente juntos e que, portanto, temos de levar os Estados a se enquadrarem num padrão prescrito. Avaliar o mérito desta série de afirmações exige colocar as seguintes questões: 1. A afirmação final pode ser implementada? Se pode, como? 2. Há uma relação lógica entre prescrição e imagem? Em outras palavras, a prescrição ataca as causas atribuídas? 3. A imagem é adequada ou o analista simplesmente agarrou a causa mais espetacular ou aquela que ele julga mais suscetível à manipulação, ignorando outras causas de igual ou maior importância? 4. Como as tentativas de satisfazer à prescrição afetarão outras metas? Esta última questão é necessária porque a paz não é a única meta nem mesmo dos homens ou Estados com uma imensa tendência à paz. Pode-se por exemplo acreditar que governo mundial e paz perpétua são sinônimos, mas também se pode estar convicto de que um Estado mundial seria uma tirania mundial e, portanto, preferir-se um sistema de nações-Estado com um perpétuo risco de guerra a um Estado mundial com a promessa de paz perpétua.

Tentaremos facilitar a resposta às perguntas que acabamos de fazer, em primeiro lugar, por meio de uma consideração crítica de cada imagem e, em seguida, mediante o exame da inter-relação das imagens. No que segue, os capítulos dois, quatro e seis dão uma explicação básica da primeira, da segunda e da terceira imagens, respectivamente, em grande parte de acordo com a filosofia política tradicional. Os capítulos três, cinco e sete fornecem sucessivamente ilustrações adicionais e exemplos de cada uma das imagens. O capítulo oito serve como um breve ensaio acerca da inter-relação de imagens e como conclusão.

CAPÍTULO DOIS

A primeira imagem

*Conflito internacional e
comportamento humano*

Existem a fraude e a astúcia, e delas
advêm as guerras.

CONFÚCIO

De acordo com a primeira imagem das relações internacionais, o local das causas importantes da guerra reside na natureza e no comportamento do homem. As guerras resultam do egoísmo, de impulsos agressivos mal canalizados, da estupidez. As outras causas são secundárias e devem ser interpretadas à luz desses fatores. Se essas são as causas fundamentais da guerra, a eliminação desta tem de vir da elevação e do esclarecimento dos homens ou de medidas que assegurem seu reajustamento psicossocial. Essa avaliação das causas e dos remédios tem dominado os escritos de muitos estudiosos sérios dos assuntos humanos, de Confúcio aos pacifistas de nossa época. Este também é o tema principal de muitos cientistas do comportamento[1].

As prescrições associadas às análises da primeira imagem não têm de exibir um conteúdo idêntico, como

---

1. Há uma extensa discussão sobre eles no cap. três, adiante.

uns poucos exemplos vão indicar. Henry Wadsworth Longfellow, movido à expressão poética por uma visita ao arsenal de Springfield, registrou os seguintes pensamentos:

> Were half the power that fills the world with terror,
> Were half the wealth bestowed on camps and courts,
> Given to redeem the human mind from error,
> There were no need of arsenals and forts.

> [Se metade do poder que enche o mundo de terror,
> Se metade das despesas da caserna e das cortes,
> Servisse para livrar a mente humana do erro,
> Não seriam necessários arsenais e fortes.]

Está implícita nesses versos a idéia de que as pessoas insistiriam na adoção das políticas corretas caso soubessem quais são. O instinto das pessoas é bom, embora sua atual credulidade as possa levar a seguir falsos líderes. Quando se atribuem as dificuldades atuais a uma deficiência de conhecimento, a educação se torna o remédio para a guerra. Trata-se de uma idéia disseminada. Beverly Nichols, pacifista que escreveu nos anos 1930, julgava que, se Norman Angell "pudesse ser nomeado ditador educacional do mundo, a guerra se dissiparia como a névoa matutina numa só geração"[2]. Em 1920, uma conferência dos Amigos, que não desejavam confiar apenas no desenvolvimento intelectual, conclamou os povos do mundo a substituir a busca dos interesses pessoais pelo espírito de sacrifício, de cooperação e de confiança[3]. Mais ou menos na mesma época e com o mesmo estado de espírito, Bertrand Russell via

---

2. Nichols, *Cry Havoc!*, p. 164.
3. Hirst, *The Quakers in Peace and War*, pp. 521-5.

o declínio dos instintos de posse como condição para a paz[4]. Para outros, o aumento das chances da paz exige não tanto uma mudança dos "instintos" quanto uma canalização de energias que no momento são despendidas na loucura destrutiva da guerra. Se houvesse algo a que os homens dessem preferência em lugar de guerrear, suas batalhas cessariam inteiramente. Aristófanes era dessa opinião. Se as mulheres de Atenas se recusassem aos seus maridos e amantes, seus homens teriam de escolher entre os prazeres da alcova e as experiências revigorantes do campo de batalha. Aristófanes julgava conhecer bastante bem os homens e as mulheres de Atenas para fazer do resultado uma conclusão inevitável. William James seguia essa mesma tradição. A guerra, na sua opinião, se acha arraigada na natureza belicosa do homem, que é o produto de uma tradição secular. Sua natureza não pode ser alterada, nem seus impulsos suprimidos, mas podem ser desviados. Como alternativas ao serviço militar, James sugere recrutar os jovens do mundo para minerar carvão e tripular navios, para construir arranha-céus e estradas, para lavar louça e roupas. Embora sua avaliação de quais canalizações bastariam seja a um só tempo menos realista e com intenções mais sérias do que a de Aristófanes, sua solução é claramente do mesmo tipo[5].

As prescrições variam, mas todas têm em comum a idéia de que, para se conquistar um mundo mais pacífico, os homens têm de ser transformados em sua perspectiva moral e intelectual ou em seu comporta-

---

4. Russell, *Political Ideals*, p. 42. De uma maneira ou de outra, esse pensamento se repete nos muitos escritos de lorde Russell sobre as relações internacionais.

5. James, "The Moral Equivalent of War". *In: Memories and Studies*, pp. 262-72, 290.

mento psicossocial. Pode-se no entanto concordar com a análise das causas da primeira imagem sem admitir a possibilidade de prescrições praticáveis para sua eliminação. Entre os que aceitam uma explicação da guerra da primeira imagem, há tanto otimistas como pessimistas, os que pensam que as possibilidades de progresso são tão grandes que as guerras vão acabar antes do desaparecimento da próxima geração e os que pensam que as guerras vão continuar ainda que levem todos nós à morte. "Otimista" e "pessimista" são palavras enganosas, mas é difícil encontrar melhores. Se os definirmos simplesmente de acordo com as expectativas, o que corresponde ao uso popular, é difícil, senão impossível, colocar uma determinada pessoa numa ou na outra categoria. Há graus de otimismo e de pessimismo, e a mesma pessoa pode ser otimista com relação a algumas coisas e pessimista com respeito a outras. Os significados filosóficos dos termos são mais claros e de maior utilidade. Pessimismo em filosofia é a crença de que a realidade é imperfeita, pensamento expresso por Milton e Malthus nas afirmações citadas no capítulo anterior. Momentaneamente é possível conceber restrições mais ou menos adequadas às forças do mal, mas a expectativa de um resultado geral e permanentemente bom é impedida pela constante consciência dos efeitos viciosos de uma falha essencial[6]. O otimista, por outro lado, acredita que a realidade é boa e a sociedade é basicamente harmoniosa. As dificuldades que têm assediado o homem são superficiais e momentâneas. Essas dificuldades continuam a existir porque a história é uma sucessão de momentos; mas é possível modificar a qualidade da história, e os mais otimistas acham que isso pode ser conseguido de uma vez por todas

---

6. Cf. Morgenthau, *Politics among Nations*, pp. 7-8.

com grande facilidade. Volta-se às expectativas, mas as expectativas baseiam-se em concepções de mundo distintas. Cumpre assinalar que o pessimismo acerca das chances de um sucesso definitivo, a eliminação da guerra, por exemplo, não equivale a alegar que nada pode ser feito com relação ao nosso apuro atual. O pessimista pode ter mais esperanças do que o otimista quanto ao adiamento da guerra que ameaça o amanhã; o otimista pode acreditar que não vale a pena fazer nada que fique aquém da aplicação da solução que supostamente vai levar ao sucesso definitivo e completo. O pessimista merece o epíteto porque considera o sucesso definitivo impossível, mas não é preciso considerar o epíteto como um opróbrio.

No âmbito de cada imagem, há otimistas e pessimistas concordando com as definições das causas e divergindo sobre o que se pode fazer com relação a elas, se é que se pode fazer algo. Além disso, a consideração crítica de uma determinada imagem pode ser uma base insuficiente para formar um conjunto geral de expectativas, já que a própria imagem pode deixar a desejar. Isso ficará evidente quando buscarmos compreender as sucessivas imagens. Neste capítulo, consideramos primordialmente aqueles que aceitam a proposição de que, para entender a recorrência da guerra, é preciso examinar antes de mais nada a natureza e o comportamento do homem e que, ao examiná-los, identificam os defeitos inextirpáveis por meio dos quais os males do mundo, inclusive a guerra, podem ser explicados. No próximo capítulo, consideraremos alguns dos muitos que, examinando as mesmas causas, confiam que elas podem ser manipuladas ou controladas a fim de produzir, se não uma condição definitiva de paz, ao menos um notável decréscimo da incidência da guerra.

Quando escreveu que "tudo o que pode ser dito em favor de um equilíbrio de poder só pode dito porque somos perversos", Jonathan Dymond, um pacifista do começo do século XIX, elaborou uma declaração que tanto otimistas como pessimistas endossam[7]. Os otimistas vêem a possibilidade de transformar os perversos em bons e de acabar com as guerras resultantes da atual política de equilíbrio de poder. Os pessimistas, ainda que aceitem que a origem do equilíbrio de poder e da guerra é a natureza humana, vêem pouca ou nenhuma possibilidade de o homem se corrigir. Ao contrário, eles concedem uma posição honrosa ao equilíbrio de poder, porque, para usar a figura de Dymond, ele pode de fato evitar que os "tigres" se despedacem uns aos outros. E, se de vez em quando não evita, ainda assim é melhor uma profilaxia deficiente do que nenhuma.

Otimistas e pessimistas concordam em sua análise da causa, mas, divergindo quanto à possibilidade de alterar essa causa, vêm a ser os mais amargos críticos uns dos outros. Reinhold Niebuhr, teólogo que nos últimos vinte e cinco anos tem escrito tantas palavras sábias sobre os problemas de política internacional quanto os especialistas acadêmicos no assunto, critica os utopistas, tanto liberais como marxistas, com freqüência e com um efeito revelador. O realismo político, alega, é impossível sem que se tenha uma idéia real da natureza do homem[8]. Todos, naturalmente, julgam suas próprias teorias realistas. É o caso dos otimistas, que também julgam que as basearam numa concepção correta do homem. A dissidência de Niebuhr baseia-se no pensa-

---

7. Dymond, *The Accordancy of War with the Principles of the Christianity*, p. 20.

8. Niebuhr, *Christian Realism and Political Problems*, p. 101.

mento de que eles desconsideraram a potencialidade do mal em todos os atos humanos. Eles supõem que o progresso segue uma linha reta, e até ascendente, quando na verdade cada avanço no conhecimento, cada inovação técnica, traz em si tanto a potencialidade do mal como a do bem. O homem amplia seu controle sobre a natureza, mas os mesmos instrumentos que prometem a segurança com relação ao frio e à fome, a redução da carga de trabalho e o aumento do tempo de lazer permitem que alguns homens escravizem ou destruam outros. O homem, ser consciente de si, percebe seus limites. Estes são inerentes. Igualmente inerente é seu desejo de superá-los. O homem é um ser finito com infinitas aspirações, um pigmeu que se julga um gigante. A partir de seu interesse pessoal, ele desenvolve teorias econômicas e políticas e tenta fazer com que sejam aceitas como sistemas universais; nasce e é criado na insegurança e procura a segurança absoluta; é homem mas se considera um deus. A sede do mal é o ego, e a qualidade do mal pode ser definida como o orgulho[9].

Essa concepção, naturalmente, nasceu bem antes de Niebuhr. Na tradição cristã, ela é afirmada em termos clássicos por Santo Agostinho. Fora dela, é elaborada na filosofia de Espinosa. Nos escritos políticos do século XX, é refletida de modo mais claro e coerente nas obras de Hans Morgenthau. Esses quatro autores, apesar das

---

9. Niebuhr e Eddy, *Doom and Dawn*, p. 16: "É o esforço humano de tornar absolutos nossos valores parciais que constitui sempre o pecado definitivo da vida humana; e ele sempre resulta no mais sangrento dos conflitos humanos." (Usei, aqui e em outros lugares, apenas a parte do livro escrita por Niebuhr.) Cf. Niebuhr, *The Nature and Destiny of Man*, I, pp. 137, 150, 177, 181; e "Is Social Conflict Inevitable?", *Scribner's Magazine*, XCVIII, 1935, p. 167.

inúmeras diferenças, se acham unidos quando baseiam suas conclusões políticas na suposta natureza do homem. Santo Agostinho e Espinosa podem ser usados para ilustrar o processo de raciocínio pelo qual chegam a essa conclusão.

Santo Agostinho observou a importância da autopreservação na hierarquia das motivações humanas. Quando vemos que mesmo os mais infelizes "temem morrer, e preferem viver na desgraça a acabá-la pela morte, não fica suficientemente óbvia", pergunta, "que a natureza foge à aniquilação?"[10] Para Agostinho, o desejo de autopreservação é um fato observado. Não é um princípio suficiente para explicar todo o comportamento do homem. Para Espinosa, no entanto, o fim de *todo* ato é a autopreservação do ator. As leis da natureza são simplesmente afirmações do que esse fim único requer; o direito natural, uma afirmação do que ele permite logicamente[11]. O homem que vive de acordo com a razão demonstra tanto coragem como nobreza. Isto é, ele se empenha em preservar a si mesmo em conformidade com os ditames da razão, bem como em ajudar os outros homens e uni-los a si na amizade. Não se trata de uma descrição do comportamento efe-

---

10. Santo Agostinho, *City of God*, trad. Dods, livro XI, cap. xxvii.

11. Espinosa, *Ethics*, parte IV, prop. xxxvii, nota ii: "Por meio do direito natural soberano, todo homem julga o que é bom e o que é mau, cuida de sua própria vantagem de acordo com sua própria disposição, vinga-se dos males que lhe infligem e empenha-se em preservar aquilo que ama e em destruir aquilo que odeia." As referências são a *The Chief Works of Benedict de Spinoza*, trad. Elwes, que contém *A Theologico-Politico Treatise* [trad. bras. *Tratado teológico-político*, São Paulo, Martins Fontes, 2003], *A Political Treatise* e *The Ethics*. As referências a volumes e páginas serão dadas entre parênteses somente nos casos em que um sistema padrão de referências não possa por si só tornar possível a localização fácil de uma passagem.

tivo, mas do comportamento idealmente racional. Não é porque são deveres que o homem que segue os ditames da razão se comporta com coragem e nobreza. Ao contrário, essas características são o resultado necessário de se seguir a razão. Sua iniciativa de ajudar os outros não é um comportamento altruísta. É exatamente o contrário: a consideração pelos outros e o desejo de cooperar com eles resultam da percepção de que a assistência mútua, a divisão do trabalho, são necessárias ao seu próprio sustento e preservação[12]. Logicamente, como ocorre com os otimistas da primeira imagem, isso leva ao anarquismo: "todos assim deveriam concordar em todos os pontos, as mentes e os corpos de todos deveriam formar, por assim dizer, uma única mente e um único corpo; todos, com uma única opinião, na medida do possível, deveriam se empenhar em preservar seu ser, e todos, com uma única opinião, deveriam buscar o que é útil para todos"[13]. Ao interpretar de maneira precisa o verdadeiro interesse de cada um, a razão levaria todos a viverem harmoniosamente em sociedade, sem necessidade de uma autoridade política que os controlasse e dirigisse[14].

Em vez de ser o fim do pensamento político de Espinosa, este é apenas seu começo. Todo homem busca

---

12. Embora, de acordo com Espinosa, cada eu aja em favor de sua própria preservação, autopreservação e auto-realização tendem a coincidir na proporção direta da presença da razão na vida de cada homem. Cf. *Ethics*, parte IV, prop. viii e aps. iv-v; parte V, props. xxxviii-xlii.

13. *Ethics*, parte IV, prop. xviii, nota. Para a análise precedente, ver em especial a parte III, prop. lix, nota; parte IV, props. xxix-xl; e *Theologico-Politico Treatise*, caps. V, xvi (I, 73, 202-3).

14. Cf. Santo Agostinho, *City of God*, trad. Dods, livro XV, cap. v: "Mas com o bem, bons homens, ou ao menos homens perfeitamente bons, não podem guerrear."

de fato promover seus próprios interesses, mas, por infelicidade, não de acordo com os ditames da razão. Santo Agostinho explicou isso por meio do pecado original, o ato que constitui o motivo da deficiência tanto da razão como da vontade humanas[15]. Na filosofia de Espinosa, essa explicação religiosa torna-se uma proposição da lógica e da psicologia. Ele constrói um modelo de comportamento racional: são racionais os atos que levam espontaneamente à harmonia em esforços cooperativos para a perpetuação da vida. Não é essa a condição em que encontramos o mundo. O fato de os homens serem falhos torna-se assim um dado empírico que não requer explicação de fora; na verdade, não pode haver uma explicação vinda de fora, porque Deus se tornou natureza[16]. Os homens são governados não pelos preceitos da pura razão, mas por suas paixões. Governados pela paixão, são levados ao conflito. Em vez de ajudar uns aos outros, seu comportamento é destruir uns aos outros. Cada homem procura ser o primeiro entre os homens e se orgulha mais do mal que fez ao outro do que do bem que ele fez a si mesmo. A razão pode moderar as paixões, mas isso é tão difícil, que quem pensa que os homens "podem um dia ser induzidos a viver de acordo com os puros e simples ditames da razão deve estar sonhando com a Idade do Ouro poética ou com a encenação de um drama"[17].

A explicação dada por Espinosa para os males políticos e sociais se baseia no conflito que ele detecta en-

---

15. *Ibid.*, livro XI, cap. vii; livro XII, cap. i.

16. *Ethics*, parte I, props. xxvi, xxix: "Os indivíduos, suas mentes e corpos, não são senão modos de Deus; e Deus nada mais é do que a totalidade da natureza."

17. *Political Treatise*, cap. i, seção 5.

tre a razão e a paixão. Santo Agostinho, Niebuhr e Morgenthau rejeitam o dualismo explícito no pensamento de Espinosa: o homem inteiro, mente e corpo, é, de acordo com eles, falho. Apesar dessa diferença, permanece o substrato do acordo; porque cada um deles deduz os males políticos dos defeitos humanos. Niebuhr, por exemplo, rejeita a asserção de Marx de que a exploração do homem pelo homem é causada pela divisão da sociedade em classes, comentando que tanto as divisões de classe como a exploração resultam de uma "tendência que habita o coração humano"[18]. E Morgenthau vê "a ubiqüidade do mal na ação humana" como procedente da ânsia humana inextirpável pelo poder e transformando "Igrejas em organizações políticas ... revoluções em ditaduras ... o amor pelo país em imperialismo"[19].

Como sugere a asserção de Morgenthau, a explicação que basta aos males domésticos serve também para explicar os atritos e as guerras entre Estados. Santo Agostinho atribui ao "amor [do homem] muitas coisas vãs e danosas", uma longa lista de tribulações humanas, que vão de brigas e roubos a assassinatos e guerras[20]. Embora proclame a paz como a finalidade do Estado, Espinosa descobre que os Estados são inimigos naturais e, nessa condição, têm de estar constantemente em guarda uns contra os outros: não porque os

---

18. Niebuhr, *Christianity and Power Politics*, pp. 145-6. Cf. Gregg, *The Power of Non-Violence*, pp. 131-2: "O temor e a ambição são as raízes da guerra, bem como do capitalismo." A comparação dessa alegação com as de Niebuhr e Morgenthau torna clara a semelhança entre as análises dos otimistas e as de seus críticos.

19. Morgenthau, *Scientific Man*, pp. 194-5.

20. Santo Agostinho, *City of God*, trad. Dods, livro XXII, cap. xxi; cf. livro XIV, cap. ii.

Estados nunca são honrados e pacíficos, mas porque podem, a qualquer momento, tornar-se desonrados e beligerantes; não porque a cooperação se opõe aos seus maiores interesses, mas porque a paixão obscurece com freqüência os verdadeiros interesses dos Estados e dos homens. E Niebuhr escreve simplesmente que a guerra tem sua origem em "fontes sombrias e inconscientes da psique humana"[21].

Reflete ainda mais a semelhança entre otimistas e pessimistas o fato de ambos muitas vezes parecerem acreditar que a guerra só poderia ser eliminada se pelo menos os homens pudessem ser transformados. Esse pensamento é expresso indiretamente por Santo Agostinho, quando escreve, a partir de sua sabedoria cansada do mundo: "Porque ainda que nunca tenham faltado ... nações hostis fora do Império contra as quais guerras foram e são travadas, supondo no entanto que essas nações não existissem, a própria extensão do Império produziu guerras ainda mais odiosas."[22] A idéia de que a forma política é apenas um fator causal secundário é apresentada mais diretamente por Niebuhr. "A possibilidade ideal de toda comunidade histórica", escreve ele, "é uma relação fraternal de vida com a vida, individualmente dentro da comunidade e coletivamente entre esta e outras." Mas mesmo "a paz interna de uma comunidade é sempre em parte coercitiva [e] ... a paz externa entre as comunidades é prejudicada pelo conflito competitivo". Internamente, é necessária uma oligarquia para sobrepujar os perigos da anarquia; externamente, é exigida a força para afastar os inimigos estrangeiros. Ambas as necessidades provêm do peca-

---

21. Niebuhr, *Beyond Tragedy*, p. 158.
22. Santo Agostinho, *City of God*, trad. Dods, livro XIX, cap. vii.

do e permanecem como necessidades "porque os homens não são bons o suficiente para fazer o que deve ser feito em favor do bem comum em bases puramente voluntárias"[23]. Onde Espinosa justapõe a razão e as paixões humanas que a toldam, Niebuhr postula o amor contra o pecado que o esmaga. O pecado é a causa, e o amor, se pudesse vencer o pecado, seria a cura. "Só um amor que perdoa, baseado no arrependimento, é adequado para curar a animosidade entre as nações."[24]

Avaliação crítica

Os pessimistas da primeira imagem aceitam a pertinência do ideal dos otimistas ao mesmo tempo em que rejeitam a possibilidade de realizá-lo. Assim, Espinosa contempla os prazeres do Estado de anarquia pacífica que seria possível caso os homens fossem verdadeiramente racionais, e Niebuhr aceita o mito cristão do Jardim do Éden ou o mito estóico da Idade do Ouro como descrições de padrões de ação que permanecem a um só tempo impossibilidades na história e uma fonte de inspiração para os homens mortais[25]. Mas qual a aplicabilidade de um ideal impossível? Está claro que, se pudessem chegar a um acordo quanto às suas metas e fossem perfeitamente racionais em seus esforços para

---

23. Niebuhr, *Faith and History*, pp. 219-20; cf. *Moral Mean and Immoral Society*, p. 93: "O homem na rua, com sua ânsia de poder e de prestígio frustrada por suas próprias limitações e pelas necessidades da vida social, projeta seu ego sobre sua nação e indiretamente favorece seus anseios anárquicos."

24. Niebuhr, *An Interpretation of Christian Ethics*, p. 128; cf. *Christian Realism and Political Problems*, pp. 116-7.

25. Por exemplo, Niebuhr, *An Interpretation of Christian Ethics*, p. 148; *Faith and History*, pp. 143-4.

alcançá-las, os homens sempre perceberiam e seguiriam a solução mais praticável para qualquer problema. Se fossem realmente amorosos, estariam sempre dispostos a "dar a outra face", mas na verdade não iriam ter a oportunidade de fazê-lo. Nenhuma dessas asserções condicionais descreve o comportamento efetivo dos homens – eles nem são perfeitamente racionais nem verdadeiramente amorosos, nem, acrescenta o pessimista, serão um dia. Assim, Morgenthau rejeita o pressuposto da "bondade essencial e infinita maleabilidade da natureza humana" e explica o comportamento político por meio do comportamento do homem, por vezes simplesmente cego e outras vezes muito astutamente egoísta, um comportamento que é o produto inegável e inevitável de uma natureza humana que "não mudou desde a época em que as filosofias clássicas da China, da Índia e da Grécia se empenhavam por descobrir" as leis da política[26].

A atribuição das mazelas políticas a uma natureza fixa do homem, definida como tendo uma potencialidade inerente para o mal, assim como para o bem, é um tema que costuma repetir-se no pensamento de Santo Agostinho, Espinosa, Niebuhr e Morgenthau. Há um sentido importante em que essa atribuição se justifica. Dizer que o homem age de maneira contrária à sua natureza é *prima facie** absurdo. Os eventos da história do mundo não podem ser isolados dos homens que os fizeram. Mas a importância da natureza humana como um fator na análise causal de eventos sociais é reduzida pelo fato de que a mesma natureza, qualquer que seja sua definição, tem de explicar uma infinita

---

26. Morgenthau, *Politics among Nations*, pp. 3-4. Cf. Niebuhr, *Beyond Tragedy*, p. 30.

* Em latim no original. (N. do T.)

variedade de eventos sociais. Qualquer um pode "provar" que o homem é ruim simplesmente apontando evidências de seu caráter vicioso e estúpido. Vincular eventos indesejados, como o crime e a guerra, a esse caráter vicioso e estúpido é então tarefa simples. Embora isso seja insuficiente para estabelecer a validade da primeira imagem, mesmo assim é difícil, se não impossível, refutar tal interpretação particular de uma imagem tentando confrontá-la com eventos. Tentar confrontá-la é mergulhar numa imensa gama de fatos e juízos de valor. Provas do comportamento do homem, como estupros, assassinatos e roubos, atestam que ele é mau? E o que dizer das contraprovas constituídas pelos atos de caridade, de amor e de auto-sacrifício? A porcentagem de crimes numa determinada sociedade prova que os homens que a compõem são maus? Ou é espantoso que, nessas circunstâncias, não haja mais crimes? Pode ser que tenhamos tão *poucos* crimes e tão *poucas* guerras porque os homens, sendo bons, se ajustam surpreendentemente bem a circunstâncias que são inerentemente difíceis! Dizer, portanto, que certas coisas acontecem porque os homens são estúpidos ou maus é uma hipótese aceita ou rejeitada de acordo com o estado de espírito de cada autor. Trata-se de uma asserção que as evidências não podem provar nem refutar, porque o que fazemos com as evidências depende da teoria que sustentamos. Como assinalou Émile Durkheim, "o fator psicológico é demasiadamente geral para predeterminar o curso dos fenômenos sociais. Como não requer uma determinada forma social em vez de outra, não pode explicar nenhuma delas"[27]. Tentar explicar as formas sociais a partir de dados psi-

---

27. Durkheim, *The Rules of Sociological Method*, trad. Solovay e Mueller, p. 108.

colbógicos é cometer o erro do psicologismo: a análise do comportamento individual usada de modo acrítico para explicar fenômenos de grupo.

Sem uma compreensão da natureza humana, dizem-nos com freqüência, não pode haver teoria da política. Aplicando essa alegação, Niebuhr escreve que as "estratégias políticas", que invariavelmente envolvem "a contraposição da força à força", se tornam necessárias devido ao "caráter pecaminoso do homem"[28]. Deixando de lado o problema de concordar ou não com essa afirmação, podemos perguntar que diferença faria concordar ou discordar. A natureza humana pode ter sido em algum sentido a causa da guerra de 1914, mas, da mesma maneira, foi a causa da paz em 1910. Entre esses anos, muitas coisas mudaram, mas não a natureza humana. A natureza humana é portanto uma causa apenas no sentido de que, se fossem de algum modo inteiramente diferentes, os homens não precisariam de absolutamente nenhum controle político. Esta consideração traz à mente o corredor que, quando interpelado por que perdeu a corrida, respondeu: "Corri devagar demais." A resposta, ainda que correta, não tem muita utilidade. Uma resposta mais útil pode ou não ser possível. Seria possível perguntar ao corredor como ele treinou, que tipo de calçados usou, como dormiu na noite anterior e se controlou adequadamente a velocidade em cada etapa do percurso. As respostas a essas perguntas, embora não afetem as capacidades inatas do atleta, podem oferecer pistas para um melhor desempenho futuro seu. Seria tolo prescrever um regime alimentar para o atleta sem levar em conta suas características físicas, mas concentrar-se obsessivamente nos fatores invariáveis que afetam o seu desempenho pode

---

28. Niebuhr, *Christianity and Power Politics*, p. 4.

desviar a atenção dos fatores que podem ser manipulados. Do mesmo modo, podemos rotular a natureza humana como a causa básica ou principal da guerra, mas trata-se, de acordo com aqueles que aqui consideramos, de uma causa que a engenhosidade humana não pode afetar.

Espinosa reivindica explicar o comportamento humano tomando fatores psicológicos como referência[29]. Mas a busca de causas é uma tentativa de levar em conta as diferenças. Se os homens estivessem sempre em guerra, ou sempre em paz, nunca surgiria a questão de por que há guerra, ou por que há paz. O que explica a alternância de períodos de guerra e de paz? Muito embora a natureza humana desempenhe sem dúvida um papel na geração da guerra, ela não pode por si só explicar tanto a guerra como a paz, exceto por meio da asserção simples de que a natureza do homem é tal que ele em algumas ocasiões guerreia e em outras não. E essa afirmação leva inevitavelmente a uma tentativa de explicar por que às vezes ele guerreia e outras vezes não. Se a natureza humana é *a* causa da guerra e se, como nos sistemas dos pessimistas da primeira imagem, é fixa, nunca podemos alimentar esperanças de paz. Se a natureza humana é apenas uma das causas da guerra, então, mesmo mantendo-se o pressuposto de que a natureza humana é fixa, podemos levar a efeito uma busca adequada das condições da paz.

---

29. "Faço saber", escreve ele, "que toda essa minha demonstração procede da necessidade da natureza humana... – quero dizer, do esforço universal de todos os homens em alcançar a autopreservação." Seu esforço na política foi "deduzir da própria condição da natureza humana... coisas que melhor se coadunassem com a prática". *Political Treatise*, cap. iii, seção 18; cap. i, seção 4.

Essas críticas são muito prejudiciais aos sistemas erigidos pelos pessimistas da primeira imagem? São de fato bem prejudiciais na medida em que os pessimistas tentaram de fato deduzir conclusões políticas específicas diretamente de uma suposta natureza do homem. Não é possível fazer isso, mas, com seu método, podem ser feitas outras coisas bem importantes. Onde Durkheim assinala que, como não exige formas sociais específicas, o fator psicológico não pode explicar nenhuma delas, podemos muito bem imaginar Santo Agostinho ou Niebuhr replicando que, pelo contrário, ele explica todas elas. "Césares e santos", escreveu Niebuhr, "tornam-se possíveis pela mesma estrutura do caráter humano." Ou, mais uma vez: "A natureza humana é tão complexa que justifica quase todas as suposições e preconceitos com os quais se iniciam uma investigação científica ou um contato humano corriqueiro."[30] Essa asserção admite uma parte, enquanto nega outra, da intenção crítica de Durkheim. A natureza humana pode não explicar por que, num Estado, o homem é escravizado e, em outro, é relativamente livre, por que num dado ano há guerra e em outro uma paz relativa. Pode, porém, explicar as necessárias imperfeições de todas as formas sociais e políticas. Assim, Niebuhr admira Marx por ele ter exposto as contradições da democracia burguesa e, ao mesmo tempo, critica a ilusão marxista de que uma mudança das formas venha dar origem a uma utopia terrena[31]. E Santo Agostinho, longe de sugerir que, como ocorrem guerras no âmbito de um Estado mundial, a organização política é irrelevante, pretende

---

30. Niebuhr, *Christianity and Power Politics*, p. 157; *Does Civilization Need Religion?*, p. 41.

31. *Id.*, *Christianity and Power Politics*, cap. 11.

em vez disso veicular a idéia de que, embora sejam imperfeitas, as soluções políticas são mesmo assim necessárias. Os pressupostos básicos de Santo Agostinho e Niebuhr, de Espinosa e Morgenthau, são úteis para vislumbrar os limites da realização política possível. O que é válido na crítica de Durkheim é, no entanto, indicado por um conjunto de tendências exibido pelos pessimistas: por um lado, desenvolver uma política e uma economia sem conteúdo; por outro, introduzir domínios de causação além da psicologia do homem a fim de obter conteúdo. A primeira é ilustrada pela crítica de Niebuhr a Santo Agostinho. Embora alegue que as conseqüências do pecado original tornam o governo necessário, Santo Agostinho não consegue distinguir ordens relativas de mérito entre instituições sociais e políticas. Sua percepção aguda das conseqüências da anarquia o predispõe a tolerar a tirania. Neste ponto, a crítica de Niebuhr é precisa e convincente. Os agostinianos, escreve ele, "viam os perigos da anarquia no egotismo dos cidadãos, mas não conseguiam perceber os perigos da tirania no egoísmo do soberano. Obscureceram, portanto, a conseqüente necessidade de impor freios à vontade pessoal do soberano"[32]. Mas o próprio Niebuhr por vezes trai um hábito similar. Por exemplo, seus comentários sobre a liberdade e o controle da economia e sobre a relação entre a economia e a política derivam mais de sua posição teológica do que de um exame detido dos problemas e das formas econômicas e políticas. Embora seus comentários gerais sejam habitualmente coerentes, suas afirmações específicas são na mesma medida arbitrárias – concordando-se ou não com elas, é difícil ver sua base. A concen-

---

32. Niebuhr, *Christian Realism and Political Problems*, p. 127; cf. *Christianity and Power Politics*, pp. 50 ss.

tração de Niebuhr na finitude do homem levou a algumas descobertas brilhantes, como costuma acontecer quando se atenta com cuidado e constância a um único fator, mas também levou a juízos que poderiam com a mesma facilidade ser invertidos[33]. E é possível invertê-los com base numa definição similar da natureza humana, bem à maneira pela qual Niebuhr discorda politicamente de Santo Agostinho ao mesmo tempo que aceita sua concepção de homem.

Para a compreensão do significado da análise das relações internacionais oferecida pela primeira imagem, a segunda tendência dos pessimistas é mais importante. Embora julgue ter conseguido explicar os fenômenos políticos baseando-se nas qualidades inerentes ao homem, Espinosa também afirma claramente que, em condições diferentes, os homens têm um comportamento diferente. Quando não estão unidos, têm de estar constantemente em guarda uns contra os outros; quando vivem no âmbito de uma comunidade, costumam gozar de certo grau de paz e segurança. Sem as restrições do governo, assinala Santo Agostinho, os homens se matariam uns aos outros até extinguir a espécie humana. O governo organizado pode ser um

---

33. Cf. Niebuhr, *The Irony of American History*, cap. v; *The Children of Light and the Children of Darkness*, cap. iii; *Reflections on the End of an Era*, *passim*. Em termos diferentes, Thompson faz afirmação semelhante. Ver "Beyond National Interest: A Critical Evaluation of Reinhold Niebuhr's Theory of International Politics", *Review of Politics*, XVII, 1955, pp. 185-6; e "The Political Philosophy of Reinhold Niebuhr". *In*: Kegley e Bretall, orgs., *Reinhold Niebuhr, His Religious, Social and Political Thought*, pp. 169-73. Arthur Schlesinger Jr. deu alguns exemplos que destacam as qualidades imprevistas dos juízos de Niebuhr sobre os políticos contemporâneos e suas políticas. Ver "Reinhold Niebuhr's Rôle in American Political Thought and Life". *In*: *ibid.*, pp. 137-43.

fator fundamental para que a morte seja substituída pela possibilidade de se chegar a uma idade avançada com relativa segurança e felicidade. Santo Agostinho e Espinosa reconhecem isso implicitamente, sem nunca admiti-lo explicitamente. Niebuhr e Morgenthau enfrentam mais diretamente o problema do relacionamento das causas entre si. Niebuhr distingue explicitamente as causas primárias das causas secundárias. "Todas as soluções puramente políticas ou econômicas para o problema da justiça e da paz lidam com as causas específicas e secundárias do conflito e da injustiça", declara ele. "Todas as soluções puramente religiosas lidam com as causas últimas e primordiais." Embora os proponentes de um tipo de solução costumem excluir o outro, os dois tipos são necessários[34]. Niebuhr deixa claro, por exemplo, em sua crítica a Santo Agostinho, que uma compreensão realista das doutrinas cristãs exige que os homens se preocupem com graus de mérito nas instituições sociais e políticas. Nenhuma delas pode ser perfeita, mas as imperfeições da democracia são infinitamente preferíveis às do totalitarismo. Sendo a justiça perfeita impossível, os homens preocupam-se com a ponderação de possíveis paliativos, em lutar em favor dos que prometem um pouco mais de justiça ou liberdade, de segurança ou de bem-estar, e tentam evitar os que possam levar a um pouco menos. Para Niebuhr, a impossibilidade da perfeição terrena não justifica a despreocupação agostiniana, encontrada em Lutero, Hobbes e Karl Barth, com as qualidades relativas de formas e políticas alternativas[35].

---

34. Niebuhr e Eddy, *Doom and Dawn*, p. 6; cf. *Leaves from the Notebook of a Tamed Cynic*, pp. 88-91.

35. Niebuhr, *The Nature and Destiny of Man*, I, pp. 220-2; *The Self and the Dramas of History*, p. 119.

Essa intensa preocupação, de caráter prático, com questões de um pouco mais ou um pouco menos tem o interessante efeito de levar as causas "secundárias" para o centro do palco. Seria possível dizer que, de sua causa básica, Niebuhr deduz uma máxima: não espere demais. A partir de sua identificação das causas secundárias, ele tira suas outras conclusões: o que exatamente esperar em diferentes condições, que condições devem ser mudadas a fim de minimizar os efeitos indesejados e produzir outros e, de um modo geral, quais têm de ser as regras de conduta para o cidadão ou político consciencioso.

A preocupação demasiada com a causa "principal" do conflito afasta-nos de uma análise realista da política mundial. A causa básica é a menos manipulável entre todas as causas. As causas que de fato explicam as diferenças de comportamento devem ser procuradas em outro lugar que não na própria natureza humana. Niebuhr reconhece este fato quando escreve que "o apuro específico da civilização moderna não é causado, num certo sentido, pela pecaminosidade da natureza humana ou pela ganância humana. A ganância do homem coletivo tem de ser admitida na ordem política"[36]. Mas é possível organizar o poder sob o governo, e as pretensões de um grupo ou de um Estado podem ter como contrapartida as asserções de outro[37]. De uma correta compreensão das causas secundárias vem a chance real de paz. O mesmo movimento de atribuição de um peso maior às causas secundárias em relação às principais é evidente em Morgenthau – guer-

---

36. Niebuhr e Eddy, *Doom and Dawn*, p. 8.

37. Niebuhr, *Discerning the Signs of the Times*, pp. 71, 104; *Moral Man and Immoral Society*, p. 272.

ra a partir da ânsia do homem por poder, diz ele, paz a partir do governo mundial[38]. E, sendo o governo mundial impossível no momento presente, Morgenthau, como Niebuhr, defende de maneira convincente a necessidade incontornável da política do equilíbrio de poder[39].

Talvez algumas observações restritas acerca do persistente debate entre os "realistas" e seus críticos tornem mais claro o significado prático dos comentários a respeito dos pessimistas da primeira imagem. Como Morgenthau recebeu de certo modo menor atenção na discussão precedente e como é em torno dele que se trava a batalha, vamos nos concentrar nele e em seus críticos nas páginas a seguir.

Morgenthau reconhece que, dada a competição por bens escassos, sem ninguém servindo de árbitro, segue-se uma luta pelo poder entre os competidores, e que, portanto, pode-se explicar a luta pelo poder sem referência ao mal que nasce com o homem. A luta pelo poder acontece simplesmente porque os homens desejam coisas, não porque haja algum mal em seus desejos. Ele considera esta uma das duas raízes do conflito; mas, mesmo quando a discute, parece dirigir-se inconscientemente para a "outra raiz do conflito e do concomitante mal" – "o *animus dominandi**, o desejo de poder". Isso é ilustrado por uma asserção como a seguinte: "O teste do sucesso político é o grau em que se consegue manter, aumentar ou demonstrar o próprio poder sobre os outros."[40] O poder aparece

---

38. Morgenthau, *Scientific Man*, pp. 187-203; *Politics among Nations*, pp. 477, 481.

39. Morgenthau, *Politics among Nations*, parte IV.

* Em latim no original. (N. do T.)

40. Morgenthau, *Scientific Man*, pp. 192, 196.

como um fim em si mesmo, ao passo que uma maior ênfase na primeira raiz da discórdia política creditaria ao poder o caráter de instrumento necessário ao sucesso nas batalhas competitivas. Mas Morgenthau considera muitas vezes o esforço pelo poder inerente aos homens como um dado mais básico do que as condições casuais em que ocorrem as lutas pelo poder. Isso é indicado por sua afirmação de que "num mundo no qual o poder conta, nenhuma nação em busca de uma política racional pode optar entre renunciar ao poder e querer o poder; *e, se pudesse optar,* a ânsia por poder do indivíduo ainda nos confrontaria com seus defeitos morais menos espetaculares mas não menos prementes"[41].

Aqui temos duas idéias: em primeiro lugar, a de que as lutas pela preferência surgem em situações competitivas e, na ausência de uma autoridade capaz de limitar os meios usados pelos competidores, é introduzida a força; em segundo, a de que as lutas pelo poder surgem porque os homens nascem com a ânsia de poder. Quais as implicações para a política internacional dessa explicação dual? Quem aceita a segunda idéia vai definir o interesse nacional como poder, uma vez que os homens buscam naturalmente o poder. Quem aceita a primeira, também vai definir o interesse nacional como poder, mas dessa vez porque, em certas condições, o poder é o meio necessário para garantir os fins dos Estados. Num caso, o poder é um fim; no outro, um instrumento. As linhas de análise ficam obscurecidas; porque, caso se revele que o poder é um meio *necessário*, este assume inevitavelmente algumas das qualidades de um fim. A adoção da primeira ou da

---

41. *Ibid.*, p. 200. O grifo é de Waltz.

segunda explicação, ou de uma mistura das duas, pode nesse caso fazer pouca diferença quanto às conclusões políticas a que se chega. Pode todavia confundir o analista e desconcertar seus críticos.

Os realistas tendem a aceitar a idéia de uma dicotomia clara entre duas escolas de pensamento. Isso fica implícito na afirmação de Niebuhr que acabamos de citar, a de que a base de todo realismo político é uma concepção sofisticada do homem, e na definição da condução do governo por Kennan como "uma lamentável tarefa... delegada à sociedade civilizada, para nossa grande infelicidade, como resultado da natureza irracional do homem, de seu egoísmo, de sua obstinação, de sua inclinação à violência"[42]. Está explícito na asserção de Morgenthau que o pensamento político moderno se divide em duas escolas: os utopistas, com suas filosofias otimistas do homem e da política, e os realistas, que vêem que o mundo "é o resultado de forças inerentes à natureza humana". Está também evidente na distinção de Gerald Stourzh entre aqueles que julgam que o progresso da razão e da ciência torna o governo cada vez mais desnecessário e "os que sustentam que há um elemento inextirpável de egoísmo, orgulho e corrupção na natureza humana" e que, portanto, "se recusam a conceder à razão e aos 'princípios científicos' um papel tão vital nos assuntos políticos"[43].

Os governos, as manipulações políticas e os equilíbrios de poder podem ser necessários em parte por causa da paixão e da irracionalidade do homem, mas

---

42. Kennan, *Realities of American Foreign Policy*, p. 48.

43. Morgenthau, "Another 'Great Debate': The National Interest of the United States", *American Political Science Review*, XLVI, 1952, pp. 961-2; Stourzh, *Benjamin Franklin and American Foreign Policy*, pp. 1-2.

também o são por outros motivos. A divisão das abordagens políticas em duas categorias é enganosa, pois tem como base uma afirmação incompleta das causas do conflito e das conseqüentes necessidades da política. A dicotomia costuma ser igualmente aceita pelos críticos dos realistas. Numa resenha do livro de John Herz, *Political Realism and Political Idealism* [Realismo político e idealismo político], Quincy Wright comenta os pretensos realistas da seguinte maneira: "Logo, quando se diz que os Estados buscam o poder como seu valor supremo, levanta-se de imediato a questão filosófica: o poder deve ser o valor supremo dos Estados? O 'realista' responde que sim, afirmando que os Estados devem perseguir seus interesses nacionais, e o supremo interesse nacional é o progresso da posição de poder do Estado. No entanto, ele não está afirmando um axioma evidente por si mesmo, mas uma norma ética, e uma norma ética que de modo algum é incontroversa."[44] Isso pode ser aceito como crítica a Morgenthau, mas não a Herz; e, mesmo como crítica a Morgenthau, comete o erro de aceitar as confusões que ele mesmo introduziu. Quando se fica intrigado com asserções como as citadas, nas quais se afirma que um esforço de poder arraigado no homem é a causa principal das mazelas do mundo, pode ser justo dizer que Morgenthau fez uma afirmação normativa que se pode aceitar ou rejeitar de acordo com a inclinação que se tenha. Mas, segundo a análise de Herz, os Estados buscam suas posições comparativas de poder por causa do "dilema da segurança", nascido de uma condição de anarquia, com que se defrontam[45]. O poder aparece antes como um instrumen-

---

44. Wright, "Realism and Idealism in International Politics", *World Politics*, V, 1952, p. 122.
45. Herz, *Political Realism and Political Idealism*, cap. ii, seção ii.

to possivelmente útil do que como um valor supremo que os homens são levados por sua própria natureza a buscar. Logo, a questão não é saber se o poder deve ou não ser "o valor supremo dos Estados". Tem-se, em vez disso, de perguntar quando ele será o valor supremo, se em algum momento for, e quando é mero meio.

A tentativa de deduzir uma filosofia da política de uma suposta natureza do homem leva à preocupação dos estadistas com o papel da ética sem oferecer critérios para distinguir o comportamento ético do não-ético. Essa dificuldade se reflete nos comentários de um crítico preocupado com o problema de dar conteúdo à diretriz proposta por Morgenthau para a política externa, "o interesse nacional". Grayson Kirk sugere que "uma origem dessa dificuldade [com relação ao conteúdo] reside na falta de vontade de admitir que muitos de nossos formuladores de políticas, durante este período [da história da política externa americana] rotulado de utópico, incumbiram-se de expressar os interesses nacionais dos Estados Unidos como princípios morais, não por serem teóricos confusos, mas porque acreditavam honestamente que nossos maiores interesses nacionais estão na aceitação mais ampla possível de certos princípios morais e legais como diretrizes da conduta internacional"[46]. Se alguns estadistas "acreditavam honestamente" ou não que estavam exprimindo nossos interesses nacionais quando buscaram obter "a aceitação mais ampla possível de certos princípios morais e legais como diretrizes da conduta internacional", é mera questão de preocupação pessoal. É mais importante perguntar se as condições da política internacio-

---

46. Kirk, "In Search of National Interest", *World Politics*, V, 1952, p. 113.

nal permitem que os estadistas pensem e ajam a partir de princípios morais ou legais que podem ser viáveis e aceitáveis na política doméstica. Todos são a favor do "interesse nacional". Não se apresenta nenhuma política com a alegação de que, embora vá prejudicar o próprio país, vai ajudar outros países. Os problemas são de cunho avaliativo, para decidir quais interesses são legítimos, e de caráter pragmático, para decidir quais políticas vão servir melhor a esses interesses. Para resolver esses problemas, é necessária uma compreensão da política e do homem – e a compreensão da primeira não pode ser extraída da compreensão do segundo.

Em um grande número de ocasiões, Morgenthau exibiu admirável sofisticação e discernimento em seus comentários políticos. Ele analisou com habilidade as implicações da anarquia internacional e distinguiu a ação possível internamente da ação possível externamente, mas é só culpa dos seus críticos eles terem dificuldades para conceber a relação pretendida por ele entre suas concepções do homem e suas teorias políticas.

Conclusão

A maldade do homem, ou seu comportamento impróprio, leva à guerra; a bondade individual, se pudesse ser universalizada, significaria paz: eis o enunciado conciso da primeira imagem. Para os pessimistas, a paz é a um só tempo uma meta e um sonho utópico, mas outros levaram a sério o pressuposto de que é possível uma reforma dos indivíduos suficiente para trazer ao mundo uma paz duradoura. Os homens são bons; logo, não há problemas sociais nem políticos – esta é uma asserção verdadeira? A reforma dos indivíduos, se realizada, curaria as moléstias sociais e políticas? A dificuldade reside obviamente na palavra "bom". Como definir "bom"? "São boas as pessoas que agem espontaneamente em perfeita harmonia umas com as outras." Eis uma definição tautológica, mas mesmo assim reveladora. O que os analistas, tanto os otimistas como os pessimistas, da primeira imagem fizeram foi: 1. perceber o conflito; 2. perguntar-se por que o conflito ocorre; 3. atribuir a culpa a um traço de comportamento ou a um pequeno número deles.

Os otimistas da primeira imagem traem uma ingenuidade política que vicia seus esforços de construção de um mundo novo e melhor. Seu fracasso vincula-se de modo direto a uma visão do homem que é simples e agradável, mas errada. Os pessimistas da primeira imagem desmantelaram argutamente os castelos de areia dos otimistas, mas tiveram menos sucesso em seus esforços de erigir os edifícios úteis mas necessariamente não inspiradores que têm de tomar seu lugar. Eles opuseram-se a uma teoria da política assentada numa definição otimista das capacidades do homem ao indicar que os homens não são aquilo que a maioria dos pacifistas e muitos liberais pensam que são. Niebuhr e Morgenthau dizem aos otimistas: vocês entenderam errado a política porque avaliaram erroneamente a natureza humana. Este é, de acordo com eles, o verdadeiro erro dos liberais[47]. Em vez disso, deveríamos dizer *um* erro de muitos liberais. Um erro mais importante, em que alguns, porém de maneira alguma todos, liberais incorre-

---

47. Niebuhr, *Reflections on the End of an Era*, p. 48; Morgenthau, *Scientific Man, passim*. Para uma análise ampla do pensamento liberal na política doméstica e internacional, ver, adiante, cap. quatro.

ram, consiste em exagerar a importância causal da natureza humana; porque, como o próprio Niebuhr assinala em uma declaração já citada, a natureza humana é tão complexa que pode justificar qualquer hipótese que se possa considerar. Não obstante, os pessimistas da primeira imagem ao menos oferecem uma valiosa advertência, ignorada com demasiada freqüência na história moderna, contra esperar demais da aplicação da razão a problemas sociais e políticos. E este é um exemplo de um possível resultado útil da análise da primeira imagem.

Embora demonstrem a utilidade da primeira imagem, Santo Agostinho e Espinosa, Niebuhr e Morgenthau também ajudam a deixar claros os limites de sua viabilidade. Assumir a posição de que os homens podem se tornar bons e assim fazer com que as guerras cessem, ou a posição de que, como os homens são maus, a guerra e males semelhantes nunca terão fim, pode levar à consideração da estrutura social e política. Se mudar a natureza humana resolve o problema, é imperativo descobrir como efetuar a mudança. Se as qualidades ruins do homem levam às guerras, é imperativo preocupar-se com maneiras de reprimir essa maldade ou de compensá-la. É comum que, entre aqueles que esperam que uma melhoria do comportamento humano traga a paz ao mundo, a influência das instituições sociopolíticas fique soterrada sob a convicção de que o comportamento individual é determinado mais pela inspiração religiosa e espiritual do que pelas circunstâncias materiais. Com relação àqueles que vinculam a guerra a defeitos inerentes ao homem, o ímpeto aparece mais claramente na direção oposta. O controle de homens rapaces requer mais força que exortação. As instituições sociopolíticas, especialmente se o autor em questão tem uma orientação para este mundo, tendem a passar para o centro do palco. O pressuposto de uma natureza humana fixa nos mesmos termos do qual tudo o mais deve ser compreendido ajuda a afastar a atenção *da* natureza humana – porque esta, nos termos de tal pressuposto, não pode ser alterada, ao passo que as instituições sociopolíticas podem.

CAPÍTULO TRÊS

Algumas implicações
da primeira imagem

*As ciências do comportamento e a
redução da violência entre Estados*

Se fazer fosse tão fácil quanto saber o
que é preferível fazer, as capelas seriam
igrejas e as choupanas dos pobres, palácios de príncipes.

"Pórcia", em *O mercador de Veneza*,
ato I, cena II

As causas mais importantes das disposições e dos atos políticos encontram-se na natureza e no comportamento do homem. Esta afirmação representa o mínimo de acordo descoberto entre aqueles que classificamos como analistas da primeira imagem. Eles sustentam em comum a convicção de que o que é importante para a política deve ser buscado sob a superfície política. Otimistas e pessimistas concordam sobre onde procurá-lo; mas, depois de procurá-lo, descrevem de maneira diferente aquilo que vêem, chegando portanto a conclusões contraditórias. Desistindo dos homens, os pessimistas se voltam, em suas prescrições, para remédios políticos. A unidade da primeira imagem é mais perfeitamente preservada por aqueles que, vendo nos homens a causa da guerra, buscam transformá-los. Essa é obviamente a linha de ataque daqueles que, dando assentimento, talvez sem perceber, a um importante pressuposto do pacifismo, afirmam que as guerras só acabarão quando os homens, de uma maneira ou de outra, se tornarem melhores. O grau até o qual muitos cientistas do comportamento modernos se aproximam desse modo de pensar não costuma ser avaliado. Isso é compreensível. Aqueles a quem chamamos de otimistas no passado depositaram sua crença, na maioria das vezes, em apelos religiosos e morais e em melhores sistemas de educação contudo tradicionais. O cientista do comportamento moderno deposita sua fé em alguns dispositivos mais complicados. Seus pressupostos sobre a natureza do homem costumam ser menos rígidos e suas soluções, menos individualistas. Onde os otimistas do passado inclinavam-se a recorrer a apelos emocionais, o cientista social moderno investiga; onde os pessimistas desistiam do homem, o cientista social tenta transformar suas descobertas em uma prescrição para a ação social.

A literatura que vamos considerar neste capítulo de forma intencional não representa os cientistas do comportamento como grupo, ainda que seja amplamente representativa daquilo que eles escreveram sobre a questão da guerra e da paz. Relativamente poucos entre o número total de psicólogos, por exemplo, se voltaram para o problema da guerra. Os que se voltaram são com freqüência os menos propensos a ter uma visão modesta das contribuições de sua própria disciplina. E muitos dos artigos publicados são produções ocasionais escritas por homens que por um instante desviam os olhos do rato branco – que procura laboriosamente seu caminho em um labirinto artificial – só para mergulhar em um labirinto que, embora não intencionalmente, é tão espantoso para o psicólogo quanto o do rato é para o animal. Se instada a dizer qual seria a contribuição da psicologia para resolver um dos problemas mais prementes do homem, é compreensível uma pessoa que dedicou a vida ao estudo da psicologia não dar de ombros e dizer que a psicologia só tem uma contribuição limitada a dar. Uns poucos de fato dizem isso. Edward Tolman, por exemplo, em seu livro *Drives toward War* [Impulsos rumo à guerra], e Herbert Goldhamer, em seu artigo "The Psychological Analysis of War" [A análise psicológica da guerra], mostram que avaliam plenamente as limitações da abordagem psicológica da guerra e da paz, tendo eles mesmos apresentado parte das críticas feitas neste capítulo. Mas a maioria das afirmações que surgem é menos modesta e mais ingênua. Como uma tentativa de aprofundar o exame da aplicabilidade da análise da primeira imagem, este capítulo analisa atentamente as alegações de alguns cientistas sociais modernos segundo as quais a ciência aplicada ao homem em sociedade pode resolver problemas sociais, entre eles a guerra.

Nunca houve carência de planos para a paz mundial. Quem tem motivação suficientemente intensa para desenvolver um plano costuma estar convencido de que a única razão pela qual as guerras continuam é porque os estadistas se recusam a lhe dar ouvidos. Os cientistas do comportamento não são diferentes quanto à confiança. São diferentes em outro aspecto. O que eles têm não é um plano, mas um método, e o método, é essa sua convicção, gera respostas para problemas sociais. Não se trata de uma convicção nova. "O dever do estadista", escreveu Émile Durkheim em 1895, "não é mais impelir a sociedade rumo a um ideal que lhe parece atraente; seu papel é o de médico: ele evita o surgimento da doença por meio de uma boa higiene de vida, e procura curá-la assim que ela aparece."[1] John Dewey forneceu o apoio de um filósofo. O novo papel da filosofia, previu ele, vai ser projetar "uma idéia ou ideal que ... seria usada como método de compreensão e retificação de males sociais específicos". Sua obrigação é contribuir "de qualquer maneira humilde para métodos que nos assistam na descoberta das causas dos males da humanidade"[2]. Muitos cientistas políticos adotaram a mesma atitude. Em 1930, por exemplo, Harold Lasswell escreveu: "Os métodos políticos de coerção, exortação e discussão supõem que o papel da política é resolver os conflitos quando eles acontecem. O ideal de uma política de prevenção [e a política de prevenção é o próprio ideal] é remediar o conflito mediante a redução definida do nível de tensão da sociedade por meio de métodos eficazes." O que importa, segundo Lasswell, não é mais efetuar mudanças na organização do governo, mas reorientar as mentes, em especial as mentes das pessoas mais influentes na sociedade. A política preventiva do futuro vai se aliar à medicina e à psicopatologia, à psicologia fisiológica e a disciplinas relacionadas a elas[3]. A ciência política cede lugar às ciências do comportamento tanto na esfera internacional como na doméstica. "O psiquiatra político", escreve Lasswell, "supondo ser desejável permitir que as atividades humanas se desenvolvam com o mínimo de custo humano, aborda os problemas da guerra e da revolução como um detalhe na tarefa total de controlar

---

1. Durkheim, *The Rules of the Sociological Method*, trad. Solovay e Mueller, p. 75.
2. Dewey, *Reconstruction in Philosophy*, pp. 107, 142.
3. Lasswell, *Psychopathology and Politics*, pp. 198-202.

as fontes e mitigar as conseqüências da insegurança humana em nosso mundo instável."[4]

Lasswell resume de modo admirável as aspirações dos cientistas do comportamento. A sociedade é o paciente, diz Lawrence Frank. De acordo com alguns, o paciente pode ser curado consertando-se indivíduos que o compõem e, de acordo com outros, pela melhoria dos arranjos sociais que produzem no presente as tensões que tantas vezes encontram sua dissolução imperfeita na guerra. O psicólogo inglês J. T. MacCurdy observou no auge de uma guerra mundial que "a psiquiatria preventiva está começando a mostrar seus frutos", e exortou que "não é portanto ilógico alimentar a esperança de que esforços semelhantes possam em última análise evitar a guerra"[5]. Da mesma maneira, mas de uma perspectiva acadêmica diferente, o antropólogo americano Clyde Kluckhohn, em meio a outra guerra do mesmo tipo, identificou "o problema central da paz mundial" como o de minimizar e controlar "impulsos agressivos"[6].

Examinando-se a literatura das ciências do comportamento sobre a guerra encontra-se no entanto não somente uma variedade de causas estimadas e de supostos remédios desconcertantes e pouco compreensíveis, como também uma indefinição ou irrealismo desestimulante tanto na análise de causas como na prescrição de remédios. L. L. Bernard, sociólogo e psicólogo social há muito preocupado com os problemas da guerra e da paz, defende que "precisamos saber que condi-

---

4. *Id.*, *World Politics and Personal Insecurity*, p. 26.

5. MacCurdy, *The Psychology of War*, p. 11.

6. Kluckhohn, *Mirror of Man*, p. 277. O mesmo pensamento, expresso em palavras idênticas, apareceu em seu texto "Anthropological Research and World Peace". *In*: *Approaches to World Peace*, p. 149.

ções sociais perigosas devem de fato ser corrigidas a fim de evitar as guerras". Mas quais são essas condições e o que se pode fazer com relação a elas, ele deixa, apesar da extensão da obra, em boa parte para determinar em pesquisas futuras[7]. No ponto em que Bernard é vago, outros, ao serem específicos, revelam de modo mais claro sua falta de realismo. Assim, James Miller, ex-professor de psicologia e psiquiatria da University of Chicago e atualmente na equipe do Mental Health Research Institute, julga que a causa da paz poderia ser muito bem servida se pudéssemos plantar cerca de mil cientistas sociais treinados na União Soviética, disfarçados de russos, que usariam as técnicas mais modernas de amostragem da opinião pública para descobrir o que os russos andam pensando. Gordon Allport advoga que se organize a entrada da Assembléia Geral da ONU, do Conselho de Segurança e da Unesco de modo que os delegados, a caminho de suas reuniões, tenham de passar pelo pátio de recreio de uma creche. E J. Cohen, outro psicólogo, acredita que a causa da paz poderia ser promovida se os homens fossem substituídos por mulheres no governo das nações[8].

Esses exemplos são citados para ilustrar um tipo de recomendação que ocorre várias vezes na literatura que estamos considerando. Eles não têm significado sem

---

7. Bernard, *War and Its Causes*, p. 222. E ver especialmente seu capítulo de conclusão, "What Can Be Done about War?".

8. James G. Miller, "Psychological Approaches to the Prevention of War". *In*: Dennis *et al.*, *Current Trends in Social Psychology*, pp. 284-5; Gordon W. Allport, "Guide Lines for Research in International Cooperation". *In*: Pear, org., *Psychological Factors of Peace and War*, pp. 91-110. A proposta de Allport evoca uma sugestão feita certa vez pela pacifista Beverly Nichols, a saber, que o manequim de um soldado terrivelmente ferido fosse colocado no centro da mesa de todas as conferências pelo desarmamento. *Cry Havoc!*, p. 5.

que sejam consideradas as análises sistemáticas das quais derivam. Claro que Miller, Allport e Cohen estão propondo o uso de recursos específicos, que esperam venham ajudar a alcançar alguns de seus objetivos mais gerais. Quais são esses objetivos mais gerais? A natureza da literatura das ciências do comportamento sobre a guerra e a paz dificulta sua identificação. Há alguns textos curtos argumentando que as ciências do comportamento têm de fato uma tremenda contribuição a dar à paz mundial. Há algumas poucas obras mais longas que, depois de fazerem essa mesma asserção, acrescentam um bom número de detalhes acerca do que sabemos sobre os efeitos do cuidado com as crianças, da psique de todas as pessoas, das variações dos costumes em diferentes tribos e da relação entre cultura ou sociedade e o comportamento individual. Mas há uma carência de tentativas sistemáticas de vincular as ciências do comportamento aos problemas da política internacional, passados, presentes ou futuros.

Não obstante, podem-se distinguir várias abordagens distintas no âmbito das ciências do comportamento. Sustenta-se amplamente que aumentar a compreensão entre os povos significa incrementar a paz. E sustenta-se quase que com a mesma amplitude que um melhor ajuste social dos indivíduos iria, pela redução dos sentimentos de frustração e de insegurança, diminuir a incidência da guerra. Um número considerável de cientistas, recorrendo mais exclusivamente à influência decisiva dos líderes políticos, exige que nossos governantes sejam treinados mais adequadamente e escolhidos com mais cuidado. Outros alegam que as guerras ocorrem porque os homens esperam que ocorram; para abolir a guerra, as expectativas dos homens devem ser mudadas. E, por fim, alguns restringem a contribuição das ciências do comportamento a ajudar os atuais governos a definir suas metas e selecionar seus métodos de maneira mais científica. Um exame da idéia de que a promoção da compreensão internacional vai promover a paz pode servir convenientemente de introdução à abordagem das relações internacionais pelas ciências do comportamento.

"Não podemos saber tudo; porém, quanto mais soubermos, melhor."[9] Esta alegação é tão verdadeira quando aplicada ao problema do controle da guerra quanto é ao ser aplicada ao controle da criminalidade ou das doenças. Quando aplicada ao problema da eliminação da guerra, costuma ter um sentido especial. Este fica claro na seguinte asserção de James Miller: "A ignorância dos desejos, das intenções e das características das pessoas leva ao medo, e é, em conseqüência, uma das principais causas da agressão."[10] Como uma proposição tão geral pode ser relacionada com as condições efetivas da guerra e da paz? É verdade, por exemplo, que a tendência de um japonês a sorrir ao ser repreendido é interpretada por americanos que desconhecem o hábito como uma grande impertinência. Mas como essas incompreensões levam a guerras entre Estados? E, se os processos podem ser descritos, pode-se sustentar que expliquem todas as guerras, ou mesmo a maioria delas? Inversamente, será que a compreensão sempre promove a paz, ou as nações por vezes mantêm a paz precisamente porque não compreendem muito bem umas às outras? Estaremos numa guerra fria com a União Soviética porque não compreendemos bem o suficiente

---

9. Klineberg, *Tensions Affecting International Understanding*, p. 92.

10. Miller, "Psychological Approaches to the Prevention of War". *In*: Dennis *et al.*, *Current Trends in Social Psychology*, p. 284.

as sociedades comunistas ou porque, quanto mais claramente chegamos a compreendê-las, menos gostamos delas – ou por outros tantos motivos totalmente fora do alcance do antropólogo e do psicólogo social?

Evidentemente, a correlação entre paz e conhecimento opera de maneiras menos óbvias. Lawrence Frank, que tentou aplicar os dados e as descobertas das ciências do comportamento a vários problemas, que vão do cuidado com as crianças à paz mundial, deixa isso claro[11]. Os caminhos tradicionais para a ordem mundial – por meio da fraternidade religiosa, da conquista ou do federalismo mundial – têm, assinala ele, um defeito em comum: todos propõem que um credo, um Estado ou uma filosofia venham a dominar o mundo. Frank, falando como antropólogo da cultura, enfatiza, ao contrário, o valor positivo da diversidade. Toda cultura tem suas fraquezas; toda cultura tem seus méritos especiais. A variedade faz do mundo um lugar melhor e mais estimulante para se viver. Em vez de buscar reduzir a variedade, deveríamos tentar compreender os motivos de sua existência e o valor que ela tem. E se chegarmos a compreender as semelhanças essenciais, o fato de todos termos diante de nós as mesmas "tarefas de vida", ainda que possamos enfrentá-las de maneiras um pouco diferentes, teremos desenvolvido a base, se não da admiração mútua, pelo menos da tolerância mútua[12].

---

11. Ver a coletânea de artigos seus, que datam de 1916 a 1946, em *Society as the Patient*. A referência aqui é a "World Order and Cultural Diversity". *In: ibid.*, pp. 389-95.

12. Cf. Kluckhohn, *Mirror for Man*, p. 273: "A solução do antropólogo é a unidade na diversidade: o acordo com relação a um conjunto de princípios referentes à moralidade mundial, porém respeito e tolerância por todas as atividades que não ameacem a paz mundial."

Mas a competição pelos mesmos fins tem causado bem mais guerras do que a ilusão que Lawrence Frank tenta combater, a ilusão de que as pessoas e as culturas são tão diferentes. Uma grande afinidade cultural não tem reduzido o derramamento de sangue, como ilustra amplamente a história da Europa Ocidental. Nem o maior conhecimento foi sempre um caminho confiável para uma compreensão mais indulgente. Muito pelo contrário. Friedrich von Schlegel aumentou, por meio de viagens ao exterior, seu conhecimento de outros povos. O resultado, tal como ocorreu com muitos românticos ulteriores, não foi o incremento da tolerância com relação a valores diferentes, mas o aumento de seu fervor nacionalista[13]. Alfred Milner, pouco depois de chegar ao Egito a fim de servir sob as ordens de *Sir* Evelyn Baring, exprimiu sua esperança de que o ódio e a suspeita internacionais pudessem ser reduzidos levando-se as nações "a se compreenderem melhor". *Sir* Evelyn, transmitindo a sabedoria da experiência, replicou: "Temo, meu caro Milner, que quanto melhor elas se compreenderem, tanto mais odiarão umas às outras."[14] O cientista político Karl Deutsch, resumindo as evidências, conclui que "muitos indivíduos emocional, cultural e politicamente sensíveis reagem a uma temporada no exterior... com uma afirmação bem mais forte do nacionalismo e da lealdade à sua própria língua, à sua própria cultura e ao seu próprio povo"[15].

Frank clama pelo maior conhecimento de outras culturas. Ele espera que o maior conhecimento produ-

---

13. Hayes, *The Historical Evolution of Modern Nationalism*, pp. 103-4.

14. Oliver, *The Endless Adventure*, III, 177n.

15. Deutsch, "The Growth of Nations: Some Recurrent Patterns of Political and Social Integration", *World Politics*, V, 1953, p. 185.

za uma humildade e uma tolerância que sirvam como a base firme para uma cooperação produtiva e pacífica entre todos os povos enquanto enfrentam suas "tarefas de vida" comuns[16]. Porém o maior conhecimento, embora torne algumas pessoas humildes, torna outras mais arrogantes. No cômputo geral, o maior conhecimento levará a um aumento de tolerância grande o suficiente?[17] Como não podemos supor que levará, só podemos dizer que deveria levar. O apelo de Frank é que as pessoas sejam mais tolerantes, e seu argumento é que o apelo à tolerância tem base científica. Isso, por infelicidade, não basta para estabelecer sua aplicabilidade prática.

Não exaurimos o significado da expressão "a partir do conhecimento, a paz". No artigo de Frank, o conhecimento deveria ser o caminho para uma tolerância maior. Em outras formulações, o conhecimento obtido por meio do estudo de outras culturas deve ser usado para aprimorar as várias sociedades (ou para criar uma só grande sociedade), de modo que a guerra deixe de ser uma instituição social aceita. O raciocínio segue mais ou menos os seguintes passos: a guerra é simplesmente uma instituição social, não um produto necessá-

---

16. Cf. Kluckhohn, outra vez: "Mas o mundo, com toda a sua variedade, ainda pode ser um só em sua adesão aos propósitos comuns elementares partilhados por todos os povos." *Mirror for Man*, p. 289.

17. E quanto é grande o suficiente? Essa questão vai ser considerada no cap. seis adiante. As dificuldades e possibilidades de promover a cooperação internacional por meio de uma maior compreensão são bem ilustradas em *Diversity of Worlds*, relatório de uma conferência que envolveu franceses e americanos, elaborado por dois *rapporteurs* [em francês no original (N. do T.)] politicamente sofisticados, Raymond Aron e August Heckscher. Ver, em especial, suas considerações conclusivas.

rio da natureza humana. Isso é provado pelo fato de a guerra não existir em algumas sociedades. Como as instituições são invenções sociais, se quisermos nos livrar de uma determinada instituição, temos de inventar outra para substituí-la[18]. As pessoas só se envolvem em duelos quando existe o costume de duelar em sua sociedade. O julgamento pelo combate cede lugar ao julgamento por júri quando as pessoas percebem os efeitos ruins do sistema antigo e inventam um melhor. A beligerância, assim como o duelo e o julgamento pelo combate, "é apenas uma invenção, conhecida pela maioria das sociedades humanas, mediante a qual elas permitem que seus homens jovens acumulem prestígio ou lavem a honra"[19]. Mas como podemos planejar a invenção social que torne a guerra tão obsoleta quanto o duelo? Margaret Mead dá a resposta: "Se quisermos construir um mundo que use os diversos talentos dos homens, temos de estudar outras culturas, analisá-las e racionalizar nossas descobertas. Temos de encontrar modelos e padrões que, orquestrados juntos em escala mundial, criem um mundo tão diferente do antigo quanto foi o mundo das máquinas do mundo das indústrias artesanais da Idade Média." Temos de aprender o que pudermos de todos os lugares possíveis. Temos de estudar as tribos primitivas que estão desaparecendo rapidamente para interceptar sua sabedoria antes de perder de modo irrevogável essa oportunidade. Temos de treinar "uma legião de homens e mulheres que compreenda a tarefa altamente técnica de analisar civilizações, de usar instituições e conjuntos de

---

18. Mead, *And Keep Your Powder Dry*, pp. 182-3, 211-4, 242.

19. *Id.*, "Warfare Is Only an Invention – Not a Biological Necessity", *Asia*, XL, 1940, pp. 402-5.

hábitos a partir dos quais construir, assim como engenheiros bem treinados usam torques, pressões e tensões". Temos de "saber o que as mães chinesas dizem a seus bebês e como elas os carregam, desenvolver suas virtudes especiais; e o que as mães russas dizem aos seus, e como os carregam, e desenvolver as delas". Temos de perguntar: "Que contribuição podem dar os ingleses e os australianos, os franceses e os gregos, os abissínios e os chineses, os russos e os brasileiros, e os alemães, os japoneses, os italianos e os húngaros."[20]

É bom fazer uma pausa para perguntar de que serve tudo isso. Serve à paz, ou, mais precisamente, para a preservação de nossos valores da maneira mais pacífica possível. Mas de que forma exatamente partimos dos sussurros em linguagem infantil daquela mãe chinesa e chegamos à paz no mundo? Como exatamente usamos aquilo que aprendemos sobre os húngaros e os brasileiros, ou sobre os samoanos, para reduzir a incidência de conflitos violentos? Mead quer que usemos todas as informações que pudermos obter para criar uma nova sociedade na qual as oportunidades oferecidas a cada indivíduo sejam maximizadas e as tendências agressivas sejam efetivamente desestimuladas[21]. Se por um momento aceitarmos seu pressuposto utópico de que a antropologia cultural, caso disponhamos de uma dose suficiente dela, vai nos dizer como construir uma sociedade para a paz, o que precisa ser dito de seu segundo pressuposto – de que o conhecimento pode ser usado de maneira efetiva? Como é possível

---

20. *Id.*, *And Keep your Powder Dry*, pp. 9, 235, 249, 256, 259. E cf. a segunda declaração do presidente Eisenhower citada na p. 13 do capítulo um.

21. *Ibid.*, pp. 139-40, 187, 240, 256.

levar a cabo as mudanças que ela pede? Uma maneira por ela mencionada é a educação. Porém, como observa Kurt Lewin, "parece mais fácil a sociedade mudar a educação do que a educação mudar a sociedade". Moisés liderou Israel durante quarenta anos no deserto de modo que a geração escrava morresse e uma nova geração aprendesse a viver em liberdade. Pode não haver, diz Lewin, um método mais rápido para a reeducação cultural permanente de todo um país[22]. Ruth Benedict exprime a mesma avaliação de modo ainda mais assertivo. "Mesmo em condições da maior liberdade por parte de suas instituições", escreve ela, "os homens nunca são inventivos o bastante para promover mudanças mais do que diminutas. Do ponto de vista de um estrangeiro, as inovações mais radicais de qualquer cultura equivalem a não mais que uma revisão restrita."[23] E, o que é bem estranho, essa conclusão foi antecipada pela própria Mead. As mudanças culturais grandes e de amplo alcance, escreveu ela num livro publicado pela primeira vez em 1928, "são obra do tempo, uma obra em que cada indivíduo desempenha um papel inconsciente e insignificante"[24]. Não se trata de acusá-la de incoerência, porque ao longo de um período de quatorze anos ela mudou de idéia. O que importa é apenas que sua atitude anterior parece a mais realista e é a que os outros cientistas sociais, ao menos quando escrevem sobre quase todos os problemas que não a guerra, na maioria dos casos adotaram. Os antropólogos são, de todos os cientistas do comportamento, os que têm maior probabilidade de considerar o "panora-

---

22. Lewin, *Resolving Social Conflicts*, pp. 4, 55.
23. Benedict, *Patterns of Culture*, p. 76. Cf. pp. 226, 229, 251.
24. Mead, *Coming of Age in Samoa*, p. 154.

ma mais amplo". São também os que mais costumam desestimular a expectativa de que uma mudança social organizada pode ser produzida com rapidez.

A analogia com o duelo é tão enganosa para o antropólogo moderno quanto foi para o pacifista do século XIX. Se a obra do antropólogo contém alguma promessa para a paz mundial, trata-se da de que, escutando o que ele diz, e o que dizem igualmente tantos outros, poderemos ter condições de avançar um pouco de vez em quando. Lewin, Benedict e Mead, em sua juventude mais conservadora, alertaram contra a expectativa de que dados reunidos cientificamente pudessem ser usados para produzir mudanças sociais de monta. Os termos específicos do alerta de Mead são instrutivos. O estudo comparado das culturas a convenceu de que a adolescência não precisa ser um período de tormento. Na sociedade de Samoa, não é. O padrão cultural, e não a natureza humana, explica a frustração dos adolescentes. Por que então os pais americanos não podem aplicar as técnicas de Samoa para ajudar pelo menos seus próprios filhos a se ajustarem? A resposta é mais bem dada pelas próprias palavras de Mead: "Os pais americanos isolados que acreditam numa prática como a samoana e que permitem que os filhos vejam corpos humanos adultos e obtenham uma experiência mais ampla do funcionamento do corpo humano do que comumente se permite em nossa civilização estão construindo castelos de areia. Porque o filho, assim que abandona o círculo protetor de sua casa, se vê acossado por uma atitude que considera essa experiência em crianças algo feio e antinatural."[25] Os pais que fazem a experiência provavelmente vão fazer mais mal do que

---

25. *Ibid.*, p. 145.

bem. Se todas ou substancialmente todas as famílias americanas seguissem essa prática iluminada, nossos adolescentes presumivelmente seriam mais felizes. Mas Mead é uma antropóloga boa demais para esperar que aconteça algo parecido[26]. Como a maioria das famílias não vai, consciente e voluntariamente, adotar uma prática que viola costumes que se foram erigindo ao longo de séculos, não faz bem e na verdade faz mal às crianças envolvidas que uns poucos a adotem[27].

A solução que é racional se substancialmente todas as pessoas a seguem pode ser mais que inútil quando adotada por uma minoria. Se isso é verdade quando aplicado dentro da sociedade à maneira como os pais criam seus filhos, não será igualmente verdade para as tentativas de "reestruturar" a sociedade em favor da paz? A guerra, assim como os tormentos da adolescência, não é inerente à natureza humana. A antropologia comparada prova este fato. Mas será mais fácil extirpar a guerra de uma sociedade mundial do que é extirpar a frustração da adolescência da nossa? Bastará dizer, com Benedict e Lewin, que o processo vai ser excessivamente lento? Não temos de introduzir o problema da sincronia – a dificuldade de obter ação simultânea entre unidades independentes, como famílias ou Estados – como um fator complicador adicional? Se um Estado ou um pequeno número deles nomeassem cientistas do comportamento para cargos nos quais estes pudessem

---

26. *Ibid.*, p. 154: "Mas, infelizmente, as condições que atormentam nossos adolescentes são o alicerce de nossa sociedade, não mais sujeita à manipulação direta de nossa parte do que a língua que falamos."

27. O que os pais podem fazer? Mead afirma que eles têm de ensinar aos filhos como pensar, em vez de em que pensar. Devem ensiná-los a aceitar o ônus da escolha e a serem tolerantes. (*Ibid.*, p. 161.) Isso parece exigir tanta inovação quanto o ensino de novos hábitos sexuais!

formular políticas, como isso aumentaria as chances da paz mundial? Nessas circunstâncias, conselhos sobre como "manter-se pronto para agir" poderiam ser bem mais importantes do que a preocupação com as panacéias que trariam a paz entre Estados se adotadas por todos[28].

Levantar a questão da viabilidade prática levou à identificação de duas dificuldades constantes e profundas: o tempo necessário à mudança e a sincronia das mudanças. Há uma dificuldade intermediária igualmente crucial: como um cientista político começa a mudar mesmo uma única sociedade? Quando Lasswell diz que o importante não é mais reorganizar governos e sim mentes, é porque a organização do governo é a tarefa menos importante ou porque isso já foi providenciado pelo menos em alguns Estados? Se pudesse satisfazer a esse seu desejo, Lasswell mudaria o sistema soviético de educação ou o sistema soviético de governo? A pergunta não faz sentido. Mas a razão por que não faz sentido é interessante: não se pode conceber uma mudança na educação soviética sem uma mudança anterior no governo soviético[29]. Se pudéssemos dar às crianças

---

28. Os cientistas do comportamento poderiam, é claro, ter condições de dar conselhos sobre como fazer isso, como está implícito no título de Mead e é mencionado de vez em quando por ela. Ver *And Keep Your Powder Dry*, p. 214, e seu artigo "The Study of National Character". *In*: Lerner e Lasswell, orgs., *The Policy Sciences*.

29. Cf. Lewin, acima, p. 68. Dificuldades como essa explicam a estipulação de Lasswell de que o governo mundial deve preceder a ordem mundial. Isso pelo menos parece ser a implicação da seguinte frase: "O pré-requisito de uma ordem estável no mundo é um corpo de símbolos e práticas que apóiem uma elite que se divulgue por métodos pacíficos e obtenha um monopólio da coerção que raramente é necessário aplicar totalmente." *World Politics and Personal Insecurity*, p. 237. Cf., adiante, pp. 86-92.

soviéticas o tipo de educação que os cientistas do comportamento prescrevem, poderíamos alimentar alguma esperança de uma mudança no governo soviético, digamos, daqui a vinte anos. Mas o "se" não é operacional, e as disciplinas abrangidas pelas ciências do comportamento não podem sugerir maneiras de fazer com que seja.

Acabamos de levantar três problemas. Primeiro, o problema da velocidade: quanto tempo levará para remodelar as pessoas e as sociedades para a paz, mesmo supondo que determinemos de forma científica quais são exatamente as mudanças necessárias? E depois aquele que podemos chamar de problema político em dois níveis: como se institui a mudança dentro de uma sociedade e como se lida com as complicações adicionais que surgem quando se tem de tratar de duas ou mais sociedades? Essas dificuldades se refletem amplamente na literatura das ciências do comportamento, como ilustra a discussão a seguir, dividida em três partes, refletindo aproximadamente as três considerações críticas precedentes.

1. Isaiah Berlin caracterizou a nova perspectiva da filosofia política como a "noção de que as respostas a problemas existem não em forma de soluções racionais, mas de eliminação dos próprios problemas"[30]. Essa idéia não tem melhor ilustração do que na literatura das ciências do comportamento. Não podemos interromper essa concentração em apanhar ratos em armadilhas, pergunta o psiquiatra-antropólogo Alexander Leighton, e concentrar-nos nas condições de seu desenvolvimento? O que precisamos, diz ele, é "da obsessão do médico em

---

30. Berlin, "Political Ideas in the Twentieth Century", *Foreign Affairs*, XXVIII, 1950, pp. 356-7.

chegar às causas em vez de ficar apenas fazendo tentativas de combater os sintomas"[31]. Mas às vezes os médicos lidam de fato com os sintomas mais do que com as causas. Eles, por exemplo, prescrevem óculos, e algumas pessoas passam a maior parte da vida nesse estado infeliz, com a causa ainda presente, resignadas a compensar o problema em vez de eliminá-lo. Não se trata de uma prática incomum. Frank Lloyd Wright, quando se viu diante do problema de projetar um hotel que seria construído em uma área sujeita a terremotos freqüentes, não disse: "Vejam bem, seus prédios andam caindo por causa dos terremotos. Eliminem a causa – os terremotos – e projetarei um belo hotel para vocês." Também na esfera política esse tipo de adaptação às circunstâncias costuma ser empregado. Os governos americano e britânico podem ser tomados como exemplos de esquemas mecânicos que têm funcionado muito bem[32]. Uma força policial é outro recurso mecânico desse gênero que tem suas virtudes positivas, embora a lógica de Leighton, se estritamente aplicada, nos forçasse a condenar os policiais por estarem "apanhando ratos em armadilhas", quando a sociedade deveria se ocupar em fazer esses ratos agirem como ratos brancos domesticados.

É certo que, em vez de usar um recurso mecânico, seria preferível *curar* a deficiência dos olhos. Deve-se

---

31. Leighton, *Human Relations*, p. 161.

32. A cooperação produtiva de grande número de homens durante longos períodos tem dependido tradicionalmente de duas coisas: a existência de uma comunidade de interesse e de sentimento e o uso de recursos mecânicos para preservar a ordem dentro dela. As ciências do comportamento, com sua tendência para buscar as causas básicas, descuidam freqüentemente do papel indispensável e das contribuições positivas dos recursos mecânicos, que, na sua opinião, atacam mais os sintomas do que as causas.

admitir que o problema de Wright seria bem mais simples, e ele poderia construir um hotel mais bonito por menos dinheiro, se algum físico *resolvesse* primeiro o problema dos terremotos. E poderia ser infinitamente preferível os cientistas do comportamento melhorarem os homens e as condições para que se pudesse prescindir dos governos e das forças policiais. Mas, se pudéssemos imaginar essa possibilidade, ainda teríamos de perguntar quanto tempo levaria. James Miller fala como se cinqüenta anos, contando a partir de 1948, fosse um período bem razoável para implantar a época de ouro[33]. T. H. Pear trai a mesma ingenuidade. Pode-se identificar, diz ele, a atitude de beligerância; e, como as atitudes surgem por meio da aprendizagem social, é possível modificá-la. Para consegui-lo, bastaria um curto espaço de tempo, já que "é possível mudar padrões culturais com rapidez", como provam, afirma ele, os maoris, os japoneses e os russos[34]. Desde que as evidências históricas não sejam consultadas com algum detalhe, essa asserção pode ser convincente. Mas em toda mudança social há uma relação entre tempo e força. Falando em termos gerais, quanto maior a força, tanto mais rapidamente ocorre a mudança social. Os maoris e os japoneses foram ambos submetidos de repente ao impacto de uma poderosa civilização quase que inteiramente nova para eles. Sob esse impacto, eles modificaram muitos de seus costumes ancestrais – e conservaram muitos outros. Nesses dois casos, a força física completou a força constituída pelo impacto cultural. No caso dos russos, o processo esteve mais perto

---

33. Miller, "Psychological Approaches to the Prevention of War". *In*: Dennis *et al.*, *Current Trends in Social Psychology*.

34. Pear, "Peace, War and Culture-Patterns". *In*: Pear, org., *Psychological Factors of Peace and War*, p. 21.

do uso exclusivo da força física. Seja como for, seria difícil, diante dos fatores de tempo e de força, prever que mudanças específicas seriam produzidas por exatamente que meios[35].

O erro de Miller e Pear, assim como Mead em seus piores momentos, foi a velha falácia racionalista, a identificação de controle e conhecimento. Eles supõem que, uma vez que saibamos como fazer cessar a guerra, teremos resolvido o problema – que o problema consiste integralmente em saber e não, de modo algum, em fazer[36]. Se as guerras são causadas por imaturidades e ansiedades[37], por neuroses ou desajustes[38], por frustrações encontradas no processo de socialização[39] ou por

---

35. Os comentários mais argutos e ponderados acerca dos problemas do planejamento e da previsão que vi foram feitos por Cherter I. Barnard, "On Planning for World Government". *In*: *Approaches to World Peace*, pp. 825-58.

36. Cf. H. V. Dicks, "Some Psychological Studies of the German Character". *In*: Pear, org., *Psychological Factors of Peace and War*, p. 217: "Achamo-nos literalmente ameaçados pela extinção caso não aprendamos a compreender, e portanto a controlar, as pessoas que têm a possibilidade de pôr em movimento as colossais forças destrutivas." E observem como é difícil conceber uma possível relação entre as atividades do Projeto Tensões da Unesco (ver Klineberg, *Tensions Affecting International Understanding*, pp. 215-7, para um resumo das atividades em andamento) e qualquer ação efetiva no sentido de prevenir a guerra. É possível dizer o mesmo da lista elaborada por Allport de tópicos de pesquisa propostos. "Guide Lines for Research in International Co-operation". *In*: Pear, org., *Psychological Factors of Peace and War*, pp. 155-6.

37. Cf. Harry Stack Sullivan, "Tensions Interpersonal and International: A Psychiatrist's View". *In*: Cantril, org., *Tensions That Cause Wars*, cap. iii.

38. Cf. John Rickman, "Psychodynamic Notes". *In*: *ibid.*, cap. v.

39. Cf. Dollard *et al.*, *Frustration and Aggression*, especialmente pp. 88-90; e John Dollard, "Hostility and Fear in Social Life". *In*: Newcomb e Hartley, orgs., *Readings in Social Psychology*.

alguma combinação desse gênero de causas, e se os cientistas do comportamento podem nos dizer o que se deve fazer para acabar com essas causas, ainda temos bem mais do que meia batalha a travar.

Para a paz mundial, temos de começar no nível da comunidade para desenvolver "pessoas com uma maior compreensão e uma maior capacidade de agir em assuntos internacionais". É o que defende Alexander Leighton[40]. "A eliminação de tensões que levam à guerra é algo que jamais se fez, mas as pessoas são lentas em experimentar novos recursos para evitá-la." É o que escreve John Rickman, famoso psiquiatra britânico[41]. "Não pode haver paz sem saúde mental." Estas são palavras que Otto Klineberg cita com aprovação[42]. Se pudéssemos reconstruir as pessoas e as sociedades, poderíamos ter paz: eis a promessa contida nos exemplos que acabamos de citar. A natureza da promessa é de tal ordem que aquele que nela baseia sua esperança de paz se torna um utópico. Há contudo outra possibilidade. Podemos aceitar as premissas e rejeitar o tom otimista. George Kisker, por exemplo, começa mais ou menos da mesma maneira que Miller e Pear. Para alcançar a paz, escreve ele, temos de tentar "compreender as mentes" dos homens; somente quando lidamos com suas "motivações" aproximamo-nos dos "níveis fundamentais do problema". Para alcançar a paz mundial, temos primeiro de organizar nossa própria casa e nossa

---

40. Leighton, "Dynamic Forces in International Relations", *Mental Hygiene*, XXXIII, 1949, p. 23.

41. Rickman, "Psychodynamic Notes". *In*: Cantril, org., *Tensions That Cause Wars*, p. 203.

42. Otto Klineberg, "The United Nations". *In*: Kisker, org., *World Tension*, p. 281.

própria mente[43]. Mas, como psicólogo, Kisker tem de admitir que uma solução que tenha o pensamento claro como seu primeiro requisito não é de modo algum solução. Ele conclui:

> Tem-se chamado a atenção para o fato de que, como a inteligência e o bom senso nunca tiveram a primazia senão por breves momentos nos assuntos humanos, há poucos motivos para crer que é provável que essa inteligência e esse bom senso venham a predominar no futuro próximo. Considerando a imaturidade psicológica e social da humanidade, é ingênuo esperar que os homens de nossa época possam aprender a viver em paz consigo mesmos ou com outros.[44]

A fácil identificação entre conhecimento e controle resulta num otimismo róseo, mas estéril, ou no mais sombrio pessimismo. Em ambos os casos, o que parecia originalmente a promessa das ciências da política se desfaz com rapidez.

2. Em suas prescrições para a construção de um mundo pacífico, Mead usa o tempo todo o pronome pessoal "nós": "Se [nós] desejarmos construir um mundo...; Se [nós] assumirmos a tarefa...; Temos de encontrar modelos e padrões..."[45] Quem é o "nós" e como eles fazem acontecer as mudanças necessárias a um mundo de paz? Klineberg assinala que o acordo com a ênfase da Unesco sobre a mente dos homens deixa sem resposta a pergunta: quais mentes são importantes? "As tensões relacionadas ao conflito internacional

---

43. Kisker, "Conclusions". *In*: Kisker, org., *World Tension*, pp. 303-5, 313.

44. *Ibid.*, p. 316.

45. Ver acima, pp. 65-6.

surgem na mente da massa das pessoas, ou só são relevantes quando influenciam os líderes responsáveis pela política internacional em seus respectivos países?"[46] Klineberg responde, apropriadamente, que ambas são importantes de diferentes maneiras. Embora lembrando que as elites são recrutadas no público em geral e partilham as opiniões e os preconceitos deste, pode-se, com Gabriel Almond, "falar das elites da política e da opinião, do estrato articulado da população que se encarrega das políticas e que proporciona os meios efetivos de acesso aos vários agrupamentos. Pode-se quase dizer que 'quem mobiliza as elites mobiliza o público'"[47]. O papel das elites parece oferecer aos cientistas do comportamento a oportunidade de aplicar suas técnicas. E assim pensaram alguns deles.

Esse pensamento é claramente justificado quando se alega simplesmente que uma maior familiaridade com algumas das descobertas e conclusões das ciências do comportamento poderia ajudar muitos políticos e líderes sociais no desempenho de suas tarefas cotidianas. Mas pretende-se com freqüência dizer mais do que isso. William Borberg, ex-representante permanente da Dinamarca na Organização das Nações Unidas, apresenta de modo claro e sucinto a idéia razoavelmente disseminada de que o caminho para a paz mundial é aplicar aquilo que os cientistas do comportamento sabem (no caso, principalmente psicólogos e psiquiatras) ao treinamento e seleção dos que dirigem governos[48]. Os homens *querem* a paz, diz ele, e no entanto

---

46. Klineberg, *Tensions Affecting International Understanding*, p. 4.

47. Almond, *The American People and Foreign Policy*, p. 138.

48. Borberg, "On Active Service for Peace", *Bulletin of the World Federation for Mental Health*, II, 1950, pp. 6-9.

têm guerras. Isso deve significar que existem em algum lugar certos erros de organização. Descartando a hipótese de que possa haver algo de errado em termos de organização internacional, ele conclui que o defeito tem se localizado na liderança das grandes potências. Duas vezes em nossa vida, homens mentalmente inadequados foram alçados a posições de tal poder que tiveram condições de mergulhar a maior parte do mundo em guerras horríveis. "Temos", pergunta Borberg, "de ter necessariamente um conflito armado pelo domínio ou por ideologias em meados do século XX, quando a ciência poderia resolver quase todos os nossos problemas?" Borberg acha que não. Ele encontra esperança na competência crescente dos especialistas em saúde mental. Eles reconhecerão, afirma, o líder que diz "'minha ideologia ou sua morte'" como "uma personalidade obcecada, dominadora, não integrada que ... está na realidade combatendo seu próprio egotismo infantil. Em outras palavras, ele é um paciente – mas está armado". Mas o que fazer a respeito disso? "Seu dever humano e seu dever de cientistas", diz ele aos especialistas em saúde mental, "é evitar, por todos os meios científicos que têm à sua disposição, que ele permaneça no poder." George Kisker vai mais longe. Devemos, em primeiro lugar, evitar que incompetentes psicológicos assumam posições de poder; devemos reconhecer que os líderes políticos têm de ser escolhidos a partir de bases que não a emoção, a manipulação política ou o acidente histórico[49].

---

49. Kisker, "Conclusions". *In*: Kisker, *World Tension*, p. 310. A asserção de Kisker lembra Platão e muitas abordagens "científicas" ao longo das eras. A literatura das ciências do comportamento proporciona um número razoavelmente grande de exemplos desse tipo de pensamento, alguns dos quais aparecem neste capítulo. Um exem-

Se isso fosse levado a efeito, poderíamos muito bem eliminar os Hítleres, os Mussolínis, os Francos, e talvez até alguns congressistas norte-americanos. Isso sem dúvida melhoraria os governos e poderia assim aumentar as perspectivas da paz. Mas é concebível que nós, seja quem for esse "nós", sejamos capazes de persuadir os governos do mundo a adotar esse esquema? Por exemplo, será provável podermos estabelecer o sistema psicológico de seleção nos Estados Unidos? E o que faríamos se um sujeito astucioso, um novo Hitler, passasse pelas malhas do sistema de seleção de algum outro país? Dizer que deveríamos nos livrar dele, "por todos os meios científicos" dos especialistas em saúde mental, se é que isso significa alguma coisa, deve significar que o tiranicídio deve ser incluído entre os métodos científicos desses especialistas. Ou quem sabe a exatidão dos testes aplicados pelos especialistas permitiria que um país agisse com certeza suficiente para justificar seu empreendimento de uma guerra preventiva contra o país recém-escravizado? Na década de 1860, os psicólogos poderiam concordar que, pelos interesses da paz, tanto Bismarck como Napoleão III teriam de abandonar o poder; e alguns defenderiam que era o caso de nos livrarmos igualmente de Palmerston e de lorde John Russell. Mas agir a partir do conselho do psicólogo causaria mais guerras do que se poderia em algum momento evitar.

---

plo impressionante é a seguinte afirmação de Ralph Linton: "A sociedade realmente bem-sucedida é aquela que treina seus membros para se contentar com símbolos inofensivos e para lutar por metas que lhe possam ser concedidas sem inconveniente." "Present Word Conditions in Cultural Perspective". *In*: Linton, org., *The Science of Man in the World Crisis*, p. 206.

Isso obviamente não é o que Borberg pretende. Suas recomendações são, pelo contrário, inócuas. Ele advoga que se alcance a paz por meio da reformulação do preâmbulo da Carta da Unesco. "Como a guerra começa na mente dos homens", ele a faria dizer que "é *na mente dos homens mais influentes em decisões em favor ou contra a guerra* que as defesas da paz têm de ser construídas." Deveríamos tentar explicar aos líderes aquilo que as ciências sociais, e especialmente as ciências psicológicas, poderiam explicar; porque, se simplesmente pudéssemos mudar sua atitude, poderíamos muito bem ter paz.

Uma tal abordagem da paz mundial se apóia no pressuposto simples de que, como sabemos a resposta, de modo total ou parcial, para a questão de por que ocorrem guerras, tudo o que resta a fazer é levar alguns formuladores de políticas a escutá-la. Os adeptos dessa abordagem são muitos. Citaremos dois[50]. Hadley Cantril, introduzindo os produtos separados e conjuntos de uma conferência da Unesco, escreve:

> Se os responsáveis pelas altas decisões políticas pudessem agir e agissem a partir da combinação dos conselhos desses oito cientistas sociais, tal como aparece em sua declaração conjunta, há poucas dúvidas em minha mente quanto ao fato de que as tensões hoje vivenciadas pelas pessoas em todo o mundo sofreriam um decréscimo com consideravelmente maior velocidade e certeza do que parece ser o caso no presente momento.[51]

---

50. É apenas razoável assinalar que se podem encontrar facilmente exemplos também entre os de orientação mais política, entre os quais os defensores do governo mundial são apenas os mais óbvios.

51. Cantril, org., *Tensions That Cause Wars*, p. 14.

Gordon Allport, na conclusão de uma de suas contribuições à paz mundial, adverte:

Se algum estadista "cabeça dura" desdenhar as diretrizes aqui oferecidas como expressão de idealismo fútil, ele mesmo iria se revelar como o menos prático dos homens. Porque os fatos científicos na área social, como em qualquer área, só podem ser negligenciados com risco. A equação de Einstein, $e = mc^2$, foi um dia descartada como pedantismo. A fórmula levou à liberação da energia atômica. O "pedantismo" da ciência social poderia mesmo agora contribuir enormemente para o estabelecimento da paz e da cooperação internacional caso suas aplicações fossem compreendidas e empregadas pelos formuladores de políticas.[52]

Temo que, se eu fosse um estadista, de cabeça dura ou não, teria grandes dificuldades para saber que diretrizes seguir. Não somente porque boa parte dos conselhos dados por um cientista do comportamento é contrariada pelos outros cientistas do comportamento, mas também porque a maioria dos conselhos dados por um determinado homem, ou com o consenso de um grupo, é ou irremediavelmente vaga ou totalmente impossível de seguir. Tomemos a "declaração conjunta" dos oito de Cantril como exemplo. Eles são a favor de sistemas educacionais que se oponham ao farisaísmo nacional; acreditam que as nações devem ver-se a si mesmas como as outras vêem; e defendem mais pes-

---

52. Allport, "Guide Lines for Research in International Cooperation". *In*: Pear, org., *Psychological Factors of Peace and War*, p. 154; cf. p. 143: "Os formuladores de políticas... podem e devem abrir a mente de modo contínuo ao conselho documentado dos cientistas sociais. Quando esse conselho é bom, eles devem segui-lo."

quisas internacionais no campo das ciências sociais. Essas sugestões bastante específicas são precedidas por duas outras de alcance mais geral. Devemos maximizar a justiça social, e, como a paz requer que se mantenham as tensões e agressões nacionais dentro de proporções manejáveis, bem como que elas sejam orientadas para fins construtivos, "são essenciais mudanças fundamentais na organização social e em nossos modos de pensar"[53]. Das sugestões aí oferecidas, é difícil ver como as que um governo poderia seguir têm condições de produzir a paz mundial no futuro próximo ou bem distante. E as que poderiam produzir a paz não oferecem nenhuma orientação prática.

Em suma, podemos dizer que, com a abordagem de trabalho por meio dos líderes, surgem dois problemas: que conselho devemos dar a eles, e como vamos garantir que os líderes de todos os partidos importantes o sigam? Nos exemplos até agora considerados, os cientistas do comportamento escreveram como se o primeiro problema tivesse a exclusividade da importância. Na realidade, o segundo é o mais importante, como será argumentado agora.

3. Há uma tendência marcada entre os cientistas do comportamento quanto a exigir algum tipo de disposição das nações a cooperar antes que as soluções propostas possam gerar frutos. Isso se reflete nas palavras de Cantril: "Se os responsáveis pelas altas decisões políticas pudessem agir e agissem a partir da combinação dos conselhos..." E é tornado mais explícito por John Swanton. "Se, sem nenhuma outra organização mundial", escreve ele, "as nações da terra pudessem concordar em resolver suas dificuldades de maneira

---

53. Cantril, org., *Tensions That Cause War*, pp. 17-21.

pacífica e em cooperar a fim de aplicar esses acordos a todas as nações que persistem em recorrer à violência, e se elas exibissem provas suficientes de sua genuína determinação de fazê-lo, o principal nervo da guerra seria seccionado."[54] Cantril passa ao largo do fato de que é um tanto mais difícil levar os formuladores de políticas dos vários Estados a seguir o conselho conjunto de qualquer grupo do que imaginar qual deveria ser o conteúdo desse conselho. Swanton simplesmente coloca todas as dificuldades nas frases condicionais. Se, como eles parecem supor, um acordo unânime e constante entre os Estados, ou entre seus governantes, é a primeira necessidade, eles podem nos dizer como chegar a tal acordo ou apenas como agir depois que dispusermos desse acordo? Com demasiada freqüência os cientistas do comportamento disseram o seguinte: se os homens (ou as sociedades) fossem bem ajustados e racionais, teríamos paz[55]. Eles passam então a escrever – e é nesse ponto que devemos mostrar-nos críticos – como se as ciências do comportamento fossem úteis porque podem nos ajudar uma vez que tenhamos atingido esse estado de proximidade, se não de total realização, da perfeição. Em outras palavras, sua eficácia tem início tão logo o problema esteja resolvido.

Há uma ilusão complementar, e talvez ainda mais disseminada, a de que os cientistas do comportamento

---

54. Swanton, *Are Wars Inevitable?*, p. 33.

55. Cf. K. T. Behanan, "Cultural Diversity and World Peace". *In*: Dennis *et al.*, *Current Trends in Social Psychology*, p. 69: "A paz no mundo tem de basear-se para não malograr na solidariedade intelectual e moral da humanidade, numa visão comum dos valores, visão que só pode ser criada pelo desenvolvimento universal na mente de todas as pessoas de uma atitude racional, científica, acerca da vida e de seus problemas."

estão promovendo a causa da paz mundial quando propõem soluções cuja eficácia depende da existência prévia de um governo mundial[56]. Costuma-se fazer isso por implicação. Considerando as tensões internacionais principalmente artificiais, o sociólogo francês Georges Gurvitch compeliria as nações a abandonar sua ignorância umas das outras e a eliminar "distorções da verdade, rumores falsos, representações falsas do caráter nacional etc. ... do rádio, dos filmes, da imprensa e de livros didáticos de todas as nações". Isso seria feito por meio de "alguma ação internacional possivelmente concertada pela Unesco"[57]. Haveria, é óbvio, a necessidade de muito concerto. Será imaginável isso poder ser feito por alguma organização internacional à qual faltassem os principais atributos de um governo? Ainda que não seja, Gurvitch, ao que parece, considera essa parte do programa que propõe tão sociológica quanto o resto[58]. O raciocínio de Gordon Allport é semelhante. "A condição indispensável da guerra", escreve ele, "é que as pessoas tenham de *esperar* a guerra

---

56. Uma variante disso é oferecer conselhos com a promessa de que o consideraremos úteis somente depois de os governos nacionais melhorarem um pouco. Cf. Abraham Kardiner: "O triunfo de diretrizes empiricamente derivadas para a ação social só pode existir na esteira do triunfo do aumento da democracia e do desejo de conhecer a trama psicológica das forças que podem tanto manter a sociedade sólida como despedaçá-la e destruí-la." "The Concept of Basic Personality Structure as an Operational Tool in the Social Sciences". *In*: Linton, org., *The Science of Man in the World Crisis*, p. 122.

57. Georges Gurvitch, "A Sociological Analysis of International Tensions". *In*: Cantril, org., *Tensions That Cause Wars*, p. 252.

58. Imagina-se, por exemplo, se Gurvitch continuaria otimista se lembrasse a longa história de controvérsia política na França sobre questões de política educacional, controvérsia que, nos anos entre as guerras mundiais, costumava basear-se em dúvidas oficiais acerca da orientação nacional e militar dos professores.

e tenham de preparar-se para ela, antes de, sob uma liderança de mentalidade beligerante, fazerem a guerra." Logo, a maneira de fazer cessar a guerra consiste em acabar com a expectativa da guerra: "Somente por meio da mudança da expectativa, tanto dos líderes como dos seus seguidores, dos pais como dos filhos, iremos eliminar a guerra." Isso causa certa perplexidade até descobrirmos como Allport espera que a mudança de expectativa venha a ser realizada. A ONU, diz ele, "dedica-se... a alterar expectativas. Ela proporciona um meio de tornar possível soluções pacíficas de conflitos... o sucesso da ONU será garantido tão logo as pessoas e seus líderes *esperarem* de fato que ela seja bem-sucedida". E conclui que *"quando os homens tiverem plena confiança de que as organizações internacionais podem erradicar a guerra, estas finalmente conseguirão erradicá-la"*[59]. Nada do que Allport escreveu revela como a expectativa pode tornar-se real, a não ser que as nações alcancem magicamente de algum modo um acordo completo e duradouro de nunca combater a despeito de qualquer outro desacordo que possam vir a ter, ou até que a ONU passe a deter os poderes tradicionalmente associados ao governo.

Enquanto alguns cientistas do comportamento confiam implicitamente num futuro governo mundial que torne reais as soluções psicológicas ou sociológicas que apresentaram, outros tornaram explícita essa dependência. O cientista do comportamento pode ser levado à conclusão de que o governo mundial é necessário pela percepção das imensas complicações e contradições nos fatores causais que levam a qualquer ato

---

59. Gordon Allport, "The Role of Expectancy". *In*: Cantril, org., *Tensions That Cause Wars*, pp. 48, 75, 77.

de guerra. "Somente num sentido bem vago e geral", assinala Mark May, "pode-se afirmar que o medo favorece a guerra e que uma sensação de segurança promove a paz, que a guerra é motivada pelo ódio e a paz pelo amor, ou que a guerra é favorecida por hábitos de competição e agressão, enquanto a paz é promovida por hábitos de cooperação. O amor ao país é claramente um motivo proeminente da guerra e tanto o medo como o ódio podem ser usados para motivar a paz." Isso nasce da observação de May de que onde os Estados têm uma história pacífica uns com relação aos outros, todos os fatores seguintes, muitos deles baseados em atitudes psicológicas contraditórias, podem ser encontrados: terror da guerra, medo da derrota e das conseqüências da guerra, amizade baseada no temor de um inimigo comum, pacifismo promovido pelas religiões ou forças educacionais e amizade fundamentada em vínculos culturais comuns. A paz então é constituída de um amálgama de sentimentos e motivações contraditórios[60].

A tese de May é a de que "as condições determinantes das atitudes e das opiniões sociais, particularmente das que têm relação com a guerra ou a paz, são em grande parte produto do condicionamento social". Mas que tipo de condicionamento social poderia produzir, para uma nação após a outra, as combinações peculiares de forças e sentimentos que tenham como fato histórico produzido períodos de paz? Para May, há apenas uma solução que transcende essa dificuldade: para alcançarmos a paz, temos de aprender a lealdade a um grupo mais amplo. E antes de podermos apren-

---

60. May, *A Social Psychology of War and Peace*, pp. 220, 225. Cf. Freud, *Civilization, War and Death*, org. Rickman, p. 90.

der a lealdade, temos de criar aquilo a que seremos leais. A psicologia social oferece poucas esperanças de paz entre Estados soberanos independentes; uma autoridade forte centralizada, isto é, um governo mundial, vem a ser o fundamento "psicológico" da paz[61]. Exceção feita ao uso peculiar da palavra "psicológico" na última frase, May está dizendo com muita clareza que a psicologia e a psicologia social têm de depender da estrutura política na qual operam. Lazarsfeld e Knupfer afirmam o mesmo pelas mesmas razões. "Quanto ao terror da guerra", escrevem eles, "os últimos anos mostraram que a não propensão de alguns países em travar guerras pode servir apenas para estimular a agressão da parte de outros. As forças sociais e psicológicas que impelem à rivalidade entre as nações são demasiado fortes para serem controladas por uma vaga adesão a 'todos os homens de toda parte' ou ao ideal da 'cooperação internacional'. Ao que parece, faz-se necessária uma autoridade internacional concreta em torno da qual as pessoas possam construir novas identificações e lealdades supranacionais." Uma vez que tenha ocorrido esse desenvolvimento, acrescentam eles, outras técnicas, como o uso das comunicações de massa, podem ser usadas com proveito[62].

---

61. May, *A Social Psychology of War and Peace*, pp. 21, 30, 228-34. Isso equivale a caracterizar o governo mundial como o fundamento econômico da paz. May usa a palavra "psicológico" num sentido que inclui tudo. Assim, o fundamento "psicológico" da paz é, a seu ver, qualquer fundamento, político ou de outro gênero, que seja necessário. Isso tem o mérito de trazer à sua perspectiva de psicólogo mais fatores relevantes do que os considerados por muitos psicólogos, embora o uso que ele dá à palavra "psicológico" a prive de qualquer sentido preciso.

62. P. F. Lazarsfeld e Genevieve Knupfer, "Communications Research and International Cooperation". *In*: Linton, *The Science of Man in the World Crisis*, p. 466.

Um motivo intimamente associado para a mesma conclusão é o fato, antes enfatizado, de que os métodos das ciências políticas são demasiado lentos. A argumentação mais clara e convincente em favor disso é a de E. F. M. Durbin[63]. Sua tese é de que "a guerra deve-se à expressão na vida do grupo, e por meio dela, da agressividade transformada de indivíduos". Como o caráter pessoal deriva tanto do ambiente como da natureza herdada, talvez seja possível "mudar o caráter do comportamento adulto por meio da mudança do ambiente no qual se desenvolve nosso elemento hereditário inalterado". Talvez possamos criar "uma geração de homens e de mulheres que defendam seus direitos mas concedam espontaneamente iguais direitos aos outros, que aceitem o juízo de terceiros na resolução de disputas, que não humilhem o outro, nem se mostrem submissos, que lutem, mas apenas em defesa da lei, que sejam membros voluntários e amigáveis de uma sociedade positiva e justa"[64]. Isso talvez tenhamos condições de fazer, mas na melhor das hipóteses serão necessárias gerações antes de nossos esforços afetarem o curso das relações internacionais. "Nesse meio tempo, se essa é toda a nossa esperança, teremos sido reduzidos à metade por uma dezena de guerras."[65] Mas essa não é toda a

---

63. Durbin e Bolby, *Personal Aggressiveness and War*. A discussão a seguir baseia-se nas pp. 40-8.

64. Cf. a conclusão de um cientista político que tentou aplicar as descobertas de antropólogos e psicólogos a problemas das relações internacionais: "Em vez de tentar simplesmente privar os homens da vontade de resistir àqueles cuja meta seja escravizá-los, o objetivo da teoria da mente dos homens poderia ser aumentar sua resistência diante de ameaças de violência." Dunn, *War and the Minds of Men*, p. 11.

65. Cf. Freud, *Civilization, War and Death*, org. Rickman, p. 95: Quem deseja que a paz espere por mudanças nos homens "invoca um desagradável quadro de moinhos que moem com tamanha lentidão que, antes de a farinha ficar pronta, os homens morreram de fome".

esperança, dado que a teoria aqui desenvolvida "implica, entre muitas outras coisas importantes para o estudo da sociedade, uma teoria do valor do governo"[66]. A agressividade fundamental dos seres humanos é, de acordo com Durbin, a causa da guerra. Se pudéssemos eliminar a causa por meio da mudança dos seres humanos, poderíamos acabar com a guerra, mas não podemos mudá-los com rapidez e, seja como for, não podemos alimentar a esperança de eliminar os elementos de agressividade. Temos, portanto, em primeira instância de nos apoiar numa abordagem que não trate apenas de "causas" e sim de "sintomas", a enérgica coibição da minoria agressiva. Vale a pena apresentar o resumo nas próprias palavras de Durbin:

> Logo, na nossa opinião, há duas maneiras, e apenas duas, de reduzir a freqüência e a violência da guerra – uma lenta, curativa e pacífica, voltada para a eliminação das causas últimas da guerra do caráter humano por meio de um novo tipo de educação emocional; e a outra imediata, coercitiva e voltada para os sintomas, a coibição do agressor por meio da força.[67]

Mas, neste ponto, ainda se poderá dizer o que é "causa" e o que é "sintoma"? Se, por exemplo, uma estrutura política pode trazer a paz e outra traz efetiva-

---

66. Cf. Tolman, *Drives Toward War*, p. 92: A política e a psicologia devem combinar-se para nos ensinar a necessidade de criar uma federação em favor de nossa própria preservação.

67. Cf. mais uma vez Freud, *Civilization, War and Death*, org. Rickman, p. 88: "Há uma única maneira segura de fazer cessar a guerra; trata-se do estabelecimento, por meio do consentimento comum, de um controle central que tenha a última palavra em todo conflito de interesses. Para isso, duas coisas são necessárias: em primeiro lugar, a criação de tal suprema corte de justiça; e, em segundo, investi-la de força executiva adequada."

mente a guerra, pode-se chamar apropriadamente esta última de "causa" da guerra. O raciocínio é exatamente aquele usado pelos psicólogos que distinguem entre homens que estão "ávidos por uma luta" e os que estão tão bem ajustados que só lutam por uma boa razão (à Durbin) e depois dizem que a existência do primeiro tipo é a "causa" (ou, em outras formulações, a "causa básica") da guerra. Se alguns homens não quisessem lutar, não teríamos guerras. Deste ponto de vista, a manipulação de homens a fim de tornar todos não-lutadores ataca a "causa básica" da guerra. Da mesma maneira, podemos dizer: dentro da França, os homens não travam a guerra; entre a França e a Alemanha, travam. A diferença de organização política nacional e internacional tem pois de ser a explicação disso. Assim, manipular a estrutura política é, conseqüentemente, atacar a "causa básica" da guerra.

Conclusão

Ter estabelecido a possibilidade de a ciência se tornar um estudo cumulativo foi considerado por Galileu uma de suas mais importantes contribuições. Assim é que, depois de referir-se num de seus livros aos "fatos... que consegui provar", ele adiciona: "e, o que considero mais importante, foram postos à disposição dessa vasta e tão excelente ciência ... maneiras e recursos mediante os quais outras mentes ... hão de explorar seus recantos remotos"[68]. Os cientistas naturais foram capazes de chegar mais longe ficando de pé nos ombros de

---

68. Galilei, *Dialogues Concerning Two New Sciences*, trad. Crew e De Salvio, pp. 153-4.

seus predecessores. Os cientistas do comportamento costumam exprimir a esperança, e por vezes a convicção, de poderem agir da mesma maneira[69]. Até o momento eles não conseguiram. Muitos deles, admitindo ser isso verdade, atribuem o fato à tenra idade de suas disciplinas em comparação, por exemplo, com a física ou a biologia. Ao lado de uma adequada humildade, essa explicação traz implícita a promessa de que, se for dado mais tempo para a pesquisa básica e o aprimoramento dos instrumentos, as ciências do comportamento poderão, por meio da aplicação de corpos cada vez mais amplos de dados organizados a problemas sociais, realizar uma transformação da sociedade que será comparada favoravelmente com as realizações da ciência natural.

Embora visem ao acúmulo, os cientistas da sociedade exibem de maneira mais perceptível uma tendência à repetição de padrões passados. Assim, alguns dos exemplos citados no contexto deste capítulo lembram os métodos dos filósofos do Iluminismo e outros, o otimismo dos liberais do século XIX; certo número deles apresenta o pressuposto outrora aparentemente fácil dos marxistas de que as instituições que frustram os homens podem ser rapidamente descartadas e substituídas por outras mais úteis, e outros, a fé comovente dos pacifistas de nossos dias. Citar, na ordem indicada, alguns exemplos da recorrência de padrões de pensamento pode ajudar a sugerir as limitações da ciência social que outros desvelaram em críticas mais metodológicas e metafísicas.

---

69. Como exemplo de esperança com alguma convicção, ver Leiserson, "Problems of Methodology in Political Research", *Political Science Quarterly*, LXVIII, 1953, p. 567.

93

Helvétius julgava que a moralidade, *"a ciência dos meios inventados pelos homens para viverem juntos da maneira mais feliz possível"*, iria "avançar à medida que as pessoas adquirissem mais conhecimento". E Diderot, partilhando essa convicção, projetou sua Enciclopédia para promover e ao mesmo tempo difundir esse conhecimento[70]. A equiparação do saber com o fazer, identificada acima, encontra aqui seu paralelo mais próximo, e as duas linhas, distantes no tempo, se encontram quanto ao conteúdo quando vemos Gordon Allport argumentando que, para haver paz, temos de dispor de "uma *enciclopédia das uniformidades e similaridades* das aspirações, das crenças e das práticas de todos os povos"[71]. O sucesso da ciência do século XVII produziu a política científica do século XVIII. Esse corpo de pensamento encontrou seu crítico em Hume; mais recentemente, esse trabalho teve de ser feito outra vez por críticos como Niebuhr e Casserley[72].

---

70. Helvétius, *A Treatise on Man*, trad. Hooper, p. 12n. Cf. o artigo de Diderot "Encyclopédie". *In*: *Oeuvres complètes de Diderot*, org. Assézat, vol. XIV, p. 415, em que ele descreve o propósito de uma enciclopédia como sendo, entre outros, "que nos neveux, devenant plus instruits, deviennent em même temps plus vertueux et plus heureux" [que nossos netos, tornando-se mais instruídos, tornem-se ao mesmo tempo mais virtuosos e mais felizes].

71. Comentários de Allport sobre o artigo de Arne Naess, "The Function of Ideological Convictions". *In*: Cantril, org., *Tensions That Cause War*, p. 289. Em *A Montanha Mágica*, de Thomas Mann, Settembrini, uma perspicaz caracterização de um liberal do século XIX, da subespécie Mazzini, passou a melhor parte de sua vida dedicando-se a um projeto semelhante, sendo seus esforços alimentados pela ilusão comum a esses que acabamos de mencionar.

72. Dentre os muitos que poderiam ser citados, menciono Casserley porque suas críticas são fundamentais e porque sua obra não é muito bem conhecida pelos cientistas sociais americanos. Ver seu *Morals and Man in the Social Sciences*.

O paralelo com o liberalismo do século XIX costuma ser igualmente digno de nota. Norman Angell serviu em nossos dias como propagandista da convicção dos economistas clássicos de que a guerra é um empreendimento antieconômico. Angell crê, como muitos deles acreditaram, que, se essa lição fosse claramente entendida, não se travariam mais guerras. A ampliação dos termos não disfarça o fato de o sociólogo W. Fred Cottrell ter-se deixado apanhar pela mesma ilusão. Depois de distinguir entre cinco situações-modelo em que a paz é possível, ele declara ser mais promissora aquela em que fica evidente para a elite que a guerra é uma forma de comportamento que não traz recompensas. Seu parágrafo final deixa claro tanto sua opinião como a minha. "Entre os atuais pré-requisitos para a paz", conclui, "o único cuja existência presente parece estar em dúvida é uma clara compreensão, por parte de todas as elites, de que a guerra é inferior à paz na busca de seus valores."[73] Os cientistas do comportamento costumam se mostrar como liberais do século XIX dotados de um método menos poderoso. Permitindo que Cottrell continue, o parágrafo mostra sua relação também com Marx, e a dívida dos dois para com a política científica do Iluminismo. "Mas", escreve ele, "mesmo que essa avaliação venha a se mostrar falsa e fique claro que se vai recorrer à guerra nas atuais condições, a pesquisa pode revelar como a estrutura e outras condições devem ser alteradas a fim de privar as elites atualmente poderosas de sua capacidade de optar pela guerra, ou como alguma condição hoje existente tem de ser alterada para que essas elites prefiram então não entrar em

---

73. Cottrell, "Research to Establish the Conditions for Peace", *Journal of Social Issues*, XI, 1955, pp. 14, 20.

guerra. Presumivelmente as elites tomam agora suas decisões com base em algum tipo de cálculo sobre o resultado da guerra." O conhecimento leva ao controle, e o controle é possível porque as instituições, e portanto os homens (ou será o contrário?), são infinitamente manipuláveis. Marx, mais realista em pelo menos um ponto, se deu conta da relação entre força e mudança. As grandes mudanças vêm com dificuldades: é necessária uma revolução para libertar os homens do "lixo das eras"[74]. Mas ele era menos cuidadoso, dado que não percebeu o fato de que é impossível prever ou controlar uma grande força uma vez desencadeada. Em última análise, tanto Cottrell como Marx são racionalistas em política: Marx superestima a eficácia da razão que se segue à revolução socialista; Cottrell também superestima a eficácia da razão para promover a revolução que ele propõe no modo de agir dos homens.

Por fim, a consideração de uma qualidade partilhada por pacifistas e muitos cientistas do comportamento sugere a idéia mais geral de que, na ausência de uma teoria da política internacional elaborada, as causas que se descobrem e os remédios que se propõem são freqüentemente mais vinculados ao temperamento e ao treinamento de cada um do que aos objetos e eventos do mundo circundante. O apelo do pacifista, assim como o de Alexander Leighton, é em favor do tratamento das causas arraigadas da guerra. Um aborda essas causas a partir do reino do espírito; o outro, com as técnicas da psiquiatria. O pacifista espera e alimenta calmamente a esperança de que os homens venham a se comportar como Deus pretendia que devessem se com-

---

74. Marx e Engels, *The German Ideology*, trad. Pascal, p. 69. [Trad. bras. *A ideologia alemã*, São Paulo, Martins Fontes, 2ª ed., 1998.]

portar, ou então busca converter os outros à fé que, segundo se diz, moveu montanhas antes e presumivelmente pode movê-las outra vez. São necessários fé, coragem e caráter. O cientista do comportamento em algumas ocasiões pediu a mesma coisa e demonstrou com a mesma pobreza como esses elementos poderiam ser suficientes. Assim é que Helmut Callis, buscando identificar os meios para a paz, escreve: "Tão logo passemos a ter a coragem e o caráter para aplicar o conhecimento científico às nossas relações sociais, o homem, o criador da cultura, deverá também ser capaz de descobrir meios culturais de conseguir para a humanidade o máximo de recompensas na vida."[75]

O problema de tudo isso não é que toda contribuição que o cientista do comportamento pode dar tenha sido dada antes e considerada deficiente, mas que as contribuições oferecidas por muitos deles se tornaram ineficazes pelo fracasso em compreender o significado da estrutura política da ação internacional. Nessas circunstâncias, suas prescrições para a construção de um mundo mais pacífico só podem ter uma pertinência acidental.

Se todos os homens fossem perfeitamente sábios e dotados de autocontrole, não teríamos mais guerras. Se fosse possível construir por todo o universo comunidades que satisfizessem a todos os desejos e oferecessem válvulas de escape para todos os impulsos potencialmente destrutivos dos homens, não teríamos mais guerras. Mas a análise sugerida da causa é inadequada, e as prescrições nelas baseadas, coisa de sonhadores ociosos. Quando despertam, os sonhadores ociosos tornam-se pessimistas, como George Kisker, ou am-

---

75. Callis, "The Sociology of International Relations", *American Sociological Review*, XII, 1947, p. 328.

pliam suas análises a fim de incluir mais fatores causais pertinentes. A pertinência da estrutura política é avaliada por aqueles que, como May e Durbin, acrescentam às suas propostas sociopsicológicas para a paz a estipulação de que antes se estabeleça um governo mundial. O que não é percebido por alguns deles é que suas soluções se tornam então mais políticas do que sociopsicológicas, e que, se não conceberem uma maneira pela qual os homens de negócios possam estabelecer o tipo de governo mundial necessário, não terão proposto nenhuma solução. O realismo sociopsicológico produziu nesse caso o utopismo político. No outro extremo, estão aqueles que simplesmente ignoram o papel da política e propõem soluções apolíticas como se fossem operar num vácuo. Dizem com efeito: "Essas propostas são soluções para o problema da guerra – caso alguém venha a aceitá-las." Nenhum desses procedimentos nos faz chegar a algum lugar.

A própria incapacidade de distinguir entre causas fixas e manipuláveis, ao menos em parte, deve-se ao fato de se ignorar o contexto político da ação social. Neste capítulo assinalou-se que a "política preventiva" de Lasswell supõe a existência de um sistema político particular. Talvez porque esse pressuposto com muita freqüência não tenha sido explicitado, sua pertinência se perde na concepção de muitos cientistas do comportamento quando estes transferem seus talentos da cena doméstica para a internacional[76]. Não há como não

---

76. Cf. o comentário de Almond, na resenha do livro de Kluckhohn, *Mirror for Man* e do de Leighton, *Human Relations*: "Ao aplicar suas hipóteses às relações internacionais de nações modernas..., os antropólogos simplesmente carecem de conhecimento profissional da política moderna." "Anthropology, Political Behavior, and International Relations", *World Politics*, II, 1950, p. 281.

ser afetado por esse fato em qualquer exame geral da literatura das ciências do comportamento sobre a questão da guerra e da paz. Por exemplo, Klineberg, em suas pesquisas das atividades passadas dos cientistas do comportamento que pudessem contribuir para a compreensão e a prevenção da guerra, em nenhum lugar encontra ocasião de mencionar a política. Allport considera a psicologia e a psiquiatria suficientes para entender as relações internacionais no presente imediato. Ele acrescenta que, "para a causação de 'longo prazo', as influências sociais, históricas e econômicas são com freqüência decisivas" – mas não as influências políticas[77]. "Há todas as razões para se acreditar", escreve Donald Young em seu prefácio à pesquisa de Klineberg, "que aquilo que se tem aprendido acerca das relações interpessoais e intergrupais dentro das fronteiras de um único país pode, com uma reorientação adequada, ser aplicado à compreensão do comportamento dos povos mesmo quando estão envolvidos os efeitos complicadores de uma fronteira nacional."[78] Mas qual reorientação é "adequada" é raramente considerado. Sem essa "reorientação adequada", as concepções dos cientistas do comportamento são como algumas pérolas, ou contas de vidro, espalhadas ao acaso. Seu valor pode ser grande, mas seu uso é insignificante, exceto se puderem ser situadas num determinado ambiente ou presas por um fio.

A relação entre a matemática e a economia proporciona um paralelo sugestivo. A maioria dos econo-

---

77. Allport criticando o artigo de Sullivan, "Tensions Interpersonal and International". *In*: Cantrill, org., *Tensions That Cause War*, p. 136.

78. Klineberg, *Tensions Affecting International Understanding*, p. viii.

mistas admite que a matemática tem dado importantes contribuições à teoria econômica, assim como tem aumentado a capacidade dos economistas de lidar com seus dados multifários. As contribuições são possíveis quando os economistas se tornam matemáticos ou quando os matemáticos se dispõem a adquirir um conhecimento suficiente da teoria e dos problemas econômicos. Alfred Marshall, pioneiro da matemática econômica e notável estudioso da matemática antes de tornar-se economista, mergulhou na teoria econômica antes de tentar fazer formulações matemáticas e mesmo então continuou a depreciar, talvez indevidamente, o papel da análise matemática[79]. A matemática tem contribuído para a economia; não a substituiu. A contribuição é valiosa; a substituição, impossível. Em casos extremados, contudo, vemos cientistas do comportamento afirmando que a guerra e a paz são problemas não políticos, mas de ajuste individual e social. E os menos extremados traem muitas vezes uma resistência ao estudo dos problemas e das teorias políticas das relações internacionais antes de oferecer a contribuição de suas concepções. A falha, naturalmente, não é só deles. É possível identificar com facilidade e, caso se queira, estudar os principais textos da teoria econômica. A teoria política, em especial no campo das relações internacionais, é mais difícil de encontrar. Isso pode não significar que a teoria seja aqui menos importante, mas que é mais difícil, ou, o que é mais plausível, não que ela seja mais difícil, mas que, para quem busca uma teoria que leve facilmente à aplicação de soluções precisas, ela causa um menor impacto.

Alguns dos cientistas do comportamento, deve-se admitir, têm deixado claro que o que podem fazer em

---

79. Hutchison, *A Review of Economic Doctrines*, pp. 63-74.

favor de uma solução definitiva para o problema da guerra depende do estabelecimento de condições políticas adequadas, e que o que lhes é dado fazer nesse meio tempo é ajudar seus próprios governos a manterem a paz – ou a vencerem guerras – num mundo agitado. Os limites das possíveis realizações tornam-se mais estreitos na medida em que a importância da estrutura da política internacional é compreendida de maneira mais completa. Os cientistas do comportamento que se vêem diante de um problema concreto – por exemplo, o de como trabalhar harmoniosamente com aliados – têm mostrado uma menor probabilidade de cometer os tipos de erros que consideramos. Isso é simplesmente outra ilustração da seguinte idéia: quanto mais plenamente levam a política em consideração, tanto mais sensíveis e mais modestos em seus esforços de contribuir para a paz se tornam os cientistas do comportamento.

CAPÍTULO QUATRO

A segunda imagem

O conflito internacional e a estrutura interna dos Estados

De qualquer maneira que seja concebida numa imagem do mundo, a política externa é uma fase da política doméstica, uma fase inescapável.

CHARLES BEARD, *A Foreign Policy for America*

A primeira imagem não exclui a influência do Estado, mas o papel deste foi introduzido como uma consideração menos importante do que o comportamento humano, e a ser explicada em seus termos. De acordo com a primeira imagem, dizer que o Estado age é falar metonimicamente. Dizemos que o Estado age quando queremos dizer que as pessoas que estão nele agem, da mesma maneira como dizemos que a panela ferve quando queremos dizer que a água que está dentro dela ferve. Os capítulos precedentes concentraram-se mais nos conteúdos do que no continente; este capítulo altera o equilíbrio de ênfase em favor deste último. Para continuar com a comparação: a água que sai de uma torneira é quimicamente a mesma que está num recipiente; mas, quando se acha num recipiente, a água pode ser levada a se "comportar" de maneiras distintas. Ela pode ser transformada em vapor e usada para alimentar uma máquina, ou, se for mantida num recipiente hermeticamente fechado e aquecida a altas temperaturas, ela pode vir a ser o instrumento de uma explosão destrutiva. As guerras não existiriam se a natureza humana não fosse como é, mas o mesmo se aplica às escolas dominicais e aos bordéis, às organizações filantrópicas e às gangues criminosas. Como tudo está relacionado com a natureza humana, a fim de explicar qualquer coisa, é preciso considerar mais do que a natureza humana. Os eventos a serem explicados são tantos, e tão variados, que a natureza humana possivelmente não pode ser o único determinante.

A tentativa de explicar tudo por intermédio da psicologia significou, em última análise, que a psicologia não conseguiu explicar coisa alguma. E o acréscimo da sociologia à análise apenas substitui o erro do psicologismo pelo do sociologismo. Onde Espinosa, por exemplo, errou ao deixar fora de sua avaliação pessoal de causa qualquer referência ao papel causal das estruturas sociais, os sociólogos, ao abordar o problema da guerra e da paz, muitas vezes erraram ao omitir qualquer referência à estrutura política dentro da qual ocorrem as ações individuais e sociais. A conclusão é óbvia: para compreender a guerra e a paz, tem-se de usar a análise política para complementar e organizar as descobertas da psicologia e da sociologia. Que tipo de análise política é necessária? Para explicações possíveis da ocorrência ou da não-ocorrência da guerra, pode-se examinar a política internacional (uma vez que a guerra ocorre entre Estados) ou os próprios Estados (dado que é em nome do Estado que a luta é travada na prática). A primeira abordagem é deixada para o capítulo seis; de acordo com a segunda imagem, a organização interna dos Estados é a chave para a compreensão da guerra e da paz.

103

Uma explicação do tipo da segunda imagem é ilustrada a seguir. A guerra promove muitas vezes a unidade interna de cada Estado envolvido. O Estado acossado por lutas internas pode então, em vez de esperar um ataque acidental, buscar a guerra que trará a paz interna. Bodin viu isso com clareza, pois conclui que "a melhor maneira de preservar um Estado e de garanti-lo contra a sedição, a rebelião e a guerra civil consiste em manter os súditos amigos uns dos outros, e, com esse fim, encontrar um inimigo contra o qual possam congregar forças". E viu evidências históricas de que esse princípio tinha sido aplicado especialmente pelos romanos, que "não conseguiram encontrar um melhor antídoto para a guerra civil, nem algum que tivesse efeitos mais garantidos, do que opor a seus cidadãos um inimigo"[1]. O secretário de Estado William Henry Seward seguiu esse raciocínio quando, para promover a unidade interna do país, sugeriu a Lincoln a implementação de uma política externa vigorosa que incluía a possibilidade de declarar guerra à Espanha e à França[2]. Mikhail Skobelev, um influente oficial militar russo do terceiro quarto do século XIX, introduziu variações sobre o tema, mas pouco pronunciadas, ao alegar que a monarquia russa estava fadada ao fracasso se não pudesse produzir importantes sucessos militares no exterior[3].

O uso de defeitos internos para explicar os atos externos do Estado que produzem a guerra pode assumir

---

1. Bodin, *Six Books of the Commonwealth*, trad. Tooley, p. 168 (livro V, cap. v).

2. "Some Thoughts for the President's Consideration". 1º de abril de 1861. *In*: Commager, org., *Documents of American History*, p. 392.

3. Herzfeld, "Bismarck und die Skobelewepisode", *Historische Zeitschrift*, CXLII, 1930, p. 296n.

muitas formas. Tal explicação pode ser relacionada com um tipo de governo considerado genericamente ruim. Por exemplo, costuma-se pensar que as privações impostas por déspotas aos seus súditos produzem tensões que podem encontrar expressão em aventuras externas. Ou pode-se dar a explicação em termos de defeitos que afetam um governo que não é considerado ruim. Assim, alega-se que as restrições impostas a um governo a fim de proteger os direitos prescritos de seus cidadãos agem como impedimentos à formulação e à execução da política externa. Essas restrições, louváveis quanto a seu propósito original, podem ter o efeito desafortunado de tornar difícil ou impossível a ação efetiva desse governo para a manutenção da paz no mundo[4]. E, como exemplo final, a explicação pode ser expressa como privações geográficas ou econômicas, ou privações definidas de modo demasiado vago para serem rotuladas de alguma forma. Deste modo, uma nação pode alegar que não alcançou suas fronteiras "naturais", que essas fronteiras são necessárias à sua segurança, que a guerra voltada para estender o Estado às suas dimensões merecidas é justificada ou mesmo necessária[5]. As possíveis variações sobre esse tema tornaram-se conhecidas em razão dos argumentos acerca

---

4. Cf. Sherwood, *Roosevelt and Hopkins*, pp. 67-8, 102, 126, 133-6, 272, e especiamente 931; e a declaração do secretário de Estado Hay em Adams, *The Education of Henry Adams*, p. 374. Observe-se que, nesse caso, o defeito é considerado capaz de reduzir a capacidade de um país de pôr em prática uma política pacífica. Nos outros exemplos, considera-se que o defeito aumenta a propensão de um país a ir à guerra.

5. Cf. Bertrand Russell, que escreveu em 1917: "Não pode haver um bom sistema internacional enquanto as fronteiras dos Estados não coincidirem o máximo possível com as fronteiras das nações." *Political Ideals*, p. 146.

de "desfavorecimentos", tão populares neste século. Esses argumentos têm sido usados para explicar por que países "desfavorecidos" movem guerras e para conclamar os países saciados a fazerem os ajustes compensatórios considerados necessários à perpetuação da paz[6]. Os exemplos que acabamos de dar ilustram com enorme variedade uma parte da segunda imagem, a idéia de que os defeitos nos Estados provocam guerras entre eles. É no entanto possível pensar que as guerras podem ser explicadas por defeitos em alguns ou em todos os Estados sem acreditar que a mera eliminação dos defeitos estabeleça a base da paz perpétua. Neste capítulo, a imagem das relações internacionais sob consideração será examinada principalmente em sua forma positiva. A proposição a ser considerada é a de que, por meio da reforma dos Estados, as guerras podem ser reduzidas ou eliminadas para sempre. Mas de exatamente quais maneiras a estrutura dos Estados deveria ser alterada? Que definição do "bom" Estado deve servir de padrão? Entre os que adotaram essa abordagem das relações internacionais, há uma grande variedade de definições. Karl Marx define "bom" em termos de propriedade dos meios de produção; Emmanuel Kant, em termos de princípios abstratos de direito; Woodrow Wilson, em termos de autodeterminação nacional e de organização democrática moderna. Ainda que cada definição destaque como cruciais fatores diferentes, todas se unem para afirmar que se, e somente se, todos os Estados fossem substancialmente reformados, haveria paz mundial. Ou seja, considera-se a reforma prescrita base suficiente para a

---

6. Cf. Simonds e Emeny, *The Great Powers in World Politics*, *passim*; Thompson, *Danger Spots in World Population*, especialmente o Prefácio, caps. i e xiii.

paz no mundo. Naturalmente, isso não esgota o assunto. Marx, por exemplo, acreditava que os Estados desapareceriam pouco depois de se tornarem socialistas. O problema da guerra, se a guerra for definida como conflito violento entre Estados, nesse caso não mais existiria[7]. Kant acreditava que os Estados republicanos aceitariam voluntariamente ser orientados em suas negociações por um código de lei concebido pelos próprios Estados[8]. Wilson defendeu enfaticamente vários requisitos para a paz, como a melhoria da compreensão internacional, a segurança e o desarmamento coletivos, uma confederação mundial de Estados. Mas a história provou a Wilson que não se pode esperar a cooperação sólida de Estados não-democráticos para qualquer programa de paz desse gênero[9].

Para cada um desses homens, a reforma dos Estados das maneiras prescritas é considerada a condição *sine qua non** da paz mundial. Os exemplos dados poderiam ser multiplicados. Tanto economistas clássicos como socialistas, aristocratas e monarquistas, ao lado de democratas, empiristas e realistas, bem como idealistas transcendentais – todos podem fornecer exemplos de homens que acreditavam que só poderia haver paz se um determinado padrão de organização interna se disseminasse. As prescrições de formas de organização que estabelecerão a paz são reflexos das análises originais dos papéis de alguns Estados na causação da guerra. As diferentes análises poderiam ser comparadas de modo detalhado. Nosso propósito, porém, não é tanto comparar-lhes o conteúdo quanto identificar e criti-

---

7. Ver adiante, cap. cinco, pp. 156-60.
8. Ver adiante, cap. seis, pp. 201-4.
9. Ver adiante, pp. 146-8.
* Em latim no original. (N. do T.)

car os pressupostos assumidos costumeiramente, muitas vezes de modo inconsciente, que transformam a análise da causa em uma prescrição para a cura. Com esse propósito, examinaremos o pensamento político dos liberais do século XIX. Como é sua tese que as condições internas determinam efetivamente o comportamento externo, é necessário considerar em primeiro lugar suas concepções de política interna. Considerando-as, será igualmente possível traçar alguns paralelos entre suas estratégias de ação política interna e externamente.

Política doméstica: a concepção liberal

De acordo com Hobbes, a autopreservação é o principal interesse do homem; mas, como a inimizade e a desconfiança surgem da competição, como alguns homens são egoístas, orgulhosos e ávidos por se vingar, todos, no estado de natureza, temem por sua segurança e todos estão dispostos a ferir o outro antes de serem feridos. Considerando a vida em Estado de natureza impossível, os homens recorrem ao Estado a fim de conquistar a segurança coletiva que são incapazes de conseguir individualmente. O estado civil é o remédio para a assustadora condição do estado de natureza, e, como para Hobbes não há sociedade, mas apenas indivíduos recalcitrantes de um lado e o governo do outro, o Estado tem de ser poderoso. A liberdade foi definida por Hobbes como a ausência de restrição, mas os homens têm de sacrificar algumas liberdades para fruir qualquer uma delas e, ao mesmo tempo, satisfazer ao impulso mais vultoso, o impulso de conservar-se vivo.

Há três grandes variáveis nessa análise: o indivíduo, sua sociedade e o Estado. As duas primeiras determinam a extensão e o tipo das funções que o Estado deve assumir. Nas teorias individualistas, o Estado torna-se a variável dependente. Os membros das escolas de pensamento dominantes da Inglaterra do final do século XVIII e do século XIX eram tão individualistas quanto Hobbes, mas rejeitavam muitas vezes a concepção que Hobbes tinha da natureza humana e sempre rejeitavam sua opinião acerca dos resultados sociais do comportamento de motivação egoísta. A maioria deles acreditava, por um lado, que o homem era geralmente muito bom e, por outro, que ainda que o comportamento individual pudesse ter orientação egoísta continuava a existir uma harmonia natural que levava não a uma guerra de todos contra todos, mas a uma sociedade estável, organizada e progressista que pouco precisava da intervenção governamental.

As duas perguntas mais importantes que se podem fazer acerca de qualquer sistema socioeconômico são: o que o faz funcionar de um modo geral? O que o faz funcionar sem dificuldades? Os autores políticos liberais da Inglaterra do século XIX davam a essas perguntas, quase unanimemente, a resposta de que a iniciativa individual é a força motriz do sistema e a competição no mercado livre, seu regulador. Dificilmente se faz necessário desenvolver o fato de a ênfase recair sobre a iniciativa individual. Trata-se de algo tão evidente em Adam Smith, que assentou os alicerces formais do liberalismo inglês, quanto em John Stuart Mill, que marca seu ápice. A conclusão de Mill, de que "a única fonte infalível e permanente de melhoria é a liberdade, já que, por meio dela, há tantos centros independentes possíveis de melhoria quanto há indivíduos", não passa de eco da opinião antes expressa por Smith ao escrever: "O esforço uniforme, constante e ininterrupto de todo homem para melhorar sua própria condição, o princípio do qual deriva originalmente a opulência, pública e nacional, e igualmente privada, é com freqüência forte o suficiente para manter o progresso natural das coisas rumo à melhoria, apesar da extravagância do governo e dos maiores erros de administração."[10] Não apenas os indivíduos são a fonte do progresso na sociedade como eles mesmos estão em constante processo de melhoria. "Quanto mais os homens vivem em público", escreveu Jeremy Bentham, "tanto mais suscetíveis são à sanção moral." Eles se tornam "a cada dia mais virtuosos do que no dia anterior... até que, se possível, sua natureza alcance a perfeição". A perfeição pode não ser alcançada, mas o progresso rumo à perfeição é tão ininterrupto quanto o curso descendente dos rios[11]. As restrições sobre os indivíduos são portanto mais do que negações individualmente incômodas de liberdade, porque elas poluem as próprias fontes da melhoria social.

"Deixe-nos em paz", um lema que aparece na página de título de um panfleto de Bentham, é o que o liberal do século XIX faria o cidadão gritar e continuar

---

10. J. S. Mill, *On Liberty*, p. 87 (cap. iii) [trad. bras. *A liberdade/Utilitarismo*, São Paulo, Martins Fontes, 2000]; Smith, *The Wealth of Nations*, pp. 389-90 (livro II, cap. iii) [trad. bras. *A riqueza das nações*, São Paulo, Martins Fontes, 2003]; cf. *The Theory of the Moral Sentiments*, p. 218 (parte IV, cap. ii) [trad. bras. *Teoria dos sentimentos morais*, São Paulo, Martins Fontes, 1999]. As referências das páginas são a Schneider, org., *Adam Smith's Moral and Political Philosophy*, que contém edições resumidas de *The Theory of Moral Sentiments*, *Lectures on Justice, Police, Revenue and Arms* e *An Inquiry into the Nature and Causes of the Wealth of Nations*.

11. Bentham, *Deontology*, org. Bowring, I, pp. 100-1.

gritando diante de seus supostos governantes[12]. Mas os homens, embora possam estar trilhando o caminho da perfeição, ainda não chegaram à sua meta; e o governo, ainda que suas leis restrinjam, não constitui a única restrição exercida pelos homens sobre os homens. Essas considerações não exigem, mesmo na mente dos liberais e dos utilitaristas do século XIX, um papel mais amplo para o governo do que parecem a princípio contemplar?

Os liberais tendiam a limitar o governo a partir de um princípio proveniente, como no caso de Godwin, de uma avaliação otimista das qualidades morais e intelectuais da humanidade. Os utilitaristas inclinavam-se a limitar o governo apenas a partir do teste de eficiência. De que maneira o governo poderia contribuir mais para a felicidade do maior número de pessoas? Uma determinada tarefa poderia ser realizada melhor *pelo* cidadão isolado ou *para* ele? O fato de a resposta dada por Bentham e seus seguidores ser com mais freqüência *pelo* do que *para* é em grande parte atribuível à influência de Adam Smith. O importante aqui não é o velho princípio da divisão do trabalho, mas o novo argumento de que os resultados do trabalho dividido na produção e na distribuição de bens podem ser reunidos outra vez e distribuídos eqüitativamente sem a supervisão do governo. No passado, o fato de cada produtor, cada comerciante, cada proprietário de terras, buscar não o bem-estar público, mas seu próprio bem particular, levou à conclusão de que a regulamentação governamental é necessária para evitar o caos. Se o governo não supervisionar o interesse geral, quem haverá de

---

12. Bentham, "Observations on the Restrictive and Prohibitory Commercial System". *In*: *Works*, org. Bowring, III, p. 85.

fazê-lo? A resposta de Smith é que, em certas condições, as forças impessoais do mercado supervisionarão. A produção será administrada com eficiência e os bens serão eqüitativamente distribuídos apenas pelo mecanismo do mercado.

Por uma excessiva confiança no regulador do mercado livre, a definição liberal do bom Estado como o Estado limitado poderia ser mantida até mesmo por quem rejeita o pressuposto freqüentemente associado ao liberalismo – o de que o homem é infinitamente perfectível. "Assim, é o vício benéfico considerado, desde que seja pela justiça delimitado": eis um par de versos da famosa *Fábula das abelhas*, que recebeu de seu autor, Bernard Mandeville, o subtítulo sugestivo "Vícios privados, benefícios públicos". A ganância de cada homem, diz Mandeville, leva-o a trabalhar com afinco a fim de promover sua própria fortuna, e isso é bom para toda a sociedade. Os próprios vícios do *homem* contribuem para o progresso da *sociedade* e são na verdade essenciais a esse progresso[13]. Trata-se do próprio epítome do princípio de harmonia, a fé cega que Voltaire satirizou na pessoa do doutor Pangloss, que, passando por intermináveis desgraças, continuou a proclamar que tudo é para o melhor no melhor dos mundos possíveis[14]. Mas, se a ganância de cada homem o

---

13. Mandeville, *The Fable of the Bees*, p. 11. Cf. seu prefácio: "Demonstro que, caso se pudesse curar a humanidade das falhas de que os seres humanos são naturalmente culpados, estes cessariam de ter capacidade de crescer em sociedades tão vastas e educadas."

14. A afirmação de Mill, numa carta escrita em 1868, de que "como a felicidade de A é um bem, a de B um bem, a de C um bem etc., a soma de todos esses bens tem de ser um bem", é uma afirmação resumida do princípio de harmonia presente, em palavras um tanto diferentes, em todos os autores utilitários. *Letters*, org. Elliot, II, p. 116.

faz trabalhar arduamente para seu próprio bem, e incidentalmente para o bem da sociedade, ela pode igualmente levá-lo a enganar, a mentir e a roubar apenas pelo seu próprio bem. Daí surge a função do governo. Como escreveu o abade Morellet, contemporâneo de Adam Smith, numa carta ao liberal lorde Shelburne: "Como a liberdade é uma condição natural e as restrições, pelo contrário, a condição não-natural, mediante a devolução da liberdade todas as coisas voltam a ocupar o lugar que lhes cabe e reina em tudo a paz, desde que se garanta que os ladrões e assassinos continuem a ser enforcados."[15] Os criminosos têm de ser punidos. O governo existe no mínimo para proporcionar segurança às pessoas e às suas propriedades. Não só os liberais e utilitaristas como quase todos que refletiram seriamente sobre os problemas do homem em sociedade concordam com essa proposição, ainda que com grandes divergências quanto à definição de propriedade.

A justiça é a primeira preocupação do governo, mas é a justiça, definida em termos legais estritos, também sua preocupação última? É possível apontar inúmeras asserções de liberais e utilitaristas que indicam que em suas mentes é essa preocupação última. Sua crença num Estado estritamente limitado pode, no entanto, ser demonstrada de maneira mais convincente destacando-se suas próprias reações a fatos sociais que consideram aflitivos. Adam Smith, por exemplo, ficou perturbado diante da tendência da classe patronal a aproveitar-se de sua posição econômica para maximizar os lucros, mediante medidas monopolistas, à custa da classe dos proprietários rurais e da classe trabalhadora. Raramen-

---

15. *Lettres de l'abbé Morellet à Lord Shelburne*, p. 102.

te, observa Smith, pessoas do mesmo ofício se reúnem, "mesmo para prazeres e diversões, mas a conversa sempre termina numa conspiração contra o público ou em algum plano de elevação de preços". E quanto ao papel do governo? Ele nada deve fazer para estimular a reunião de pessoas do mesmo ofício[16]. Smith estava a tal ponto convencido de que as desigualdades nãonaturais eram o produto da interferência governamental, o que sem dúvida era em grande parte verdade em sua época, que denunciou todas as funções do governo, exceto as funções policiais mais estritamente definidas, chegando a aplaudir a rejeição de leis contra o controle de mercadorias no mercado, contra a ação dos intermediários e contra os monopólios, ainda que essas leis fossem fundamentais para a manutenção do mercado livre que constituía a base de seu sistema ideal[17]. Uma preocupação semelhante é evidente em Ricardo, ainda que o problema receba uma definição diferente. Ricardo substituiu os empregadores de Smith pelos proprietários fundiários como a classe cujos interesses divergem dos interesses das duas outras. A renda dos proprietários de terras aumenta não tanto em função de seus próprios esforços quanto devido à crescente pressão da população sobre a terra. Eles aparecem então como parasitas que se alimentam do aumento do produto do trabalho e do capital. Qual o remédio? Rejeitar as leis que regulavam a importação e a exportação de cereais, reduzir a dívida pública e revelar ao povo os verdadeiros princípios de Malthus. Mas é no

---

16. Smith, *The Wealth of Nations*, pp. 375-7 (cap. xi, conclusão); p. 368 (cap. x, parte ii).

17. Hutt, "Pressure Groups and *Laissez-Faire*", *South African Journal of Economics*, VI, 1938, p. 17.

trabalho de uma jornalista, Harriet Martineau, que o caráter tolo e perigoso de toda atividade governamental, além da captura de criminosos, recebe sua argumentação mais forte. Em um de seus contos, escritos para revelar os princípios da nova economia de uma forma que todos os que viessem a lê-los, ou a ouvilos, pudessem entender, um cirurgião, assim que compreende os fatos da economia política, não apenas interrompe sua obra de caridade no dispensário e no hospital de crianças abandonadas como convence um colega mal orientado a parar de fazer sua doação anual de vinte libras a instituições de caridade. A senhorita Martineau demonstra que essas são ações mais nobres, porque mais racionais e corajosas, do que atos considerados em geral filantrópicos. E o governo, não fosse o temor da censura pública, seguiria esse exemplo. Se o exemplo é difícil de seguir, o raciocínio não é. A caridade não diminui a pobreza, mas, ao contrário, a aumenta, não somente porque recompensa a imprevidência como também porque estimula o aumento e a multiplicação dos imprevidentes. Para garantir a compreensão das lições da história, caso alguém não as assimilasse, a senhorita Martineau faz ao final um resumo:

> O número de consumidores tem de ser proporcional ao fundo de subsistência. Com esse fim, todo estímulo ao aumento da população deve ser suprimido e sancionadas de todas as maneiras medidas preventivas; *isto é*, a caridade tem de ser dirigida à iluminação da mente e não ao alívio de desejos corporais.[18]

---

18. Martineau, *Cousin Marshall*, cap. viii e "Resumo de Princípios", em suas *Illustrations of Political Economy*, vol. III.

Tratava-se de um bom Malthus, mas não de boa política. Ainda assim, os radicais filosóficos dos anos 1830 tentaram traduzir esses princípios em programa político. Enquanto os cartistas clamavam por reformas que trouxessem resultados tangíveis e imediatos – sufrágio universal, legislação fabril, uma lei mais liberal para os pobres –, John Stuart Mill, porta-voz dos radicais, justificava um sufrágio de classes alta e média, ridicularizava a lei proposta de uma jornada de trabalho de oito horas e alegava que, se os salários eram baixos e não havia empregos, a culpa não era da inexistência de regulamentação para a competição, mas do fato de as classes mais pobres ignorarem os ensinamentos de Malthus. O programa dos radicais era em grande parte negativo – eliminação dos impostos sobre os gêneros de primeira necessidade, proibição do espancamento no exército, rejeição das leis de exportação e importação de cereais –, com o acréscimo de uma política positiva fundamental, o estabelecimento de um sistema nacional de educação[19]. Tanto os aspectos negativos como o positivo são fiéis reflexos dos dois princípios antes identificados como a base do utilitarismo-liberalismo. O esforço consistia em proscrever a ação do Estado a fim de permitir a prevalência da harmonia natural dos interesses.

Mas as funções atribuídas ao Estado são suficientes para manter as condições exigidas por uma economia do *laissez-faire** e por uma sociedade liberal? As condições necessárias são objeto de freqüentes descrições: unidades relativamente iguais competindo livremente e indivíduos moralmente responsáveis e men-

---

19. Stephen, *The English Utilitarians*, vol. III, cap. 1, seção iii.
* Em francês no original. (N. do T.)

talmente atentos. Como as unidades que competem são relativamente iguais, seu sucesso será decidido pela sua eficiência no atendimento da demanda dos consumidores. Cedo se tornou óbvio que Smith, ao alegar que a intervenção governamental era a principal fonte das desigualdades não-naturais, era pelo menos culpado de generalização histórica indevida. Se, na ausência de intervenção governamental, acontecer de algumas unidades impedirem o progresso de outras, a competição leal, ou econômica, não será substituída pela competição injusta ou de poder? Para aqueles que reconhecem, como alguns liberais, que propriedade é potencialmente poder, segue-se que a desigualdade econômica deve conferir alguma vantagem de poder sobre os outros[20]. Numa determinada área, o produtor que sobrevive pode então ser, não o mais eficiente, mas apenas aquele que dispõe de recursos suficientes para levar os concorrentes à bancarrota. John Stuart Mill preocupou-se justamente com essa circunstância. Na verdade, ele fez uma subscrição de dez libras para uma cooperativa de produção que, em suas palavras, estava combatendo a "competição injusta dos líderes do ofício". Ao que parece, os líderes tinham condições financeiras de operar com prejuízo por um período suficiente para expulsar dos negócios os novos concorrentes. Mill julgava que isso podia ser apropriadamente denominado "a tirania do capital"[21]. Embora continuasse a preferir soluções particulares, reconhecia que nem sempre elas eram suficientes. Isso fica especialmente evidente em seu tratamento do problema da terra. Em contraste com as

---

20. Por exemplo, Godwin, *Political Justice*, vol. I, p. 19; vol. II, p. 465; J. S. Mill, *Letters*, org. Elliot, II, p. 21.

21. J. S. Mill, *Letters*, org. Elliot, II, p. 21.

soluções negativas de Ricardo, Mill instava que se taxassem aumentos imerecidos do valor da terra e até se dispunha a contemplar o Estado como proprietário universal[22].

Em John Stuart Mill, o utilitarismo-liberalismo passou de proscrição da ação do Estado à prescrição do tipo de ação estatal desejável. E a ação do Estado tornou-se mais desejável assim que se determinou que uma sociedade sem restrições não realiza e mantém automaticamente as condições descritas como pré-requisitos para o efetivo funcionamento do regulador do mercado livre. Mill comprovou ter compreendido esse fato em seus comentários às duas questões de política que acabamos de citar. Comprovou igualmente ter entendido que esses problemas específicos apontam para um problema teórico subjacente ao escrever a Carlyle que o princípio negativo do *laissez-faire*, uma vez realizado seu necessário trabalho de destruição, "tem de expirar logo"[23]. Para ser substituído pelo quê? Mill tentou fundamentar prescrições políticas numa distinção entre dois tipos de atos, os que afetam apenas o ator e os que afetam também os outros[24]. Mas que ato de um indivíduo não afeta os outros? O critério proposto dificilmente basta para julgar a legitimidade das atividades do governo. Ilustra-o bem o fato de, em seus termos, Mill poder cogitar a noção de que se deve exibir, antes do casamento, uma prova da capacidade de sustentar uma família, uma invasão da esfera privada que faz tre-

---

22. *Id.*, "The Right of Property in Land". *In*: *Dissertations and Discussions*, V, pp. 279-94; *Political Economy*, org. Ashley, livro II, cap. ii, seções 5, 6.

23. *Id.*, *Letters*, org. Elliot, I, p. 157.

24. *Id.*, *On Liberty*, p. 115 (cap. v).

mer muitas pessoas menos liberais que ele[25]. A dificuldade reside no fato de Mill ter proposto testar a política por meio de um padrão que provém de uma preocupação com a liberdade individual e de ser esta apenas um dos pilares gêmeos de uma sociedade liberal. Na prática, a preocupação de Mill passou para o segundo desses pilares. O que o preocupa mais a cada ano é a falta de justiça com a qual o regulador do mercado livre distribui recompensas entre os participantes dos processos de produção. O *laissez-faire* pode aumentar a produção. Ele distribui os frutos de maneira justa? Mill acha que não. James Mill pensara que a proteção da lei à propriedade garantiria a cada um a maior quantidade possível do produto de seu próprio trabalho. Seu filho enfatiza que a recompensa do indivíduo está na maioria das vezes "quase em proporção inversa" ao seu trabalho e abstinência[26].

Os liberais e utilitaristas descreveram as condições necessárias ao funcionamento justo e eficiente de uma sociedade do *laissez-faire*. Havia então latente na própria lógica do liberalismo a possibilidade de ser exigida a ação do governo para concretizar e manter essas condições. Se os liberais e os utilitaristas descreveram corretamente as condições necessárias, pode caber-lhes mais do que difundir o evangelho do *laissez-faire* para criar e manter essas condições. O Estado pode ter de intervir de maneiras não contempladas originalmente; por exemplo, para evitar o surgimento de desigualda-

---

25. *Id.*, *Letters*, org. Elliot, vol. II, p. 48; *Political Economy*, org. Ashley, livro II, cap. xi, § 4.

26. James Mill, "Government". *In*: *Essays*, nº I, pp. 4-5; J. S. Mill, "Socialist Objections to the Present Order of Society". *In*: *Fortnightly Review*, fevereiro de 1879, reproduzido em J. S. Mill, *Socialism*, org. Bliss, p. 73.

des econômicas extremas. As leis promulgadas pelos governos não são as únicas restrições à liberdade individual. A propriedade, tornada poder, pode exigir a regulamentação *no interesse da competição livre e efetiva*! Essa idéia foi pelo menos intuída por Adam Smith, quando escreve que "na corrida pela riqueza, e por honrarias e prestígio, [cada qual] pode correr fazendo o máximo de esforço possível, usar até o desgaste cada nervo e cada músculo a fim de sobrepujar todos os seus concorrentes. Mas, se empurrar ou derrubar algum deles, a indulgência dos espectadores acaba totalmente. Trata-se de uma violação do jogo limpo que eles não podem admitir"[27]. Ela foi sugerida no socialismo autoproclamado dos últimos anos de John Stuart Mill, socialismo que era fundamentalmente uma busca das condições, que ele julgava não existirem na Inglaterra de sua época, sob as quais pudesse ocorrer uma competição produtiva e justa[28]. Isso foi explicitamente reconhecido na época da Primeira Guerra Mundial por Thomas Nixon Carver quando este sugeriu que, "se o Estado fizesse umas poucas coisas corretas, não seria necessário fazer as mil e uma coisas erradas ou ineficazes ora defendidas"[29]. A idéia encontra sua mais recente e uma de suas mais diretas expressões na obra de dois economistas americanos que refletem sobre suas frustrantes épocas de serviço ao governo. A competição, escrevem eles, "é uma instituição social estabelecida e mantida pela comunidade com vistas ao bem comum"[30]. O

---

27. Smith, *The Theory of the Moral Sentiments*, p. 121, parte II, seção II, cap. ii.

28. Assim, ele se sentiu atraído por Owen, Fourrier e Blanc, mas não por Marx.

29. Carver, *Essays in Social Justice*, p. 349.

30. Adams e Gray, *Monopoly in America*, p. 117.

tom de seu livro deixa claro que é preciso entender *é* como *deveria ser*. O governo limitado continua a ser o ideal daquilo que Wilhelm Röpke denomina "revisionismo liberal", mas, como ele assinala, o governo considerado limitado tem de ser forte em sua esfera. Ao mesmo tempo que permanece fora do mercado, ele deve poder evitar as desigualdades de riqueza que talvez o distorçam ou dominem[31].

A insistência dos liberais na economia, na descentralização e na liberdade com respeito à regulamentação governamental só faz sentido se for válido seu pressuposto de que a sociedade é auto-reguladora. Como é um meio necessário, uma sociedade auto-reguladora torna-se com efeito parte da meta ideal dos liberais. Se só é possível uma política do *laissez-faire* com base nas condições descritas como necessárias, o próprio ideal do *laissez-faire* pode exigir a ação do Estado.

Relações internacionais: a concepção liberal

Treitschke definiu como dever primordial do Estado "o duplo dever de manter o poder no exterior e a lei no interior". Julgava que a primeira obrigação do Estado "tem de ser o cuidado de seu exército e de sua jurisprudência, a fim de proteger e controlar a comunidade de seus cidadãos"[32]. Adam Smith dissera a mesma coisa. O Estado se preocupa externamente com a defesa e internamente com a justiça. Mas, embora concordem numa definição das tarefas do Estado, o liberal

---

31. Röpke, *The Social Crisis of Our Time*, trad. A. e P. Jacobsohn, pp. 192-3. Para um dos melhores resumos de suas políticas positivas propostas, ver seu *Civitas Humana*, trad. Fox, pp. 27-32.

32. Treitschke, *Politics*, trad. Dugdale e de Bille, I, p. 63.

Smith e o não-liberal Treitschke divergem amplamente no tocante a que ações são necessárias para cumprilas. Em contraste com Hobbes, o problema da ordem interna foi facilitado para os liberais por pressupostos otimistas acerca do homem e da sociedade. Em contraste com Treitschke, o problema da segurança externa foi facilitado para eles por pressupostos otimistas acerca das características dos Estados e da comunidade internacional. Em assuntos internos, o Estado precisa realizar apenas um mínimo de funções. Em assuntos internacionais, a ausência de uma autoridade política definitiva só precisa criar um mínimo de problemas. Mas os problemas que cria são ainda importantes. Assim como, seguindo Hobbes, aceitam o Estado como realizando funções necessárias, os liberais aceitam, seguindo Treitschke, a guerra como o meio último de resolução de disputas entre Estados. A guerra nas relações internacionais é o análogo do Estado nas relações internas. Smith, por exemplo, com uma exceção insignificante, reconhece "que tudo o que está sujeito a um processo legal pode ser uma causa de guerra"[33]. Bentham reconhece a necessidade de os Estados de quando em vez recorrerem à guerra a fim de corrigir erros pelas mesmas razões que os indivíduos têm por vezes de poder recorrer às cortes de justiça[34]. Spencer

---

33. Smith, *Lectures on Justice, Police, Revenue, and Arms*, p. 330, parte V, seção 1. Deve-se mencionar que os vários comentários de Smith acerca das relações internacionais são uniformemente mais perspicazes do que o da maioria dos liberais do período. Ver seleções de suas obras em Wolfers e Martin, orgs., *The Anglo-American Tradition of Foreign Affairs*, que é uma coletânea marcada por uma excelente escolha de textos que abrange muitos dos autores que mencionamos neste capítulo.

34. Bentham, "Principles of International Law". *In*: *Works*, org. Bowring, II, pp. 538-9, 544.

enuncia com clareza a analogia: "Os policiais são soldados que agem sozinhos; os soldados são policiais que agem em concerto."[35] E *Sir* Edward Grey, refletindo a experiência de um ministro das relações exteriores liberal em época de guerra, escreve em suas memórias que, entre Estados, assim como no interior dos Estados, a força tem de estar disponível para preservar a lei[36].

Os liberais aceitam a necessidade do Estado, e depois a circunscrevem. Aceitam o papel da guerra e depois o minimizam – e com base numa análise semelhante. Para compreender a concepção liberal do Estado, foi necessário analisar suas concepções de homem e de sociedade; para compreender a concepção liberal das relações internacionais, é necessário analisar suas concepções de Estado e da comunidade de Estados.

Os primeiros liberais e utilitaristas pressupunham a existência de uma harmonia objetiva de interesses na sociedade. Esse mesmo pressuposto é aplicado às relações internacionais. "Creio", escreveu John Stuart Mill, "que não se pode obter o bem de nenhum país por meio algum senão aquele passível de promover o bem de todos os países, nem deve esse bem ser buscado de outra maneira, ainda que possa ser obtido."[37] É essa em grande medida a essência dos argumentos liberais, e estes têm sido formulados com tanta freqüência, e tan-

---

35. Spencer, *Social Statics*, p. 118.

36. Grey, *Twenty-five Years*, II, p. 286.

37. J. S. Mill, *Letters*, org. Elliot, II, p. 47; cf. "A Few Words on Non-Intervention". *In*: *Dissertations and Discussions*, III, p. 249: "Uma nação tem a liberdade de adotar como uma máxima prática de que aquilo que é bom para a raça humana é ruim para ela mesma e de sustentá-la nesses termos? O que é isso senão declarar que seu interesse e o da humanidade são incompatíveis?"

tas vezes resumidos, que só são necessárias aqui duas coisas: indicar a repetição de idéias agora identificadas com o liberalismo e enfatizar os aspectos que serão pertinentes em fases ulteriores da análise.

No século XVII, La Bruyère perguntou: "Como serve ao povo e à sua felicidade o príncipe estender seu império anexando as terras de seus inimigos; ... como me serve, ou a todos os meus compatriotas, o príncipe ser bem-sucedido e cumulado de glórias, e minha pátria ser poderosa e temida, se, triste e inquieto, eu vivo nela na opressão e na indigência?" Os interesses transitórios das casas reais podem ser alcançados por meio da guerra; os interesses reais de todos os povos são incrementados pela paz. A maioria dos homens sofre porque alguns homens se acham numa posição que lhes permite entregar-se a suas ambições majestáticas. Três séculos depois, James Shotwell escreveu: "A doutrina política da paz internacional é paralela à doutrina econômica de Adam Smith, visto apoiar-se tal como esta no reconhecimento de interesses materiais comuns e recíprocos que ultrapassam as fronteiras nacionais."[38] Caso se desse a primazia aos interesses reais, as fronteiras nacionais cessariam de ser barreiras. A cooperação, ou a competição construtiva, é a maneira de promover simultaneamente os interesses de todos os povos. Numa loja ou numa cidade, a divisão do trabalho aumenta o bem-estar material de todos. O mesmo tem de ser verdadeiro em escala nacional e global[39]. Não há

---

38. La Bruyère, "Du souverain ou de la republique". *In*: *Oeuvres complètes*, org. Benda, pp. 302-3; Shotwell, *War as an Instrument of National Policy*, p. 30.

39. Cf. Cobden, *Speeches*, org. Bright e Rogers, II, p. 162: "A relação entre comunidades não é nada mais do que a relação de indivíduos em conjunto."

alterações qualitativas que prejudiquem a validade do princípio à medida que a escala cresce. O argumento do livre comércio dos liberais, colocado em termos corrente e pertinente localmente, era bem simples: Michigan e a Flórida lucram ao trocar livremente os automóveis de um pelas laranjas do outro? Ou Michigan seria mais rico cultivando suas próprias laranjas em estufas, em vez de importar o produto do trabalho "estrangeiro"? A resposta é óbvia. E, como o princípio é claro, deve ser verdadeiro que onde as condições naturais de produção são menos espetacularmente diferentes o lucro do comércio, ainda que inferior, será ainda assim real. Cada parte lucra com o comércio, entre indivíduos, entre corporações, entre localidades ou entre nações. Do contrário não haveria comércio.

Houve uma época em que mesmo os jornalistas relativamente incultos compreendiam não somente essa versão simplificada do argumento clássico em favor do livre comércio, como também boa parte de suas ramificações mais sutis. Segue-se desse argumento não só que o livre comércio é a política correta, mas também que tentativas de ampliação do território do Estado, por meio da anexação de países vizinhos ou da incorporação de colônias, são uma tolice. Os custos de conquista e de manutenção não podem ser compensados pelas vantagens comerciais, dado que é possível obter as mesmas vantagens, sem dispêndios, com uma política de livre comércio[40]. Em sua forma mais geral, o argumento dos liberais torna-se um simples caso de sen-

---

40. Bentham, "Emancipate Your Colonies". *In*: *Works*, org. Bowring, IV, pp. 407-18. Nesta mensagem, dirigida à Convenção Nacional da França em 1793, são apresentados os principais argumentos usados pelos estudiosos e jornalistas liberais.

so comum. Em última análise, dizem, o bem-estar da população mundial só pode aumentar na medida em que a produção aumente. A produção floresce na paz, e a distribuição será eqüitativa se as pessoas de todos os países forem livres para perseguir seus interesses em todos os quadrantes do mundo. A guerra é destruição, e o enriquecimento a partir da guerra é uma ilusão[41]. O vencedor não obtém ganhos com a guerra; ele pode orgulhar-se tão-somente de perder menos do que o vencido. Esse raciocínio acha-se na base do argumento tradicional segundo o qual a guerra não compensa, argumento que remonta ao menos a Emeric Crucé, no começo do século XVII, tendo sido desenvolvido de modo detalhado por Bentham e por ambos os Mill, usado por William Graham Sumner para condenar a guerra americana contra a Espanha e levado ao apogeu por Norman Angell, que resumiu a obra dos economistas liberais, em sua maioria ingleses e franceses, que o precederam.

Os liberais tinham demonstrado, pelo menos para sua própria satisfação, a harmonia objetiva de interesses entre os Estados. Suas proposições racionais – de que a guerra não compensa, de que a paz atende aos verdadeiros interesses de todos – se opõem às práticas irracionais dos Estados. O problema é: como o racional pode vir a sobrepujar o irracional? Mas antes deve-se explicar por que a guerra, o caminho irracional para todos os Estados, caracteriza as relações entre eles. Por

---

41. Ver por exemplo Bright, *Speeches*, org. Rogers, p. 469: "Não sabem todos os estadistas, como sabem vocês [meus eleitores], que na paz, e só na paz, é possível basear a indústria bem-sucedida de uma nação, e que apenas por meio da indústria bem-sucedida pode ser criada a riqueza que... tende a promover de modo tão avassalador o bem-estar, a felicidade e o contentamento de uma nação?"

que os governos travam guerras? Porque a guerra lhes oferece uma desculpa para aumentar impostos, para expandir a burocracia, para aumentar seu controle sobre seus cidadãos. São essas as acusações constantemente repetidas dos liberais. As causas ostensivas da guerra são em geral triviais. Mas as causas ostensivas são meros pretextos, maneiras de envolver as nações nas guerras que seus governantes desejam por suas próprias razões egoístas. Ao dirigir-se a seus eleitores em Birmingham, em 1858, Bright usou essa tese. Um dia foi a política da Inglaterra, disse-lhes ele, "manter-nos livres das complicações européias". Mas, com a Revolução Gloriosa, revolução que entronizou as grandes famílias territoriais ao mesmo tempo que impôs restrições ao rei, adotou-se uma nova política: "Começamos agora a agir com base num sistema de constante envolvimento nos assuntos de países estrangeiros." Houve guerras "'para manter as liberdades da Europa'. Houve guerras 'para apoiar o interesse protestante' e houve muitas guerras para preservar nosso velho amigo, 'o equilíbrio de poder'". Desde então, a Inglaterra esteve em guerra "com, em favor de e contra todas as nações importantes da Europa". E com que benefícios? Alguém diria, pergunta Bright, que a Europa está melhor hoje, apesar de tanta luta? A implicação é clara. A nação inglesa perdeu por causa dessas guerras; a Europa perdeu; só as "grandes famílias territoriais" podem ter ganho[42].

Embora o interesse do povo seja a paz, seus governantes travam guerras. E eles são capazes de fazê-lo em parte porque o povo ainda não percebeu com clareza seus verdadeiros interesses, e, mais pro-

---

42. *Ibid.*, pp. 468-9.

priamente, porque os verdadeiros interesses, onde percebidos, não encontraram expressão na política governamental. Em 1791, Thomas Paine, um dos maiores jornalistas do mundo, descreveu da seguinte maneira as realizações da Revolução Francesa: "A soberania monárquica, o inimigo da humanidade e a fonte de infortúnio é abolida; e a própria soberania é devolvida a seu lugar natural e original, a nação." Paine indica a conseqüência disso para as relações internacionais na frase seguinte: "Fosse esse o caso em toda a Europa", afirma ele, "a causa da guerra cessaria de existir." A democracia é proeminentemente a forma pacífica do Estado. O controle da política pelo povo significaria a paz[43].

A fé nas democracias como inerentemente pacíficas tem dois fundamentos principais. O primeiro foi desenvolvido por Kant, que, tal como o deputado americano Louis L. Ludlow nos anos 1930, desejava que o futuro soldado raso decidisse se o país deveria ou não entrar em guerra. A premissa tanto de Ludlow como de Kant é que dar voz ativa aos que mais sofrem na guerra iria reduzir de maneira drástica a sua incidência. O segundo foi desenvolvido por Bentham, que, como Woodrow Wilson e lorde Cecil, estava convencido de que a opinião pública mundial é a sanção mais eficaz e talvez seja por si só uma sanção suficiente em favor da paz[44]. Assim, ele propôs "uma corte comum de judi-

---

43. Paine, *The Rights of Man. In: Complete Writings*, org. Foner, I, p. 342. Em *The Age of Reason*, dando-se conta de que nem todos os frutos das revoluções americana e francesa eram doces, Paine passa da ênfase à mudança dos governos à da mudança das mentalidades.

44. "'A grande arma na qual nos apoiamos', declarou lorde Robert Cecil, na Câmara dos Comuns em 21 de julho de 1919, 'é a opinião pública... e, se estivermos errados a esse respeito, tudo o mais está errado'." Citado em Morgenthau, *Politics among Nations*, p. 235.

catura para a decisão de diferenças entre as várias nações, ainda que essa corte não devesse dispor de poderes coercitivos". O que iria conferir sentido às decisões da corte? A opinião pública! Os procedimentos dessa corte seriam públicos, e ela seria encarregada de publicar seus pareceres e fazer com que circulassem por todos os Estados. Os Estados refratários seriam submetidos ao "ostracismo da Europa", o que seria uma sanção suficiente para dissuadir um Estado de ignorar uma diretriz da corte[45]. O interesse e a opinião combinam-se para garantir uma política de paz, porque, se os governantes forem sensibilizados pelos desejos do povo, pode-se esperar que a opinião pública funcione efetivamente como sanção[46].

A fé na opinião pública, ou, de modo mais geral, a fé nas propensões uniformemente pacíficas das democracias, revelaram-se utópicas. Mas o utopismo dos liberais era de ordem bastante complexa. Sua proposição não é a de que a qualquer tempo a guerra poderia ter sido evitada por meio de atos de vontade esclarecida, mas antes a de que o progresso levou o mundo a se aproximar de uma condição na qual a guerra pode ser eliminada das relações entre Estados. A história aproxima-se de um estágio em que se pode esperar que a razão, tanto internacional como domestica-

---

45. Bentham, "Principles of International Law". *In*: *Works*, org. Bowring, II, pp. 552-54. Cf. Cobden, *Speeches*, org. Bright e Rogers, II, p. 174: Quando se firma um tratado intimando um país a se submeter à arbitragem, e este se recusa a isso quando surge a ocasião, então "coloca-se esse Estado numa posição tão indigna que duvido que algum país entre em guerra em condições tão negativas".

46. Como diz James Mill, "todo homem que detém poder absoluto sobre o resto da comunidade está livre de toda dependência dos sentimentos dessa comunidade". "Law of Nations". *In*: *Essays*, n° VI, pp. 8-9.

mente, prevaleça nos assuntos humanos. A utilidade é o objetivo da ação do Estado tanto quanto da ação individual. Em benefício da paz, o despotismo tem de ser substituído pela democracia – de modo que a utilidade para o povo, e não para grupos minoritários, seja o objetivo buscado. Felizmente, o despotismo está com os dias contados. A fé que permaneceu forte durante boa parte do século XX e que ainda não morreu foi resumida no começo da década de 1790 por Thomas Paine:

> Não é difícil perceber, a partir do estado esclarecido da humanidade, que os governos hereditários tendem ao declínio e que as revoluções fundamentadas na base ampla da soberania nacional e dos governos por representação estão conquistando terreno na Europa...
> Não creio que a monarquia e a aristocracia durem mais de sete anos em algum dos países esclarecidos da Europa.[47]

Dificuldades na prática

A concepção do Estado dos liberais do século XIX baseava-se no pressuposto da harmonia, associada freqüentemente ao pressuposto da perfectibilidade infinita dos homens, levando a uma situação em que as funções do governo se reduziriam e a maioria delas desapareceria. Sua concepção das relações internacionais baseava-se no pressuposto da harmonia entre os Estados e de sua perfectibilidade infinita, levando a uma situação em que a probabilidade de guerra sofre-

---

47. Paine, *The Rights of Man. In*: *Complete Writings*, org. Foner, I, pp. 344, 352.

ria uma constante redução. Para concretizar o ideal liberal das relações internacionais, os Estados têm de mudar. O que deveriam ser os mecanismos de mudança? No que se refere a esta questão, os liberais oscilam entre dois pólos: o não-intervencionismo otimista de Kant, Cobden e Bright, de um lado; o intervencionismo messiânico de Paine, Mazzini e Woodrow Wilson, do outro. Os que se agregam a cada um dos pólos exibem ao mesmo tempo elementos de realismo e de idealismo.

Cobden, tal como Kant antes dele, exibia uma profunda suspeita da revolução e, inversamente, uma firme fé na evolução. As reformas internas deveriam vir, de modo gradual, por meio da educação, e não repentinamente pela violência, dado que só no primeiro caso se pode esperar uma melhoria duradoura. E, assim como rejeitava a revolução interna, renunciava à intervenção internacional. "Oponho-me a qualquer intervenção do governo de um país nos assuntos de outra nação", escreveu em 1858, "mesmo que se restrinja à persuasão moral."[48] Cobden considerava fútil a intervenção nos assuntos alheios, pois a Inglaterra não poderia levar a liberdade ao resto do mundo; ilógica, porque a Inglaterra não poderia saber o que era bom para o resto do mundo; presunçosa, porque a Inglaterra tinha muitos defeitos a corrigir internamente sem buscar boas obras a realizar no exterior; desnecessária, visto que "os interesses honestos e justos do país ... são os interesses justos e honestos de todo o mundo"[49]; e perigosa, pois a guerra para corrigir erros num dado recanto do mundo poderia facilmente extrapolar seu propósito original

---

48. Citado em Hobson, *Richard Cobden*, p. 400. Cf. Cobden, *Speeches*, org. Bright e Rogers, II, p. 225; Bright, *Speeches*, org. Rogers, p. 239.

49. Cobden, *Speeches*, org. Bright e Rogers, II, p. 27.

e a conflagração, uma vez desencadeada, poderia se espalhar rapidamente. Apesar do papel de abnegação que prescrevia para o Estado mais importante e mais liberal da Europa do século XIX, Cobden esperava com alguma confiança o dia em que a paz iria prevalecer entre os Estados. Numa carta escrita em 1846, ele formulou ambas as dificuldades e os meios de superá-las.

Não creio que as nações da terra venham a ter a oportunidade de progredir moralmente em suas preocupações internas até o grau de excelência por que ansiamos antes que as relações internacionais do mundo sejam assentadas em outras bases. O atual sistema corrompe a sociedade, exaure suas riquezas, eleva falsos deuses a condições de heróis cultuados e fixa diante dos olhos da geração em desenvolvimento um padrão de glória espúrio, ainda que reluzente. É por crer de fato que o princípio do livre comércio é calculado para alterar as relações do mundo para melhor, do ponto de vista moral, que agradeço a Deus ter me sido permitido desempenhar um papel tão proeminente em sua defesa. Não obstante, não sejamos demasiado sombrios. Se pudermos evitar que o mundo entre de fato em guerra, e confio que o comércio o fará, um grande impulso será dado a partir de então a reformas sociais. A mente pública tende para o prático, e irá então precipitar-se para a educação, a temperança, a reforma dos criminosos, o cuidado com a saúde física etc., com maior dedicação do que em qualquer outro momento.[50]

Kant fora num certo sentido ainda mais otimista. Mesmo as guerras, julgava, ao exaurir as nações que se envolvem nelas, e as ameaças de guerra, ao forçar os Estados a garantirem a seus súditos a liberdade neces-

---

50. Citado em Morley, *The Life of Richard Cobden*, p. 276.

sária para torná-los mais poderosos, iriam apressar o advento do republicanismo e da paz[51].

O sistema da guerra mostrou ser mais vigoroso do que os meios da paz descritos por Cobden, e o mover guerras teve muitas vezes efeitos opostos aos previstos por Kant. Gladstone, que concordara com Cobden quanto à contribuição que o livre comércio daria à paz no mundo, também julgava necessário manter os olhos assestados sobre o equilíbrio de poder na Europa. Em outubro de 1853, durante o prelúdio da guerra da Criméia, ele observou que o aumento do poder da Rússia decorrente de uma derrota da Turquia poria em risco a paz da Europa. O dever da Inglaterra era opor-se a isso custasse o que custasse[52]. Cobden e Bright, em grande contraste com Gladstone, viam um perigo para a Inglaterra como a única causa legítima para o país envolver-se numa guerra, assim como a invasão do país como o único perigo real. Desse modo, ao argumentar contra a guerra com a Rússia, Bright aproveitou a oportunidade para censurar os ingleses de outra geração pela guerra travada para determinar "que a França não deveria escolher seu próprio governo".

Basta ler os discursos que Pitt fez na época das guerras revolucionárias francesas para perceber que,

---

51. Kant, "The Principle of Progress Considered in Connection with the Relation of Theory to Practice in International Law". *In*: *Eternal Peace and Other International Essays*, trad. Hastie, p. 63; e "The Natural Principle of the Political Order Considered in Connection with the Idea of a Universal Cosmopolitical History", Oitava Proposição. *In*: *ibid*. Para um exemplo de como isso poderia funcionar, ver os comentários de J. S. Mill sobre a guerra franco-prussiana. Ele viu a perda da Alsácia-Lorena como uma maneira relativamente indolor de ensinar ao povo francês a, no futuro, não seguir cegamente seus líderes em guerras de agressão, mas dedicar um interesse ativo à política. *Letters*, org. Elliot, II, pp. 277-8.

52. Morley, *Gladstone*, I, pp. 476, 483-4.

ao menos para o chefe do governo, o objetivo da guerra era a segurança da Inglaterra e não a restauração da antiga constituição do Estado francês[53]. Contudo, uma definição estreita de segurança do Estado tipifica aqueles que se agregam no pólo não-intervencionista do liberalismo. Bryan, por exemplo, assumiu sobre a participação americana na Primeira Guerra Mundial a mesma posição que Bright assumira antes. Em 2 de fevereiro de 1917, Bryan disse, numa manifestação no Madison Square Garden à qual comparecerem cinco mil pessoas, que "este país deveria lutar até a morte do último homem caso fosse invadido, mas que deveríamos resolver todas as outras questões por meio de arbitragem"[54].

A posição dos liberais não-intervencionistas é compreensível quando se tem em mente vários de seus pressupostos. O bom exemplo dos países avançados quanto à liberação do comércio, à redução de armamento e à emancipação de colônias teria um efeito salutar sobre todos os países, e a opinião pública forçaria a emulação[55]. Nesse caso, a ameaça da força armada nunca viria a ser feita. Ademais, a força de um país não pode ser equiparada ao seu tamanho. A conquista na guerra costuma levar à fraqueza[56]. Logo, o argu-

---

53. Ver Morgenthau e Thompson, *Principles and Problems of International Politics*, em que são convenientemente reproduzidos discursos-chave sobre a questão da guerra com a França.

54. *New York Times*, 3 de fevereiro de 1917, p. 11.

55. Para a sobrevivência entre os socialistas da idéia do desarmamento, por exemplo, ver adiante, cap. cinco, pp. 189-90.

56. Cf. Cobden, *Speeches,* org. Bright e Rogers, I, p. 483: "Eu os desafio a me mostrar um único caso em que a anexação de território não tenha sido uma fonte mais de fraqueza do que de força." Cf. Bright, *Speeches*, org. Rogers, p. 463.

mento de que considerações de segurança do Estado exigem que um país se oponha às conquistas do outro é falso. Por fim, a força de um país se acha vinculada mais ao espírito do povo, que é mais elevado nos países livres, e mais com a excelência da economia do que com a envergadura do setor militar em tempos de paz[57]. Esses pressupostos são por sua vez compreensíveis quando se recorda que a geografia se combinou com a tecnologia para torná-los plausíveis para os Estados Unidos, e em menor escala para a Inglaterra, no século XIX. Logicamente, se admite que a defesa é uma preocupação legítima do Estado, Bryan tem também de admitir, e mesmo defender, que seu Estado esteja atento para evitar que outros países assumam uma posição vantajosa e se preparem para o ataque. Na prática, essas preocupações eram remotas para os Estados Unidos até o século XX. Quanto à Inglaterra, o próprio poder que detinha obscurecia para muitos o quanto sua segurança dependia dele.

É arriscado elaborar uma teoria das relações internacionais com base em acidentes geográficos e históricos. Os liberais não-intervencionistas nunca conseguiram tratar a dificuldade que Cobden propôs a si mesmo na carta já citada – como as nações podem se aprimo-

---

57. Cf. Godwin, *Political Justice*, II, pp. 170-1, 193. Argumentos associados à segunda imagem são usados freqüentemente para sustentar arranjos internos preferidos. Vemos o *Commercial and Financial Chronicle*, por exemplo, chamando em editorial a atenção para a ameaçadora situação mundial, afirmando a dependência da força militar com a força econômica e concluindo que temos de "começar imediatamente: 1. a organizar nossa situação fiscal e 2. simultaneamente, abolir o New Deal e todas as suas ações". "How to Be Strong", *Commercial and Financial Chronicle,* 5 de junho de 1946, seção ii, p. 1.

rar internamente se as relações internacionais do mundo permanecerem assentadas sobre as velhas bases? Mazzini percebeu o problema. Na qualidade de patriota italiano do século XIX, não podia escapar a ele. As potências despóticas, afirmou ele num pronunciamento feito perante a Liga Internacional do Conselho do Povo (1847), "lançam-nos seu desafio: 'Lideraremos, pois dispomos da audácia do mal; agimos e vocês não têm a coragem de vir em defesa do bem'". "Será suficiente", pergunta, "pregar a paz e a não-intervenção e deixar a força, dirigente não contestado de três quartos da Europa, intervir, em benefício de seus próprios fins ímpios, quando, onde e como julgar adequado?"[58] Em suma, que sentido há em pregar o *laissez-faire* nas relações internacionais quando nem todos os Estados vão praticá-lo? Os que o praticam encontram-se à mercê dos que não o praticam.

Esse é um problema que os liberais não-intervencionistas têm diante de si. Ele levanta a questão mais geral: pode-se esperar com calma confiança o dia em que os Estados despóticos que travaram guerras no passado se transformem, pelas forças sociais e econômicas da história, em democracias amantes da paz? As forças da evolução estão avançando com suficiente rapidez? Estão ao menos avançando na direção correta? Os "bons", ao nada fazer, não poderiam possibilitar o triunfo do "mal"? A ação pode ser necessária. E mesmo que a relação meios–fins seja corretamente descrita por Kant e Cobden, os homens não podem

---

58. Mazzini, *Selected Writings*, org. Gangulee, p. 143. Quanto a essa mesma proposta, apresentada de maneira mais sóbria, ver J. S. Mill, "Vindication of the French Revolution of February, 1848; in Reply to Lord Brougham and Others". *In*: *Dissertations and Discussions*, III, pp. 51-2.

acelerar o processo de evolução por seus próprios esforços? A ação pode ser, se não necessária, ao menos desejável.

Nos assuntos internos, os liberais começam com a doutrina do Estado estéril. Todas as boas coisas da vida são criadas pelos esforços dos indivíduos; o Estado existe apenas para servir de árbitro imparcial entre os concorrentes individuais. Os liberais terminam defendendo que o Estado tem não só de manter como em certos casos criar as condições necessárias ao funcionamento de uma sociedade e de uma economia liberais. Haverá uma necessidade de ação comparável nas relações internacionais? Alguns liberais propuseram a não-intervenção como meio de permitir que se estabeleça a harmonia natural de interesses entre os Estados. Mas a harmonia de interesses prevalecerá se, para usar a expressão de Carver, houver "umas poucas coisas certas" que são pré-requisitos ao funcionamento do sistema e na ausência de um órgão que as concretize? Os meios têm importância comparável à importância do fim. Se o fim é a paz, e se a paz reside na existência de Estados livres, algum órgão ativo tem de substituir as forças evolutivas de funcionamento espontâneo sempre que essas forças parecerem represadas. Tendo isso como lógica, muitos liberais, tanto nos assuntos internacionais como domésticos, passam da proscrição da ação do Estado à prescrição do tipo de ação necessária. Nos assuntos internacionais, os únicos agentes em que os liberais podem depositar suas esperanças são os Estados democráticos que já devem existir.

Enquanto Cobden e Bright usariam a força nas relações internacionais apenas quando necessário para tornar segura sua própria democracia, Paine, Mazzini e Wilson empenham-se para tornar o mundo democrático. Ao dedicar a segunda parte de *The Rights of*

Man ao marquês de Lafayette, Paine promete unir-se a ele caso se materialize a necessidade improvável de uma campanha na primavera para permitir à França esmagar "o despotismo alemão", cercar-se de revoluções e, assim, ser capaz de viver em paz e segurança[59]. Em 1853, por razões semelhantes, Mazzini procurou convencer a Inglaterra de que seu "dever neste momento é a guerra". A guerra a que ele conclama não seria do tipo movido pelos Estados absolutistas, mas

> uma guerra voltada para resolver de uma vez por todas o antigo problema de se o homem vai permanecer como escravo passivo pisoteado pela força bruta organizada ou se tornar um agente independente, responsável por suas ações perante Deus e os semelhantes... Uma guerra com a nobre intenção de restaurar a verdade e a justiça e de deter a tirania em sua carreira inumana, de tornar as nações livres e felizes e de fazer Deus sorrir benignamente para elas, de coroar a liberdade política e religiosa e de tornar a Inglaterra orgulhosa e poderosa, depois de conquistar a simpatia e a gratidão das nações que beneficiou.[60]

Woodrow Wilson, o terceiro intervencionista que consideramos, era bastante capaz de falar como se motivado primordialmente pela preocupação com a segurança do Estado que liderava[61]. Isso não é atípico

---

59. Paine, *The Rights of Man. In: Complete Writings*, org. Foner, I, p. 348. Ele acrescenta, à maneira de muitos liberais, que "os impostos [da França], assim como os da Alemanha, serão em conseqüência disso, reduzidos".

60. Mazzini, *Selected Writings*, org. Gangulee, p. 91.

61. Tumulty, *Woodrow Wilson as I Know Him*, p. 248; e o discurso que Wilson escreveu para Four Minutes Speakers, 4 de julho de 1918. *In: Woodrow Wilson, Selections for Today*, org. Tourtellot, pp. 107-8.

em se tratando dos liberais intervencionistas. O que há de interessante a respeito deles não é a rejeição da política do equilíbrio de poder, mas o fato de pensarem que ela pode ser substituída[62]. Eles dariam um salto para o futuro e nos levariam a todos consigo. "A guerra atual", perguntou certa feita Wilson, "é uma luta por uma paz justa e segura ou apenas por um novo equilíbrio de poder?"[63] Com maior freqüência, no decorrer da Primeira Guerra Mundial, ele fez soar a conclamação a uma guerra do "presente contra o passado", do "certo contra o errado", uma guerra destinada a pôr fim ao sinistro poder das autocracias e a estabelecer a liberdade e a justiça para os povos do mundo. "Ninguém tem o direito", explicou aos correspondentes estrangeiros que se reuniram com ele na Casa Branca em abril de 1918, "de obter quaisquer vantagens desta guerra, porque estamos lutando pela paz..., pela paz permanente. Nenhuma injustiça fornece a base para uma paz permanente. Se permitirmos que exista em algum lugar um sentido corrosivo de injustiça, este não somente produzirá no momento uma ferida permanente que há de causar problemas,

---

62. Cf. J. S. Mill alegando que Gladstone deveria ter usado a ameaça de intervenção britânica para dissuadir a França ou a Alemanha de se atacarem em 1870. *Letters*, org. Elliot, II, p. 274.

63. Discurso de Wilson ao Senado dos Estados Unidos, 22 de janeiro de 1917. *In*: *Woodrow Wilson, Selections for Today*, org. Tourtellot, p. 131. A mesma abordagem com alternativas reflete-se na política de pós-guerra de Wilson. Cf. o argumento do secretário Daniel, destinado a obter o apoio dos senadores para a Liga: "Dispomos de apenas dois cursos." Ou devemos ter uma "liga das nações por meio da qual todas as nações ajudarão a preservar a paz sem uma construção naval competitiva, ou devemos ter a marinha incomparavelmente maior do mundo. Não há meio termo". H. e M. Sprout, *Toward a New Order of Sea Power*, p. 71.

e provavelmente uma guerra, como levará a guerra a algum lugar."[64]

Como alegou um moderno filósofo-historiador inglês diante da ameaça de Hitler à civilização ocidental, a paz é uma boa causa da guerra. A existência de um Estado irresponsável é por si só uma ameaça ao Estado pacífico[65]. Pode então caber aos Estados pacíficos limpar o mundo, transformar as guerras de objeto da segurança estreitamente definido do Estado em cruzadas destinadas a estabelecer as condições sob as quais todos os Estados possam coexistir em paz perpétua. O liberalismo, que é proeminentemente uma filosofia da tolerância, da humildade e da dúvida, desenvolve sua própria arrogância. Assim, Michael Straight, um jornalista liberal de nossa época, cita com aprovação a afirmação de R. H. Tawney: "A guerra é uma cruzada ou um crime. Nada mais existe entre uma e o outro."[66] Wilson, nesse sentido, viu-se dizendo, de várias maneiras, "falo em nome da humanidade".

Mas assim como há mais de um messias, existe mais de uma missão. Em 1880, Dostoiévski proclamou o amor russo pelos irmãos do Ocidente. "Ah, os povos da Europa não têm idéia de como nos são caros!" Tão caros que a guerra destinada a redimi-los de um materialismo crasso e de uma ética egoísta vem a ser o dever sagrado da Rússia. Dostoiévski confiava na sabedoria e na coragem de seus compatriotas: "Os futuros russos, até o último homem", escreveu ele, "vão compreender que se tornar um russo genuíno significa procurar em

---

64. Reproduzido em Tumulty, *Woodrow Wilson as I Know Him*, p. 274. Cf. o discurso de Wilson citado na nota precedente.

65. Collingwood, *The New Leviathan*, cap. xxx.

66. Straight, *Make This the Last War*, p. 1.

última análise reconciliar todas as controvérsias européias, mostrar a solução da angústia européia em nossa alma russa toda humanitária e toda unificadora, abraçar nela com amor fraterno todos os nossos irmãos e por fim, talvez, enunciar a última palavra da harmonia grande e universal, do acordo fraterno de todas as nações que seguem a lei do evangelho de Cristo!" Não a conquista, mas a libertação – esse seria o objetivo da guerra russa no Ocidente, e a libertação proporcionaria a base para a paz[67]. A aspiração é a mesma de Mazzini, mas a própria simetria da aspiração aumenta a probabilidade do conflito. O mesmo se aplica aos nossos dias. "A guerra, esse monstro de fratricídio humano, será inevitavelmente destruída de modo completo pelo progresso social do homem, e isso vai ocorrer no futuro próximo. Porém há apenas uma maneira de fazê-lo – a guerra contra a guerra." Essas poderiam facilmente ser as palavras de um liberal ocidental, mas são as palavras de um comunista oriental: Mao Tsé-tung[68]. Essa tese foi mais tarde elaborada por Liu Shao-chi, que costuma ser considerado o segundo homem da hierarquia do partido comunista chinês. Os povos do mundo, alega Liu, não têm alternativa a não ser a união numa luta destinada à sua libertação da opressão capitalista. A libertação é uma lei irresistível da história. Os maus Estados têm de ser demolidos para que os bons possam viver em paz[69]. Essa é precisamente a política

---

67. Dostoievski, *The Diary of a Writer*, trad. Brasol, II, pp. 666-8, 979-80; cf. I, p. 476; II, pp. 628-36. O período coberto nessas partes do *Diary* é 1876-80.

68. Mao Tsé-tung, *Strategic Problems of China's Revolutionary War*, p. 4. Isso foi escrito no outono de 1935.

69. Liu Shao-chi, *Internationalism and Nationalism*, pp. 24, 31, 41-2, 50-1. Isso foi escrito em novembro de 1948.

dos liberacionistas americanos. Nossa missão, para empregar uma expressão acadêmica da doutrina, "é persuadir os que já estão livres de que podem, com sua [da América] ajuda, seguir com proveito e sucesso o seu caminho, bem como resgatar os que são vítimas da tirania e fazer com que também eles sigam o caminho certo... será nossa missão ardente não simplesmente poupar os humildes como libertar os oprimidos. Com esse fim, moveremos de fato guerra *à outrance**, sem compromissos, contra os orgulhosos ditadores que pervertem todos os princípios e degradam os homens a quem primeiro oprimiram"[70].

O fato de dois lados acalentarem metas contraditórias não prova por si só que algum deles seja desprovido de valor. Pode indicar que ambas são impraticáveis. As cruzadas projetadas pelos liberais, assim como as de Dostoiévski e dos comunistas, devem levar, se postas em prática, a uma guerra ilimitada com fins ilimitados. Podem levar à guerra perpétua pela paz perpétua. Isso foi assinalado não somente por estadistas como George Kennan e estudiosos como Hans Morgenthau, mas também por liberais como Cobden e Bright.

Os liberais não-intervencionistas não clamam por quaisquer atividades especiais para alcançar a meta tão amplamente desejada da paz perpétua; temos, em vez disso, de deduzir toda a nossa esperança de sua asserção de que a história está ao lado dos anjos. Trata-se a um só tempo da posição de um doutor Pangloss, como é evidente, e a do realista, como talvez não seja tão evidente. O que há de realista nessa posição é que a

---

* Em francês no original. (N. do T.)
70. Cook e Moos, *Power throught Purpose*, pp. 1, 210.

confiança de que as forças da história tornarão concreta a meta desejada pode ser uma admissão de que o homem pouco pode fazer para apressar seu advento. Os liberais intervencionistas, contudo, não se contentam com um realismo que pode prolongar a era da guerra eterna. Seu realismo reside na rejeição do pressuposto do progresso automático da história e na conseqüente asserção de que o homem tem de eliminar as causas da guerra para ter paz. Esse realismo os envolve em pressupostos utópicos de implicações assustadoras. O Estado que agir a partir da teoria intervencionista tem de estabelecer a si mesmo como juiz e executor nos assuntos das nações. Uma boa causa pode justificar toda e qualquer guerra, mas quem pode dizer, numa disputa entre Estados, qual é a causa justa? Se um Estado vestir o manto da justiça, o Estado que a ele se opõe também vestirá. Nas palavras de Emmerich de Vattel, diplomata e autor de meados do século XVIII, cada um deles vai então "arrogar-se todos os direitos de guerra e alegar que seu inimigo não detém nenhum... A decisão dos direitos em questão não irá ser promovida por meio disso, e o conflito vai se tornar mais cruel, de efeitos mais desastrosos e de término mais difícil"[71]. As guerras empreendidas a partir de um cálculo estreito do interesse do Estado são quase certamente menos prejudiciais do que guerras inspiradas por um idealismo supostamente altruísta. A validade dessa lógica tem se evidenciado com freqüência na história. Nunca as provas disso foram resumidas de modo mais sucinto do que por A. J. P. Taylor. "Bismarck", escreveu ele, "travou guerras 'necessárias' e matou milha-

---

71. Vattel, *The Law of Nations*, trad. Fenwick, III, pp. 304-5.

res; os idealistas do século XX lutam guerras 'justas' e matam milhões."[72]

Falhas na teoria

A paz e a guerra são produtos, respectivamente, de bons e de maus Estados. Se isso for verdade, o que se pode fazer para levar os Estados de sua condição atual à condição prescrita? Essa interrogação levou à primeira crítica das teorias liberais das relações internacionais. Uma segunda crítica, igualmente fundamental, é sugerida pelo questionamento da proposição original. Os maus Estados podem promover guerras. A verdade da declaração pode ser estabelecida simplesmente rotulando como "maus" os Estados que as promoverem. Mas a existência de numerosos Estados do tipo definido como bom significará paz? Enquanto a primeira crítica se fundamentava na viabilidade da prescrição, a segunda volta-se para a suficiência da análise que levou a essa prescrição.

Os liberais não alimentavam a expectativa de um Estado de nirvana em que todos os choques cessassem porque todos os conflitos foram eliminados. Ainda haveria disputas entre Estados, mas não a propensão a resolvê-las mediante a guerra. Com os Estados se aprimorando, concedendo-se por enquanto o pressuposto de que estejam se aprimorando, as ocasiões para a guerra decrescem ao mesmo tempo em que aumenta a capacidade dos Estados de resolver suas diferenças amigável e racionalmente. Assim, T. H. Green, liberal idealista de meados do século XIX, não vê razão para

---

72. Taylor, *Rumors of War*, p. 44.

que os Estados, à medida que se tornam mais representativos de seu povo, "não cheguem a uma imparcialidade desapaixonada em suas relações uns com os outros"[73]. Mas o que exatamente substituiria o sistema da guerra – um sistema de arbitragem, um sistema de conciliação, um sistema legal flexível em que os Estados submetem voluntariamente disputas a um tribunal internacional e aceitam voluntariamente suas decisões? No tocante a essas questões, os liberais, de Bentham até o presente, mostram divergências. Mas, até recentemente, a maioria deles chegou a um acordo acerca de certos elementos essenciais. Deveria haver um mínimo de organização, e a força militar não seria usada exceto diretamente para repelir um exército invasor. A opinião pública seria a grande sanção, e o equilíbrio de interesses a garantia subjacente[74]. Eles fariam com que todas as disputas fossem resolvidas racionalmente, de modo pacífico, sem manipulação política.

Isso é mais uma vez o ideal anarquista aplicado às relações internacionais, mas os liberais, em sua maioria, não o viram como tal – alguns porque conceberam erroneamente o significado da política, outros porque aplicaram às relações internacionais uma lógica diferente da que aplicaram dentro do Estado. Cobden, por

---

73. Green, *Lectures on the Principles of Political Obligation*, § 175.

74. Sobre a idéia de equilíbrio, ver, por exemplo, Bentham, "Principles of International Law". *In: Works*, org. Bowring, II, p. 538: "A partir da experiência reiterada, os Estados deveriam ou ter-se posto em busca ou ao menos ter encontrado sua linha de menor resistência, da mesma maneira como indivíduos dessa sociedade já encontraram a sua; essa seria a linha que representa a utilidade maior e comum de todas as nações consideradas em conjunto.

"O ponto de repouso será aquele em que todas as forças encontram seu equilíbrio, ponto em que a maior dificuldade seria fazê-las desviar-se dele."

exemplo, parece às vezes ter uma concepção errônea da política. Em 12 de junho de 1849, ele fez um apelo eloqüente na Câmara dos Comuns em favor de uma resolução que exortava o Ministério das Relações Exteriores britânico a negociar tratados de arbitragem com outros países. Ao longo do discurso, ele descreveu seu plano como "pura e simplesmente, deveríamos recorrer, nas comunidades, ao modo de resolver disputas a que os indivíduos recorrem na vida privada"[75]. William Howard Taft, no quarto capítulo de seu livro *The United States and Peace*; o senador William Borah em sua resolução de proscrição da guerra; Salmon Levinson e Charles Clayton Morrison em seus escritos em apoio a essa idéia – todos eles refletem a mesma compreensão errônea. Acreditando que as decisões da suprema corte dos Estados Unidos são legitimadas não só pelo poder organizado do governo, como também pela força espontânea da opinião pública, eles alegam que os mesmos métodos podem obter resultados comparáveis nas relações internacionais[76]. Isso não apenas ignora as dificuldades por que passou em algumas ocasiões a suprema corte – com o presidente Andrew Jackson, por exemplo, ou, atualmente, com a decisão da dessegregação –, mas comete ainda o erro funda-

---

75. Cobden, *Speeches*, org. Bright e Rogers, II, p. 161.

76. Na resolução de Borah, apresentada ao Senado em fevereiro de 1923, o argumento é resumido da seguinte maneira: "Os julgamentos [de uma corte internacional] não devem ser impostos pela guerra, sob nenhuma designação ou forma, mas devem ter para sua execução o mesmo poder de nossa corte suprema federal, a saber, o respeito de todas as nações esclarecidas por julgamentos que se apóiem em investigações abertas e justas e em decisões imparciais, o assentimento das nações de respeitar e serem regidas por esses julgamentos e a força irresistível da opinião pública esclarecida." Reproduzido em Madariaga, *Disarmament*, pp. 365-7.

mental de interpretar instâncias em que a força não é visível como prova de ausência de poder. Quem defende essa concepção nos faria resolver disputas internacionais como se faz domesticamente, sem compreender antes como se resolvem as disputas domesticamente. Nos assuntos internacionais, eles fariam com que a razão prevalecesse sobre a força, enquanto domesticamente as disputas são resolvidas por instituições que *combinam* razão com força[77]. As disputas entre indivíduos são resolvidas não em decorrência do estabelecimento de um elaborado sistema legal, mas porque as pessoas podem, quando necessário, ser forçadas a usar esse sistema. Quantas vezes as decisões adversas das cortes seriam ignoradas se seu cumprimento dependesse da ação voluntária dos acusados de conduzir a si mesmos à prisão, de colocar a forca no pescoço ou de pagar voluntariamente os próprios prejuízos, o que estavam tentando evitar ao recorrerem aos tribunais? Uma corte internacional que não disponha de uma força organizada para apoiar suas decisões é uma instituição que difere radicalmente das cortes existentes em todos os países. Os liberais querem os benefícios de um sistema de leis eficaz; muitas vezes mostram não querer pagar seu preço.

Num sentido limitado, Wilson marca uma reviravolta. A maioria dos liberais anteriores tinha considerado a organização internacional desnecessária e perigosa. Ainda que permaneçam diferenças entre eles, o fiel da balança pendeu claramente para o outro lado.

---

77. A concepção de Levinson, por exemplo, é diametralmente oposta. Literalmente: "Há apenas duas maneiras de resolver com autoridade disputas de caráter intranacional ou internacional; uma é a força e a outra, a lei." *Outlawry of War*, p. 14.

Assim como muitos liberais passam, em questões de política doméstica, de uma formulação negativa para uma formulação positiva dos requisitos políticos de um sistema de *laissez-faire*, inúmeros liberais passaram, no campo das relações internacionais, da confiança na educação e na solução racional das disputas à defesa da organização internacional para desempenharem as funções incontornáveis de governo. Se a guerra é o análogo do governo, erradicar medidas de guerra torna necessário prover o cumprimento das funções de governo. Persiste contudo o antigo raciocínio e, a partir dele, também os velhos erros. Wilson prevê uma nova era na qual prevalecerão para o Estado os mesmos padrões morais que prevalecem para os homens. A condição essencial, naturalmente, é que os Estados se democratizem, pensamento que em parte alguma é mais claramente expresso do que em sua mensagem ao Congresso pedindo uma declaração de guerra à Alemanha. "Um firme concerto em favor da paz", disse ele na época, "nunca pode ser mantido a não ser por meio de uma parceria das nações democráticas. Não se pode confiar que algum governo autocrático venha a manter a fé em seu âmbito ou a manter seus acordos... Somente povos livres podem sustentar sem vacilar seu propósito e sua honra com relação a um fim comum e preferir os interesses da humanidade a seus próprios interesses estreitos."[78]

A paz do mundo ainda repousaria na força – na frase de Wilson, "a grande força organizada da huma-

---

78. Discurso de Wilson ao Congresso, 2 de abril de 1917. *In*: *Woodrow Wilson, Selections for Today*, org. Tourtellot, pp. 143-4. Para o gradual desenvolvimento da posição de Wilson e a influência do secretário Lansing nesse desenvolvimento, ver Buehring, *Woodrow Wilson and the Balance of Power*, especialmente pp. 138-44.

nidade" –, mas essa força diferiria da exibida na política do equilíbrio de poder do passado. Não um equilíbrio, mas uma "comunidade de poder" – eis o ideal de Wilson[79]. E, com a comunidade democrática internacional implantada, a nova força da opinião pública substituiria a antiga força de exércitos e marinhas nacionais. "O que buscamos", disse certa vez Wilson, "é o reino da lei, baseado no assentimento dos governados e apoiado pela opinião organizada da humanidade."[80] A autodeterminação nacional é produzir democracia, e as democracias são por definição pacíficas. A estipulação de Wilson, segundo a qual as unidades, para formar uma comunidade, têm de compartilhar valores semelhantes, não é irrelevante. Já nos referimos à dificuldade de alcançar a semelhança, dificuldade por que passou pouco depois o próprio Wilson. Além disso, tem-se de enfrentar a questão: quanta comunidade é necessária antes de a força, definida convencionalmente, ser dispensável nas relações entre suas unidades? Se os Estados exibissem a moralidade dos ingleses ou dos americanos em suas relações recíprocas, isso seria suficiente? Quando conclamou os Estados a entrar em alianças a fim de preservar os direitos das pequenas nações, Wilson na verdade voltava ao otimismo dos primeiros liberais do *laissez-faire*, que julgavam que as relações entre os produtores poderiam ser satisfatoriamente governadas por meio de contratos firmados entre eles[81].

---

79. Discurso de Wilson ao Senado dos Estados Unidos, 22 de janeiro de 1917. *In: Woodrow Wilson, Selections for Today*, org. Tourtellot, p. 131.

80. Discurso de Wilson em Mount Vernon, 4 de julho de 1918. *In: ibid.*, p. 54.

81. Discurso de Wilson ao Congresso, 11 de fevereiro de 1918. *In: ibid.*, p. 166.

As soluções para o problema da guerra baseadas no padrão tanto da primeira como da segunda imagem têm de pressupor a possibilidade de perfeição das unidades em conflito. Sendo a perfeição impossível para Estados tal como é para os homens, o sistema liberal pode no máximo produzir uma situação de aproximação da paz mundial. Podemos esperar logicamente, com essa aproximação, que um Estado confie na propensão a cooperar da parte dos outros? Um equilíbrio de interesses necessariamente imperfeito combinado ao poder da opinião pública acabaria com a necessidade de cada Estado estar pronto a mobilizar suas forças a fim de defender seus interesses? E, se a resposta é "não", o que então impediria o triste espetáculo de a política do equilíbrio de poder se repetir mais uma vez? A aspiração liberal é inviável precisamente devido às razões pelas quais o anarquismo é um ideal impossível. Manter a ordem e a justiça quase sem medidas para chegar a decisões e impô-las requer uma alta ordem de excelência das unidades do sistema – sejam elas homens ou Estados. Assegurar as melhorias necessárias pode exigir mais força do que seria preciso para manter um mínimo de ordem e de justiça entre súditos bem menos perfeitos. E, se o conflito provém não apenas dos defeitos dos indivíduos, mas também da qualidade da relação entre eles, pode ser que nenhum grau de melhoria dos súditos individuais seja suficiente para produzir harmonia na anarquia. Ou seja, a prescrição liberal é impraticável, e esse caráter impraticável tem relação direta com a inadequação da análise liberal. Paz com justiça requer uma organização com mais ou menos as qualidades de um governo, do mesmo modo que se verificou que a justiça interna exigia um governo cada vez mais forte e ativo.

Conclusão

Este capítulo apresentou o padrão do pensamento liberal, que vai internamente do liberalismo do *laissez-faire* ao revisionismo liberal e, externamente, da confiança na melhoria do interior de Estados isolados à aceitação da necessidade de organização entre eles. Mas o tipo de organização concebido se achava insuficientemente equipado para realizar seus objetivos. Neste ponto, evidencia-se dolorosamente, nos assuntos internacionais com a mesma freqüência que nos domésticos, a antiga inclinação de substituir a força pela razão. A aplicação rigorosa de sua própria lógica iria levá-los a perguntar com maior insistência até que ponto a força organizada tem de ser aplicada a fim de garantir o mundo pacífico que eles desejam. Pode ser que muitos daqueles que se consideram liberais não aceitem isso como o padrão de seus pensamentos. Na verdade, o liberal mais perspicaz, dando-se conta daquilo que descrevemos como dificuldades na prática e falhas na teoria, pode ver a si mesmo argumentando em favor de um genuíno governo mundial, ou da infeliz alternativa de aceitar a necessidade da política do equilíbrio de poder, ou então caindo simplesmente no desespero. Em suma, ele pode descobrir a impropriedade de uma análise das relações internacionais de acordo com a segunda imagem.

Um mundo cheio de democracias seria um mundo para sempre em paz, mas os governos autocráticos são beligerantes... As monarquias são pacíficas; as democracias são irresponsáveis e impulsivas e, em conseqüência, fomentam a guerra... A chave não é a organização política, mas a econômica: as democracias *capitalistas* promovem ativamente a guerra; as democracias *socialistas* são pacíficas. Cada uma dessas formulações conquistou inúmeros adeptos, e cada adepto foi por sua vez censurado por críticos e pela história. Walter Hines Page, embaixador na Inglaterra durante a Primeira Guerra Mundial, comentou: "Não há segurança em nenhuma parte do mundo em que as pessoas não conseguem pensar num governo sem rei, e nunca haverá. Não se pode conceber uma democracia que, não provocada, encete uma carreira de conquistas." A isso o falecido reitor Inge replicou, bem simplesmente: "Pergunte a um mexicano, a um espanhol, a um filipino ou a um japonês!"[82] Engels escreveu, em 1891: "Entre uma França socialista e uma Alemanha igualmente socialista não existe um problema da Alsácia-Lorena."[83] Os interesses dos dois governos burgueses poderiam entrar em conflito; os interesses dos trabalhadores, não. Mas Tito rompeu com Stálin. Seria possível prever, escreve Roy Macridis, "que dois países comunistas nacionais estavam fadados a demonstrar as mesmas incompatibilidades que os Estados nacionais burgueses mostraram no passado"[84]. E foi quase exatamente isso que Max Weber, escrevendo cerca de trinta anos antes do evento, previra[85].

O otimismo dos racionalistas franceses do século XVIII foi confundido pelas guerras revolucionárias francesas. O otimismo dos liberais do século XIX foi confundido pelas duas guerras mundiais. Para muitos fran-

---

82. Inge, *Lay Thoughts of a Dean*, pp. 116-7.

83. "Engels to Bebel", 24 de outubro de 1891. *In*: Marx e Engels, *Selected Correspondence*, trad. Torr, p. 491.

84. Macridis, "Stalinism and the Meaning of Titoism". *In*: *World Politics*, IV, 1952, p. 226.

85. *From Max Weber: Essays in Sociology*, trad. e org. Gerth e Mills, p. 169.

ceses do período anterior, o despotismo esclarecido iria proporcionar a garantia da paz permanente; para a maioria dos liberais do período posterior, o governo republicano deveria desempenhar a mesma função. Os otimistas se confundiram porque suas prescrições particulares tinham deficiências? Será verdade que as democracias significam paz, porém temos tido guerras porque nunca houve um número suficiente de democracias do tipo certo? Ou que a forma socialista de governo contém em si a garantia da paz, porém até agora nunca houve verdadeiros governos socialistas?[86] Se algumas dessas perguntas recebesse resposta afirmativa, seria preciso avaliar os méritos de diferentes prescrições e tentar decidir qual delas exatamente, ou que combinação, contém a fugidia fórmula secreta da paz. Mas o sentido de nossa crítica das teorias liberais é que nenhuma prescrição para as relações internacionais lavrada inteiramente nos termos da segunda imagem pode ser válida, é que a própria abordagem é deficiente. Nossas críticas aos liberais aplicam-se a todas as teorias que se apóiam na generalização de um padrão do Estado e da sociedade a fim de trazer a paz ao mundo.

Os maus Estados levam à guerra. Como já foi dito, há um amplo e importante sentido em que isso é verdade. A contrapartida dessa declaração, a de que os bons Estados significam paz no mundo, é uma afirmação extremamente duvidosa. A dificuldade, endêmica no caso da segunda imagem das relações internacionais, tem caráter semelhante ao que se encontrou na pri-

---

86. Cf. Dedijer, "Albania, Soviet Pawn". *In*: *Foreign Affairs*, XXX, 1951, p. 104: O socialismo, mas não o capitalismo de Estado da União Soviética, significa paz.

meira imagem. No caso desta, a alegação de que os homens fazem a sociedade, incluindo a sociedade internacional, em que vivem foi criticada não somente como sendo errônea como também incompleta. Deve-se acrescentar que as sociedades em que vivem fazem os homens. E o mesmo ocorre nas relações internacionais. As ações dos Estados, ou, mais precisamente, de homens agindo em nome dos Estados, constituem a substância das relações internacionais. Mas o ambiente político internacional tem muito a ver com o modo como os Estados se comportam. A influência a ser atribuída à estrutura interna dos Estados quando se tenta resolver a equação guerra-paz só pode ser determinada depois de se considerar a importância do ambiente internacional. Isso será feito nos capítulos seis e sete. No meio tempo, examinaremos uma tentativa séria de desenvolver na prática um programa em favor da paz baseado na segunda imagem.

CAPÍTULO CINCO

Algumas implicações
da segunda imagem

*O socialismo internacional e
o advento da Primeira Guerra Mundial*

> Tão logo uma de nossas indústrias fracassa na descoberta de um mercado para seus produtos, torna-se necessária uma guerra para abrir novos canais... Na Terceira Zelândia, matamos dois terços dos habitantes a fim de levar o resto a comprar nossas sombrinhas e suspensórios.
>
> ANATOLE FRANCE, *Penguin Island*

Ao longo da história da especulação humana sobre problemas políticos passam dois pensamentos parcialmente contraditórios entre si sobre a relação entre a estrutura dos Estados e os tipos de conflito armado que eles travam contra outros. *Das Primat der Aussenpolitik*, uma concepção que se tornou famosa na Alemanha do século XIX em função do número de pessoas a quem convenceu e pela convicção com que foi sustentada, é ao menos tão antiga quanto os gregos. Aristóteles, por exemplo, alegou que a estrutura política do Estado pode sofrer forte influência de sua organização militar e que o tipo de organização militar necessário pode ser, por sua vez, determinado por fatores extrapolíticos como a localização geográfica[1]. A opinião

---

1. Aristóteles, *Politics*, trad. Jowett, 1321a; cf. 1274a, 1304a.

oposta, a de que a estrutura política interna determina a organização e o uso da força militar, é igualmente antiga e tem sido considerada igualmente importante. Para ilustrá-la, basta mencionar Platão e o exemplo dos revolucionários franceses[2]. A segunda imagem é uma afirmação mais geral desta última opinião, a saber, a de que a estrutura interna dos Estados determina não só a forma e o uso da força militar mas o comportamento exterior em geral. Muitos acreditaram nisso, como indicado no capítulo anterior. Muitos ainda acreditam. Enquanto Woodrow Wilson e *Sir* Edward Grey seguiram a imagem ao explicar por que as potências centrais iniciaram a Primeira Guerra Mundial, os historiadores revisionistas do pós-guerra a usaram para atribuir uma culpa comparável à França, à Rússia, à Grã-Bretanha e aos Estados Unidos. E, nas décadas de 1940 e 1950, os revisionistas históricos da Segunda Guerra Mundial continuam a escrever à maneira de Bentham e de Bright. Os Estados Unidos, acusa-se, desistiram da política de manter-se "livres das complicações européias", para usar a linguagem de Bright em vez da mais conhecida de Washington, e mergulharam na guerra em que não havia perigo para o país e nenhum benefício possível para o povo, mas apenas a aquisição, ou conservação, de poder e riqueza, por interesses de dentro e de fora do governo. Assim, na opinião de John Flynn, Franklin D. Roosevelt buscou usar a participação dos Estados Unidos na Segunda Guerra Mundial como cortina de fumaça para a promoção da legislação doméstica do

---

2. Cf. Platão, *Laws*, trad. Jowett, p. 628: "Ninguém pode ser um verdadeiro estadista... aquele que vê apenas, ou antes de tudo, o conflito armado externo; nem será um legislador coerente aquele que ordene a paz em benefício da guerra, em vez da guerra em benefício da paz."

New Deal; para Charles Beard, Roosevelt nos envolveu mais profundamente nos assuntos do mundo pelo motivo oposto, para escapar dos labirínticos problemas políticos de garantir as reformas econômicas ainda necessárias domesticamente[3].

Marx e os marxistas representam o mais pleno desenvolvimento da segunda imagem. À primeira vista, parece que a concepção socialista da guerra e da paz não passa disto: os Estados capitalistas causam guerras; revolucionar os Estados, destruir o capitalismo e instituir o socialismo, trará a paz. Ademais, pode parecer que o comportamento dos vários Estados socialistas durante a Primeira Guerra Mundial – não sua incapacidade de *evitar* a guerra, mas a de não conseguirem se *opor* a ela – é de uma ou de outra maneira uma condenação dos partidos socialistas e das teorias nas quais se baseavam ostensivamente Esse resumo simples deixa de lado a maioria dos elementos interessantes. Uma consideração mais detalhada do comportamento passado dos partidos socialistas e da teoria socialista quanto à paz e à guerra ilustrará o significado, as dificuldades práticas e a aplicação geral da segunda imagem de um modo particularmente adequado.

As partes componentes da análise marxista são tão bem conhecidas que basta apresentá-las de maneira resumida. 1. O modo de produção capitalista dá origem a duas classes antagônicas, a burguesia e o proletariado. 2. O Estado capitalista representa o controle da máquina do governo em favor dos interesses de uma dessas classes, a burguesia. 3. O Estado capitalista leva a luta de classes a certo grau de controle, sem no entanto fazer com que cesse. 4. A guerra é a manifestação exter-

---

3. Ver Flynn, *The Roosevelt Myth, passim*; Beard, *Giddy Minds and Foreign Quarrels, passim*, e *A Foreign Policy for America*, cap. V.

na da luta de classes interna, o que torna o problema da guerra coevo com a existência dos Estados capitalistas[4]. 5. O socialismo, por outro lado, vai abolir a guerra para sempre. O quinto ponto decorre com lógica inatacável dos que o precedem. Se o Estado é o domínio de uma classe sobre outra, o socialismo, ao destruir todas as classes, abole por meio disso o Estado. E se a guerra é o conflito armado entre Estados, a abolição dos Estados deve significar o fim da guerra. O problema da paz e da guerra não pode mais existir[5].

Embora logicamente consistentes, essas proposições são ambíguas com respeito a um aspecto de primordial importância para muitos socialistas posteriores. A ambiguidade provém da incapacidade da teoria socialista, na medida em que segue Marx, de declarar-se acerca da pergunta: é o capitalismo ou os Estados que têm de ser destruídos a fim de se obter a paz, ou todos eles têm de ser abolidos? Deve-se admitir que não há

---

4. "A história de todas as sociedades que existiram até agora é a história das lutas de classes" (Marx e Engels, *Communist Manifesto*, trad. Moore, p. 12.). A guerra e a paz entre Estados refletem diferentes fases dessas lutas de classe. Isso é tornado claro por Marx e Engels em vários comentários sobre a história. Ver por exemplo Marx, *Capital*, trad. Moore e Aveling, vol. I, cap. xxxi; Engels, *The Origin of Family, Private Property and the State*, pp. 150-7; Marx e Engels, *Communist Manifesto*, trad. Moore, p. 39. A mesma concepção é encontrada entre aqueles que, em vários graus, seguem Marx. Cf. Lenin, *The Collapse of the Second International*, trad. Sirnis, p. 22; Laski, "The Economic Foundations of Peace". *In*: Woolf, org., *The Intelligent Man's Way to Prevent War*, pp. 500-5; Strachey, *A Faith to Fight For*, p. 44.

5. Na teoria marxista propriamente dita, o problema da paz entre Estados socialistas só pode surgir no período entre a revolução e o desaparecimento do Estado; e, para esse período, a paz entre os Estados não era um problema que ocupasse a mente de Marx e de Engels.

ambigüidade sobre esse ponto para os que seguem Marx integralmente até a época de ouro socialista. Como na época de ouro socialista não há Estados nem capitalismo, faz pouca diferença se aqueles ou este, ou ambos, eram antes os culpados. E, no que se refere ao período precedente à época de ouro, o marxista alegará que, embora se possam investigar os vários termos isolados com o intuito de analisá-lo, na realidade, o capitalismo nunca está separado da luta de classes, dos Estados ou da guerra. Para o marxista fiel, a ambigüidade de Marx com relação à guerra e à paz é insignificante. A importância de Marx e Engels a esse respeito não está no pensamento de que o fim dos Estados é o fim da guerra, mas reside precisamente no fato de a teoria marxista subordinar o problema da guerra e da paz ao triunfo do proletariado mundial revolucionário, ponto no qual os homens não mais vivem em Estados, mas estão unidos em uma livre associação não-política[6]. Antes de a revolução proletária alcançar sucesso mundial, o marxista, no campo da política internacional, em vez de se preocupar com a abolição da guerra, preocupa-se com dois outros problemas: o prolongamento da paz, enquanto a paz servir aos interesses do socialismo internacional, e, quando necessário, o uso tático da guerra a fim de apressar o dia da revolução.

Os Estados capitalistas provocam a guerra, e o socialismo é sinônimo de paz. Marx é claro neste ponto. Mas um mundo de Estados socialistas seria um mundo de paz? Essa pergunta nunca pode ser respondida a partir das obras de Marx e de Engels; em sua construção teórica, a pergunta, ao lado do Estado sob o socialismo, simplesmente "se desmancha no ar".

---

6. Marx e Engels, *Communist Manifesto*, trad. Moore, pp. 43-4.

Os partidos socialistas no período da Primeira Guerra Mundial

O que a teoria marxista tem a ver com o comportamento dos socialistas durante a Primeira Guerra Mundial? Simplesmente isto: a Segunda Internacional tentou traduzir o pressuposto de Marx de um interesse proletário uniforme num programa abrangente de ação destinado a preservar a paz da Europa. O processo de tradução foi de fato difícil, como ficou cada vez mais evidente à medida que se aproximava o fatídico ano de 1914. Cada uma das numerosas conferências da Segunda Internacional elaborou uma resolução de paz, e cada resolução parecia dizer que os socialistas estavam unidos na oposição à guerra. Estavam unidos no sentido de concordarem que a guerra é ruim e divergiam sobre como os socialistas deveriam agir na prática numa situação de guerra. Com o apoio de muitos socialistas franceses e ingleses, Jean Jaurès e Keir Hardie defenderam com eloqüência um programa positivo de aplicação imediata. Os socialistas, disseram, podem obrigar até os países capitalistas a viver em paz. Eles podem obrigar de várias maneiras, que culminam na ameaça de greve geral e de insurreição contra qualquer governo que se lance em guerras. Essa concepção refletia-se devidamente nas resoluções da Segunda Internacional[7].

---

7. Stuttgart, 1907; repetida em Copenhague, 1910: "Em caso de guerra iminente, as classes trabalhadoras e seus representantes parlamentares nos países em questão devem ser obrigados a fazer tudo o que puderem, assistidos pelo conselho internacional, para evitar a eclosão da guerra, usando para esse fim os meios que lhes parecerem mais eficazes, mas que devem naturalmente variar de acordo com a agudeza da luta de classes e das condições políticas gerais." Citado em Walling, *The Socialists and the War*, pp. 99-100.

Mas uma concepção distinta desta, sustentada com igual convicção, foi registrada nas mesmas resoluções. Alguns socialistas franceses e a maioria dos socialistas alemães alegavam que os Estados capitalistas estão por sua própria natureza comprometidos com o sistema da guerra; a esperança da paz no mundo é por conseguinte trabalhar pela breve queda desses Estados[8].

Embora a reconciliação entre concepções divergentes fosse apenas superficial, desenvolveu-se mesmo assim entre os socialistas a convicção de que a socialdemocracia serviria de instrumento eficaz contra a guerra. Não serviu. O partido alemão[9], o maior de todos os partidos socialistas, não apenas não conseguiu opor-se à guerra que começou em agosto de 1914, como também, no dia 4 daquele mês, apoiou unanimemente a concessão de créditos de guerra ao governo burguês alemão, apesar de ter havido dissensão na bancada do partido. Os partidos de outros Estados que se envolveram na guerra também deram apoio a seus governos. Pode-se, de acordo com as idéias preconcebidas que se tiver, ficar surpreso tanto com o colapso do programa de paz laboriosamente elaborado pela Segunda Internacional quanto com a durabilidade de uma síntese aparentemente instável. Deram-se muitas vezes explicações acerca de como, no período que precedeu à guerra, a síntese pôde sobreviver a tantas disputas. Al-

---

8. Stuttgart: "As guerras são, portanto, parte integrante da natureza do capitalismo; elas cessarão somente quando o sistema capitalista declinar, ou quando os sacrifícios em homens ou em dinheiro se tornarem tão grandes, como resultado da crescente magnitude dos armamentos, que as pessoas se sublevarão contra eles e aniquilarão o capitalismo." *Ibid.*, p. 38

9. O Sozialdemokratische Partei Deutschsland: doravante denominado SPD.

guns enfatizaram a engenhosidade com que Jaurès comprometeu as várias posições presentes em cada conclave internacional a fim de dar a aparência de unidade, quando, na verdade, as diferenças tinham maior importância; outros, o apelo humanitário de um programa de paz que era por si só capaz de transcender grande número de diferenças. De um modo mais geral, pode-se assinalar que os que estão na oposição podem facilmente dar a impressão de unidade mesmo quando existem algumas concepções conflitantes. Assim como o SPD parecia estar unido enquanto não foi chamado para agir, a Segunda Internacional continuou a ser uma só, ou quase uma só, enquanto não foi chamada para pôr em prática sua posição antibélica. Para ilustrar o princípio em termos domésticos: o marido e a mulher podem concordar que o quarto do casal está no momento pintado com uma cor desagradável, mas eles devem estar atentos se, sob essa harmonia de superfície, está a idéia dele de que a cor é demasiado escura e a dela de que é demasiado clara.

Com a irrupção da guerra, a harmonia superficial alcançada nas resoluções de paz da Segunda Internacional cedeu lugar aos conflitos de interesses e de intenções que estavam sob a superfície. O conflito em ação entre os diversos partidos socialistas poderia ser explicado por referência à cisão entre os quadros socialistas sobre questões teóricas tal como se refletiu nos debates das conferências da Internacional. A discussão voltou-se em vez disso para outro ponto. Como era consenso que os socialistas poderiam em sã consciência apoiar seus próprios países numa guerra defensiva, a questão obsedante passou a ser: para que países essa guerra era defensiva? Na Inglaterra, na França e na Alemanha, a grande maioria de cada partido disse, com clareza e rapidez: é para o nosso país que a guerra é defensiva. Na França, a convicção de que a guerra era defensiva, na verdade de que ela, apesar se seu governo capitalista, não poderia entrar em qualquer outro tipo de guerra, reflete-se na declaração que Jaurès fez pouco antes de sua eclosão:

> Nossa tarefa como socialistas franceses é simples; não temos de impor ao nosso governo uma política de paz, dado que essa já é sua política. Nunca tendo hesitado em atrair para mim mesmo o ódio de nossos chauvinistas..., tenho o direito de dizer que, hoje, o governo francês deseja a paz e trabalha para preservá-la.[10]

Fica claro, nessa concepção um tanto parcial da política francesa, que a guerra só poderia chegar à França se a forçassem. Mas a guerra não era defensiva para a Alemanha como era para a França? Os socialistas alemães achavam que sim, como indica a declaração do SPD ao explicar sua posição com respeito à guerra:

> ... estamos ameaçados pelo terror da invasão estrangeira. O problema que está diante de nós não é a conveniência relativa da paz e da guerra, mas uma consideração de quais são exatamente os passos que têm de ser dados para a proteção de nosso país.
> ... no que se refere ao nosso povo e à sua independência, muita coisa, senão tudo, seria posta em risco por um triunfo do despotismo russo, que já se acumula no sangue de seus mais nobres filhos.
> Cabe-nos portanto evitar esse perigo, proteger a civilização e a independência de nossa terra natal. Logo,

---

10. Réplica a Haase na reunião do Comitê Socialista Internacional, 28 de julho de 1914, em Bruxelas. Citado em La Chesnais, *Le Groupe Socialiste du Reichstag et la Déclaration de Guerre*, p. 30.

temos de justificar hoje o que sempre dissemos. Na hora do perigo, a Alemanha pode sempre contar conosco.

Assumimos nossa posição a partir da doutrina básica do movimento operário internacional, que em todos os momentos tem reconhecido o direito de todos os povos à independência nacional e à defesa nacional, e, ao mesmo tempo, condenamos todas as guerras de conquista.[11]

E isso ocorreu apesar do fato de, ao menos até 31 de julho, o *Vorwärts*, órgão oficial do SPD, continuar a condenar todas as guerras, incluindo especificamente a que estava para eclodir, como sendo de inspiração capitalista e merecedoras apenas da oposição dos bons socialistas em toda parte. De acordo com as ousadas declarações publicadas diariamente na imprensa socialista da Alemanha, os trabalhadores alemães não lutariam pelos capitalistas alemães mesmo que a Rússia viesse a entrar numa futura guerra.

Os socialistas de todos os países beligerantes viram-se apanhados na teia da política internacional, tal como ocorreu com os homens de todos os partidos. Os socialistas franceses temiam que, numa situação efetiva de guerra, os socialistas alemães fossem uma restrição ineficaz ao militarismo alemão[12]. Se os socialistas alemães não podiam evitar que seu governo promovesse uma guerra, os socialistas franceses teriam de ajudar na defesa da França. Os socialistas alemães, por outro lado, temiam que, se houvesse de fato restrições ao militarismo alemão, o resultado claro seria a con-

---

11. Reproduzido em Walling, *The Socialists and the War*, pp. 143-4.

12. Ver especialmente o discurso de Jaurès em Amsterdã, em 1904, citado em Lair, *Jaurès et l'Allemagne*, pp. 91-3.

quista da Alemanha pela Rússia![13] A fim de evitar isso, os socialistas alemães teriam de colaborar na defesa da Alemanha. Para a maioria dos ingleses, tanto socialistas como não socialistas, a qualidade defensiva da guerra foi estabelecida pela invasão alemã da Bélgica; para a maioria dos alemães, socialistas e não socialistas, a invasão da Bélgica foi uma tática ofensiva ditada por uma estratégia defensiva.

As resoluções de paz antes da guerra tinham permitido a participação socialista em guerras defensivas. Agora se vinha a saber que a guerra era defensiva para todos! Essa dificuldade não deixara de ser prevista. Karl Kautsky tinha replicado, em 1907, diante da insistência de August Bebel de que uma declaração em favor da guerra defensiva não levaria a nenhuma ambigüidade, que mesmo os que eram politicamente mais sofisticados podiam divergir entre si, especialmente logo depois da eclosão de uma guerra, acerca da questão de que país a tinha iniciado. Kautsky propôs outro teste, presumivelmente menos subjetivo. A participação ou não do proletariado numa determinada guerra deveria, defendia ele, ser decidida de acordo com interesses proletários[14]. Revendo a controvérsia sob a perspec-

---

13. Cf. a declaração feita por Guesde, membro da minoria francesa, no Congresso Socialista Francês realizado poucas semanas antes de a guerra ser declarada: "A greve geral", alegou, "seria um perigo real para o socialismo e para os países mais progressistas. E como o Conselho Internacional poderia fazer com que a greve fosse simultânea? E mesmo que pudesse, não continuaria havendo diferença de força das várias organizações operárias? O país mais fortemente organizado seria esmagado. E isso é alta traição ao socialismo." Citado em Walling, *The Socialists and the War*, p. 60. Uma declaração semelhante foi feita por Bebel já em 1891. Ver Joll, *The Second International*, p. 73.

14. O teste de Kautsky é um marxismo melhor. Cf. adiante, pp. 158-60.

tiva do verão de 1914, Kautsky só podia chegar a uma conclusão: nem um nem outro critério proporcionam uma orientação objetiva. Os partidos francês e alemão consideraram ambas as questões – quem era responsável pela irrupção da guerra e que curso de ação servia melhor aos interesses do proletariado – e chegaram a conclusões opostas. Isso parece indicar que a unidade internacional de interesses proletários é uma ficção, ao menos em tempos de guerra. E essa é a conclusão que Kautsky, ao propor um terceiro critério, aceita[15]. Pode-se, diz ele, discordar com relação a quem é o agressor, assim como se pode discordar com respeito a se o proletariado é mais ameaçado por uma vitória alemã sobre a França ou por uma vitória russa sobre a Alemanha; porém há coisas que são claras: "Todo povo, e o proletariado de todo povo, tem um interesse urgente em impedir o inimigo de cruzar suas fronteiras e trazer consigo o terror e a devastação da guerra." Como ninguém pode dizer com autoridade quem é o agressor ou qual é o interesse do proletariado internacional, cada nação tem de "salvar sua pele da melhor maneira possível". Logo, o terceiro critério requer que a guerra seja *conduzida* como defensiva. A estipulação de que o proletariado só pode apoiar um esforço defensivo exige que o proletariado só participe de uma guerra quando está em questão a defesa efetiva de um país[16]. Dispensa comentários a questão de saber se essa abordagem proporciona um critério mais usável. A laboriosa busca de um critério é comentário suficiente.

---

15. Cf. Kautsky, "Die Internationalität und der Kriege", *Die Neue Zeit*, 33º ano, I, 27 de novembro de 1914, p. 248: A Internacional "não é uma ferramenta eficaz na guerra; é essencialmente um instrumento de épocas de paz".

16. Kautsky, "Die Sozialdemokratie im Kriege", *Die Neue Zeit*, 33º ano, I, 2 de outubro de 1914, pp. 4, 7-8.

Como assinalamos, as resoluções da Segunda Internacional não proibiam a participação do proletariado em guerras defensivas. Mas refletia-se nessas resoluções a convicção de que uma guerra européia seria um sinal para que todos os partidos socialistas se engajassem num movimento internacional contra a guerra, não que cada partido se apressasse em defender a terra natal. Afinal, que interesse poderiam ter os socialistas em ajudar a defender seus Estados burgueses? Apesar das divergências que haviam surgido o tempo todo nos debates das conferências, parecia claro a muitos socialistas que a resposta a essa questão tinha de ser: nenhum[17]. Logo, não basta dizer que, irrompida a guerra, os socialistas se envolveram na tentativa ainda em andamento de distinguir guerra agressiva de guerra defensiva. Para explicar por que a defesa de seus países veio a ser importante para eles, temos de considerar a política interna e externa, tanto as expectativas socialistas como o amor à terra natal[18]. A segurança francesa estaria em perigo, talvez de modo irreparável, com uma vitória teuto-austríaca no leste. A fim de tornar tal vitória menos provável, a França teria de intervir. Na medida em que eram também patriotas franceses, os socialistas franceses tinham de aceitar, como qualquer burguês, essa conclusão. E, na medida em que seguiam Jaurès, os socialistas franceses era patriotas franceses;

---

17. Cf. Kautsky: "Como estávamos de acordo com relação à condenação da guerra e como hoje sabemos que a guerra tem como origem última as tendências imperialistas, era fácil supor que nós, na Internacional, tínhamos chegado a uma unidade completa acerca de todos os problemas da guerra." "Die Internationalität und der Krieg", *Die Neue Zeit*, 33º ano, I, 27 de novembro de 1914, p. 240.

18. Ver sobre esses aspectos, especialmente, Cole, *A History of Socialist Thought*, III, pp. 60, 84, 91-6, 947-9; Schorske, *German Social Democracy*, cap. xi.

porque Jaurès tinha apresentado a tese de que, em vez de incompatíveis, o socialismo e a soberania nacional são partes necessárias de um futuro socialista feliz. Quando se quer que o socialismo se desenvolva dentro de uma nação, esta tem de ser defendida. Para os socialistas alemães, a questão era mais difícil no mínimo porque sua teoria tinha permanecido, ao menos verbalmente, mais fiel à doutrina marxista. Por outro lado, o partido alemão tinha crescido a ponto de, na eleição que precedeu a guerra, ter conquistado mais de quatro milhões de votos e ter eleito quase um terço dos membros do Reichtag. Se a Alemanha obtivesse uma rápida vitória militar, uma eventualidade que no verão de 1914 parecia mais do que um sonho infundado, um SPD omisso não iria sofrer uma perda irreparável na política doméstica pelo fato de que todo o crédito pela vitória caberia aos partidos burgueses? E, se a Alemanha perdesse, o SPD não iria ser acusado de tornar a derrota inevitável ao romper a solidariedade do Estado na hora da crise? Em ambos os casos, a oposição à guerra resultaria em suicídio político; e o que aconteceria com as oportunidades de levar o socialismo à vitória na Alemanha, o gigante industrial do coração da Europa cujo futuro era considerado tão importante para todos os socialistas, alemães ou não? Enquanto os socialistas alemães, diante da realidade da guerra, reexaminaram a questão e concluíram que a derrota da Alemanha diante da Rússia não seria apenas derrota do aparato capitalista do Estado alemão, mas na verdade uma derrota das aspirações socialistas em toda a Europa central, os socialistas ingleses concluíram que, sem a intervenção inglesa em favor de seus parceiros da *Entente**,

---

* Em francês no original. (N. do T.)

uma vitória alemã seria provável – "e a vitória da Alemanha significaria a morte da democracia na Europa"[19]. Reações contraditórias a essas pressões eram possíveis mesmo entre os socialistas dedicados. A política do poder, tanto interna como externa, perturbou os esforços dos socialistas para pôr em prática a unidade pela qual tinham lutado com tanta diligência nos anos que precederam a guerra.

O comportamento dos trabalhadores na Primeira Guerra Mundial demonstrou que não havia um proletariado *internacional*, mas apenas partidos socialistas *nacionais* cujas ações seriam determinadas por suas próprias definições de seus interesses particulares. Uma harmonia espontânea de interesses entre os vários partidos proletários nacionais seria portanto tão difícil de explicar quanto uma harmonia de interesses percebida entre os vários governos burgueses![20] Para compreender as dificuldades que entravavam um acordo espontâneo entre partidos socialistas nacionais, que era o que as resoluções socialistas tinham suposto, basta perceber que a harmonia, nesse caso, requer um acordo tanto em termos de táticas como de fins. A aspiração comum de todos os socialistas, se de fato havia uma aspiração comum, já não constituía um vínculo de unidade sufi-

---

19. Declaração assinada por 25 membros trabalhistas do parlamento inglês; citado em Humphrey, *International Socialism and the War*, pp. 112-3.

20. Esta última possibilidade era contemplada por alguns socialistas, a começar pelo próprio Marx. Kautsky, por exemplo, não vê razão para que os capitalistas previdentes não adotassem o lema: "Capitalistas de todo o mundo, uni-vos!" "Der Imperialismus", *Die Neue Zeit*, 32º ano, II, 11 de setembro de 1914, p. 920. Hobson também vê como uma horrível possibilidade o estabelecimento de uma ordem capitalista internacional. *Problems of a New World*, pp. 182-6.

ciente. Uma mera oposição verbal à política dos Estados capitalistas deixara de ser possível; os partidos socialistas tinham de se opor ativamente ou deixar totalmente de se opor. Esse foi precisamente o ponto que fez ruir o pressuposto da harmonia espontânea – como era inevitável.

Se, ao dar apoio a seus governos, os motivos dos vários partidos socialistas eram convencionais, como a preocupação com a defesa da nação e o desejo de preservar a força do partido na competição política doméstica, o que acontece então com a convicção marxista de que o interesse do proletariado pela revolução socialista se sobrepõe a todos os outros interesses, relegando-os ao lixo das idéias ultrapassadas? Kautsky admitira francamente que a doutrina da harmonia de interesses tinha de cair por terra na prática. Trata-se de um sacrifício da teoria socialista ortodoxa maior do que se pode suportar se a meta socialista é permanecer como uma proposição aparentemente prática. A fim de ser salva, a teoria socialista tem de ser rápida e argutamente adaptada às novas condições. Lênin levou-as em consideração e fez os ajustes na teoria que julgou apropriados. É para ele que nos voltamos na próxima seção.

O ajuste da teoria ao fato: Lênin

No período da Primeira Guerra Mundial, todos os partidos socialistas viram-se ligados a seus Estados nacionais por vínculos de interesse emocional e material; os interesses dos trabalhadores organizados nacionalmente em partidos socialistas não coincidiam na prática com a perfeição que supunha a teoria. A descoberta disso surpreendeu a maioria dos socialistas.

Lênin, por exemplo, de início não acreditou que os socialdemocratas tinham decidido apoiar o esforço de guerra do governo alemão, e, assim, indicado ao menos uma aprovação limitada da guerra. Quando informado do fato, Lênin só pôde explicá-lo como uma trama da imprensa capitalista. Esta havia, com óbvias intenções, informado erroneamente a posição dos socialistas alemães.

Quando descobriu que sua primeira explicação estava incorreta, Lênin se pôs industriosamente a procurar outra, como de fato tinha de procurar se quisesse salvar a teoria socialista. De acordo com a teoria de Marx, o proletariado tem de fato um único interesse. O fracasso dos partidos nacionais em agir conforme essa concepção tinha de significar, para não se ter de descartá-la, que os partidos socialistas existentes não podiam ser equiparados com o proletariado, ou que a liderança socialista malograra na interpretação do verdadeiro interesse proletário, bem como na capacidade e na determinação de agir de acordo com ele – ou ambas as explicações poderiam estar corretas. Havia ainda outras dificuldades. Quando prevalece a dissensão em que se pensava habitar a unanimidade, pode-se sempre restaurar a unidade excomungando os dissidentes e deixando que formem sua própria seita. Isso, contudo, leva a uma interminável querela acerca de qual dos dois (ou mais) grupos organizados representa o credo original. Lênin podia dizer, e disse, que alguns dos chamados proletários nada tinham de verdadeiros proletários, mas tinham sido comprados por uma parcela dos ganhos doentios do imperialismo. Esse grupo dera um exemplo imoral à massa de proletários autênticos, levando-os a apegar-se às pequenas recompensas presentes em detrimento das promessas futuras, e portanto problemáticas, do socialismo[21]. A tentativa de restabelecer as condições para um acordo unânime por meio da definição da base socialista em termos mais precisos tinha a considerável vantagem de manter um forte elemento de determinação materialista. Mas também, ao levantar uma questão embaraçosa, tinha uma grande desvantagem. Se o proletariado podia ser seduzido com tanta facilidade, como ele poderia se empenhar com a solidariedade necessária para concretizar a revolução socialista? O que, em outras palavras, iria prevenir a infinita multiplicação de seitas, cada uma das quais alegando ser fiel ao credo original?

Para Marx e Engels, o problema existira, mas não sob essa forma tão séria. Eles previram uma nítida divisão da sociedade em duas classes, algo que faria do proletariado uma massa monolítica, tão indiferenciada quanto infeliz. E responderam à objeção de que poderiam surgir divisões no interior da massa com a seguinte asserção: "Essa organização do proletariado numa classe e, em conseqüência, num partido político é continuamente perturbada pela competição entre os próprios trabalhadores. *Mas ela sempre volta a se impor, mais forte, mais firme, mais poderosa.*"[22] Como estavam convencidos da verdade disso, eles podiam considerar o movimento proletário "o movimento consciente de si, independente, da imensa maioria, no interesse da

---

21. "Oportunismo significa a renúncia aos interesses *básicos* das massas em favor dos interesses *temporários* de uma pequena minoria de trabalhadores, ou, em outras palavras, significa a união de uma parcela dos trabalhadores à burguesia em oposição à massa do proletariado." Lenin, *The Collapse of the Second International*, trad. Sirnis, p. 47. Cf. especialmente seu *Imperialism, passim*.

22. Marx e Engels, *Communist Manifesto*, trad. Moore, pp. 24-6. O grifo é de Waltz.

imensa maioria". Como se supõe que o movimento seja consciente de si e politicamente informado, não há hiato entre líderes e liderados; os comunistas são simplesmente "o setor mais avançado e resoluto dos partidos da classe trabalhadora de todos os países". Eles exprimem com maior clareza os interesses que a massa já compreende, ainda que de modo imperfeito[23].

As condições econômicas em desenvolvimento fazem surgir uma harmonia básica de interesse entre os trabalhadores; a função da liderança socialista é traduzir esse interesse em termos concretos. Em teoria, isso estabelece uma relação razoavelmente definida entre líderes e liderados, mas a teoria era de difícil aplicação. O que seria a prática de cada um dependia do grau da existência real de uma harmonia experimentada de interesse entre os trabalhadores. Em 1915, três socialistas de esquerda, Karl Liebknecht, Rosa Luxemburgo e Franz Mehring, recordaram com nostalgia as estimativas otimistas que os socialistas fizeram com tanta freqüência. "Até este momento", escreveram, "tem-nos sido cara a crença ... segundo a qual os interesses do proletariado se acham em uma unidade harmoniosa, são idênticos, não têm muita possibilidade de vir a entrar em conflito uns com os outros. Essa era a base de nossa teoria e de nossa prática, a alma de nossa agitação."[24] Se a harmonia tivesse prevalecido entre o proletariado, a função da liderança socialista teria sido simplesmente educar e estimular. A experiência da Primeira Guerra Mundial expôs até que ponto os socialistas tinham se iludido. Obviamente, os interesses dos trabalhadores, ao me-

---

23. *Ibid.*, pp. 28-32.
24. Liebknecht, Luxemburgo e Mehring, *The Crisis in the Social-Democracy*, p. 21.

nos os interesses que deram ímpeto a seus atos, não eram tão homogêneos quanto a teoria dos socialistas os tinha levado a esperar. Essa descoberta não era em si fatal para o marxismo. Poder-se-ia alegar, por exemplo, que os trabalhadores não tinham conseguido alcançar a solidariedade internacional porque as condições econômicas não haviam amadurecido o suficiente para produzir entre eles um interesse universal. Uma paciência maior seria então a resposta socialista à frustrante experiência da Primeira Guerra Mundial. Essa resposta pressupõe que a relação atribuída entre os líderes e os liderados fosse correta.

Lênin não tinha tanta certeza disso. No passado, ele enfatizara a necessidade de uma liderança forte, mas ao mesmo tempo relacionara o funcionamento dessa liderança com a receptividade sempre crescente das massas. Um grupo receptivo de seguidores; uma liderança informada e forte: nada aqui entra em conflito com a concepção democrática tradicional dos processos políticos[25]. Contudo, diante das adversidades encontradas pelo movimento revolucionário socialista, Lênin tendeu a enfatizar cada vez mais a necessidade de uma liderança de vontade inflexível e de punir as massas por não compreenderem que seu verdadeiro interesse residia em seguir essa liderança – ou ao menos em seguir aqueles que Lênin designava como membros genuínos da vanguarda revolucionária. O poder da vanguarda do partido devia compensar o fracasso dos trabalhadores em conseguir a harmonia na ação. A lição da Primeira Guerra Mundial não fora a de que não havia um

---

25. Cf. Lenin, *What Is to Be Done?*, p. 52: "A espontaneidade das massas requer uma massa de consciência de nós, socialdemocratas." Isso foi escrito em 1902.

único interesse partilhado por todos os trabalhadores de todas as terras, mas antes a de que as massas só podiam ser levadas a agir de acordo com seu verdadeiro interesse, seu destino revolucionário, sob a pressão de uma liderança forte. Como disse Lênin: "A tarefa imediata que a vanguarda, dotada de consciência de classe, do movimento operário internacional, *isto é*, partidos, grupos e tendências comunistas, tem diante de si é ser capaz de *liderar* as grandes massas (ora, de modo geral, entorpecidas, apáticas, inconscientes, inertes e adormecidas) para sua nova posição."[26]

A redistribuição de ênfase feita por Lênin dentro da teoria marxista permite-lhe voltar à tese marxista original acerca da guerra: o único interesse do proletariado nas guerras criadas pelo capitalismo é usá-las para promover a revolução comunista. Ela também lhe permite sustentar, com o mesmo ardor, que o proletariado tem em toda parte um interesse único e constante. Pois o que Lênin fez foi explicar por que esse único interesse verdadeiro é mais difícil de discernir do que se supunha de um modo geral, para então concluir a partir dessa explicação que a liderança do partido tem de ter uma vontade de ferro a fim de impor uma disciplina de ferro. Na tese mais ampla, a concepção de Lênin é a velha concepção marxista; na estimativa do procedimento necessário, ela não é. Marx previu a necessidade da revolução, mas não que os socialistas teriam de adotar os métodos de Lênin a fim de fazer com que acontecesse. Lênin num certo sentido tem razão. *Se* o programa socialista requer que substancialmente todos os membros do proletariado ajam como se tivessem um interesse único e constante, o exercício de uma grande força,

---

26. Lenin, *"Left-Wing" Communist: An Infantile Disorder*, p. 73.

mesmo dentro do próprio movimento da classe trabalhadora, é a única maneira de instituir o socialismo[27].

O ajuste da teoria ao fato: os revisionistas

> *O proletariado se apossa do poder do Estado e transforma em primeira instância os meios de produção em propriedade do Estado.* Mas, ao fazê-lo, ele acaba consigo mesmo como proletariado e também acaba com o Estado como Estado... O governo de pessoas é substituído pela administração de coisas e pela direção dos processos de produção. O Estado não é "abolido"; *ele se desmancha no ar.*[28]

Os marxistas convencionais entenderam literalmente a previsão feita por Engels de uma mudança de forma – da revolução proletária nasce o Estado socialista, que por sua vez desaparece, deixando um mundo de paz em meio à abundância. Um crescente número de "revisionistas", a partir do final do século XIX, ao rejeitar outras bases marxistas, também rejeitaram essa. Eduard Bernstein, que mais se destacou entre os revisionistas alemães, apresentou argumentos contra a ênfase sobre a meta máxima e contra o que a acompanha, a preocupação com a tática que podia realizá-la. Em vez disso, concentrou-se na melhoria cotidiana da posição dos trabalhadores, tanto econômica quanto po-

---

27. O "se" é importante. É possível rejeitar a tese da harmonia espontânea sem ir ao outro extremo da conformidade rígida, que nunca é alcançável sem o uso de uma grande força em alguma de suas formas.

28. Engels, *Herr Eugen Dühring's Revolution in Science (Anti-Dühring)*, trad. Burns, pp. 306-7.

lítica. Ele substitui a revolução pela evolução; e a evolução, naturalmente, era a que ele via ocorrer no momento[29]. Na França, Jaurès, e, na Inglaterra, os fabianos, deram expressão a idéias semelhantes[30].

O que interessa aqui é que onde o marxista enfatiza a solidariedade internacional à custa da independência nacional, o revisionista aceita o Estado como personificação da unidade nacional e como instrumento para o progresso do proletariado nacional. O revisionista concentra a atenção no aqui e agora, relegando a "dissolução do Estado no ar" à categoria de questão acadêmica. Onde o marxista estrito julgava ser a paz simultânea ao desaparecimento de todos os Estados, o novo socialista busca a alvorada gradual de uma era de paz, e essa era precisa ter como base a melhoria progressiva de Estados independentes. Ainda é apenas o socialismo que pode eliminar a guerra, mas socialismo deixa de significar revolução, e por certo não significa o desaparecimento dos Estados. Assim, Jaurès, dando sua expressão normalmente vaga a esperanças reconhecidamente sinceras, escreve que "somente o socialismo... resolverá o antagonismo de classes e fará de ca-

---

29. "Aquilo que é considerado a meta máxima do socialismo nada representa para mim, mas o movimento é tudo." Bernstein, *Evolutionary Socialism*, trad. Harvey, p. 202; cf. pp. xi-xiii.

30. Os revisionistas alemães aceitavam Marx como a base de seu pensamento e depois alegaram que o estavam atualizando. Os socialistas britânicos e franceses tomavam Marx, na maioria das vezes, como uma de muitas fontes de suas idéias. O termo "revisionista" se aplica, estritamente falando, apenas àqueles que seguem a primeira prática. É conveniente aqui usar o termo mais amplamente a fim de cobrir um maior número de socialistas que, mesmo divergindo em suas idéias acerca da política doméstica adequada, estavam em acordo geral tanto sobre as causas da guerra como sobre os meios de alcançar a paz.

da nação, finalmente em paz interna, uma partícula de humanidade"[31].

Percebe-se imediatamente aqui um duplo paralelo. De um lado, o novo ideal socialista está relacionado com o desenvolvimento histórico que encontra suas raízes especificamente na doutrina da nacionalidade do século XVIII e, em termos gerais, no liberalismo do século XIX; do outro, está relacionado com as aspirações socialistas padrão do período precedente à guerra. A primeira dessas duas influências, expressas originalmente nos ideais nacionais e culturais de Herder e outros de sua época, encontrou sua formulação política elaborada em Mazzini. Se cada nacionalidade fosse uma nação separada, diz o argumento, cada nação ficaria satisfeita com seu quinhão, e as guerras cessariam para sempre. A idéia da autodeterminação nacional como o caminho para a paz persistiu apesar da refutação dos eventos. Na verdade, ela foi originalmente formulada diante da contradição factual, porque o Estado francês, tão logo alcançou uma consciência realmente nacional, embarcou num dos mais impressionantes surtos de violência. Na época, levaram-se a efeito, em nome do princípio da nacionalidade, a conquista e a carnificina numa escala maior do que em todas as épocas anteriores. Ao que parece, para usar a frase adequada de Alfred Cobban, a autodeterminação nacional cede inelutavelmente lugar ao autodeterminismo nacional, pensamento procedente da história de quase todas as nações do mundo, sem excluir os Estados Unidos.

A fé no princípio da nacionalidade como base da paz é muito resistente. Se a autodeterminação nacional não traz a paz, a nacionalidade aliada à democracia de-

---

31. Lair, *Jaurès et l'Allemagne*, p. 84.

veria trazê-la. Mazzini supusera que um Estado auto-determinado seria democrático; Woodrow Wilson faz explicitamente desse pressuposto uma precondição da paz mundial. Mas ainda assim as credenciais históricas da doutrina padecem de defeitos[32]. Deveria a doutrina ser por isso rejeitada ou mais alguns arranjos a torna-riam viável? Os revisionistas optaram pela segunda alternativa. A democracia política tinha sido uma fachada para certos interesses egoístas, dizia seu raciocínio, e por causa desses interesses egoístas os Estados iam à guerra *contrariando as intenções que as pessoas teriam caso lhes fosse permitido conhecer os fatos internacionais da vida*. O socialismo eliminará a influência dos "interesses" e, pela primeira vez, permitirá que a voz do povo seja ouvida em seu pureza prístina. Isso irá se traduzir em paz.

Assim como tinham relações com a corrente principal do pensamento liberal no tocante a questões políticas internacionais, da mesma maneira os revisionistas se relacionavam com o pensamento convencionalmente marxista da época. Sua convicção de que os Estados socialistas sempre tratariam claramente de questões da guerra e da paz é, sob outra forma, um dos pressupostos em que se basearam as resoluções relativas à paz da Segunda Internacional. Os que podem supor que a ação de acordo com os interesses percebidos de qualquer partido socialista nacional estarão em perfeita harmonia com a ação de motivação semelhante de todos os outros partidos desse tipo podem, pelos mesmos processos mentais, supor que as nações socialistas estarão perpétua e automaticamente em paz umas com as outras. Antes de chegarmos a quaisquer conclusões

---

32. Ver cap. quatro.

amplas, devemos contudo examinar a posição revisionista com maiores detalhes.

John Hobson assentou as bases imediatas das principais concepções da escola referentes à política internacional. Seu estudo da guerra dos bôeres o levou à conclusão de que "uma pequena confederação de financistas internacionais que agia por meio de uma imprensa comprada" produzira a guerra. Seus objetivos? Desenvolver de um só golpe uma fonte de mão-de-obra barata para o futuro e uma oportunidade de lucros rápidos no presente[33]. Hobson logo chegou, a partir da explicação de uma guerra, à generalização de uma explicação para todas as guerras modernas e, além disso, acrescentou a essa explicação para um fenômeno indesejado uma prescrição que garantiu ser capaz de provocar seu fim. Em seu aspecto explicativo, seu argumento é tão bem conhecido que pode ser resumido numa frase: a produção capitalista não controlada produz excedentes industriais; a partir da tentativa de comercializar esses excedentes, surge uma luta internacional por mercados; a guerra resulta, direta ou indiretamente, dessa luta por mercados.

Para demonstrar sua tese, Hobson primeiro elabora um demonstrativo de lucros e perdas para o imperialismo que o leva a concluir que o imperialismo não compensa. Os custos para todo e qualquer país são mais elevados do que os possíveis retornos[34]. Por que deveria então algum país adotar uma política imperialista? Hobson encontra a explicação nos interesses egoístas de grupos minoritários. Para a nação como um todo, o imperialismo é uma forma especialmente

---

33. Hobson, *The War in South Africa*, p. 229.
34. *Id.*, *Imperialism*, parte II, cap. ii.

dispendiosa de insânia; para uma minoria de interesses financeiros e industriais, é uma fonte de grandes lucros. Nessa explicação, o imperialismo, na frase que Hobson toma de empréstimo de James Mill, nada mais é senão "um vasto sistema de alívio externo para as classes altas"[35]. Assim, deve-se observar, a política do imperialismo é tão irracional para um Estado do *laissez-faire* quanto seria para um Estado socialista. A diferença crucial entre os dois é que um Estado socialista segue uma política racional, enquanto um Estado do *laissez-faire*, sob o domínio de interesses capitalistas, não segue. A questão do mérito é resolvida pelo fato, ou melhor, pelo pressuposto, de que um Estado socialista traz em si uma predisposição para a racionalidade. A importância desse aspecto merece a citação da passagem relevante:

> Um Estado completamente socialista que mantivesse uma escrituração contábil e apresentasse regularmente balanços de despesas e ativos cedo desistiria do imperialismo; uma democracia inteligente do *laissez-faire* que atribuísse em sua política o devido peso proporcional a todos os interesses econômicos, sem distinção, faria o mesmo. Mas um Estado no qual certos interesses empresariais bem organizados são capazes de se sobrepor ao fraco e difuso interesse da comunidade tende a implantar uma política em conformidade com a pressão daqueles interesses.[36]

Em torno dessa passagem giram todas as idéias de Hobson e a maioria das idéias do revisionismo referentes à questão da guerra e da paz.

---

35. *Ibid.*, p. 51.
36. *Ibid.*, pp. 47-8.

Ao rotular a política externa dos Estados capitalistas de "loucura", Hobson pisa em terreno firme, dado que há sempre uma grande dose de loucura nos atos dos homens e dos Estados. Mas, ao fazer do imperialismo a única loucura relevante e ao vincular a loucura imperialista inteiramente aos objetivos de uma minoria obstinada e egoísta, ele substituiu o materialismo da dialética de Marx por um materialismo ao mesmo tempo mais ingênuo e menos útil. Trata-se, em suma, de uma das formas de explicação menos notáveis por meio de uma única causa. A virtude superficial da explicação por esse meio é permitir uma solução simples e clara. É precisamente o que ocorre neste caso. O capitalismo é igual à guerra porque permite que interesses minoritários determinem a vontade da maioria; o socialismo é igual à paz porque *é* um regime em favor do interesse do povo como um todo. Sob o socialismo, os arquétipos da vilania capitalista desaparecerão por completo – interesses particulares, caso existam, não mais poderão corromper os processos racionais do Estado.

No marxismo propriamente dito, vamos recordar, o Estado desapareceria e deixaria em seu lugar uma associação livre e espontânea entre os homens. A guerra entre os Estados cessaria porque já não haveria Estados para lutarem uns contra os outros. Para os revisionistas, o Estado conserva sua característica política, mas a função política torna-se menos controversa; o interesse do povo tem primazia e supõe-se ser ele clara e constantemente favorável à paz. O Estado socialista é, parafraseando Jaurès, uma verdadeira partícula de humanidade em paz consigo mesmo e, por conseguinte, em paz com o mundo. O próprio Hobson disse algo igual da seguinte maneira: "O nacionalismo é uma clara via expressa para o internacionalismo e, se manifesta divergência, bem podemos suspeitar de uma perversão de sua natureza e propósito."[37] E o pioneiro trabalhista *Sir* M. W. Grant Duff subscreveu o mesmo pensamento ao escrever que a Inglaterra "deve buscar viver na comunidade das nações da mesma maneira como vivem na sociedade pessoas bem-educadas; reconhecendo generosamente os direitos dos outros e confiante, caso isso venha em algum momento à sua consideração, em que os outros cedo virão a fazer não menos por nós"[38]. O Estado em si não vai desaparecer, mas espera-se claramente que a política internacional desapareça. Os revisionistas voltaram ao ideal liberal – a subordinação da política externa ao desenvolvimento interno e, por fim, o integral desaparecimento da primeira.

Que efeito tiveram as experiências da Primeira Guerra Mundial sobre as hipóteses otimistas dos revisionistas? Nessa guerra, cada partido socialista agiu de acordo com sua própria interpretação de seu interesse e não de acordo com um interesse proletário internacional. Essa era a grande apostasia que os revisionistas tinham de explicar. Eles poderiam ter seguido Lênin, desistido do fácil pressuposto de uma harmonia espontânea entre socialistas organizados nacionalmente e insistido em organizar, no futuro, o poder necessário para fazer vigorar a harmonia que aparentemente tinha se revelado uma ilusão. Poderiam, por outro lado, ter oferecido uma explicação baseada na impossibilidade de uma ação socialista esclarecida no interior de uma estrutura capitalista. Eles não seguiram nenhum desses caminhos. Preferiram em massa um terceiro – encon-

---

37. *Ibid.*, p. 11.
38. Citado em MacDonald, *Labour and the Empire*, p. 15.

traram um bode expiatório. Disseram que nada havia de errado com as bases revisionistas, exceto o fato de o partido socialista *alemão* não ter conseguido segui-las. Não chegaram a afirmar propriamente que essa exceção provava a regra, mas mesmo assim nunca admitiram que constituísse uma contraprova. Não, o Estado alemão era inclinado à agressão, e os socialistas alemães fracassaram em seu dever de se opor ativamente a ele. Em vez de uma reflexão sobre a validade dos pilares socialistas, o fracasso do SPD apenas provava que a longa exposição às instituições políticas pervertidas do Estado alemão autocrático tinha corrompido o SPD, que um dia fora considerado a viga mestra dos partidos socialistas nacionais. Como o partido alemão fracassara em seu dever, os outros partidos nacionais não podiam mais cumprir o seu. Com efeito, seu dever de opor-se à guerra fora convertido pela defecção alemã no dever de apoiar a guerra, que se tornara então verdadeiramente defensiva. A convicção de que a Alemanha, inclusive os socialistas alemães, devia arcar com o ônus da culpa pela guerra só reforçou a crença dos revisionistas de que uma mudança na estrutura interna dos Estados é o remédio soberano para a guerra![39]

A pressão externa tende a produzir unidade interna. Esta fórmula simples ajuda a explicar a capacidade de cada partido socialista nacional de descobrir, uma vez iniciada a guerra, que seu Estado agia defensivamente (isto é, de modo justo, ou, ao menos, mais justo do que os outros). Sob essa perspectiva, não é difícil

---

39. A concepção de guerra de Arthur Anderson é um dos muitos exemplos. "O trabalhismo britânico", escreveu ele, "está pronto para sufocar e pisotear o czarismo e o militarismo, bem como 'a vontade de dominar o mundo' – e para pôr em seu lugar a boa vontade e a fraternidade." *The Aims of Labour*, p. 50.

compreender como a oposição a quase todas as guerras permitia o apoio à guerra em andamento. É um pouco mais difícil entender como a corrente principal do pensamento revisionista pôde ignorar o desafio apresentado pelas várias revelações do pós-guerra, porque depois da guerra havia um revisionista *histórico* para apontar um dedo acusador para cada um dos grandes Estados envolvidos, e em todos os casos com alguma pretensão de plausibilidade. Mas, assim como o visconde Grey, ao publicar suas memórias sete anos depois da guerra, pôde ignorar as provas documentais que poderiam abalar sua crença ainda firme na culpa quase exclusiva dos militaristas alemães[40], a maioria dos revisionistas também pôde continuar a acreditar que o programa socialista não conseguiu preservar a paz somente porque faltara aos socialdemocratas alemães a coragem de se opor a seu próprio governo. No mínimo os revisionistas não foram levados a reexaminar os fundamentos de sua tese da guerra e da paz a partir das revelações que ocorreram à medida que se abriam sucessivamente arquivos nacionais.

Hobson oferece um bom exemplo da continuidade do pensamento revisionista do período que precedeu a guerra ao pós-guerra. Em 1909, ele acreditava que vinha rapidamente tomando forma uma sociedade democrática de nações na qual cada nação iria encontrar suas mais plenas oportunidades de desenvolvimento, da mesma maneira como, no âmbito do Estado democrático, cada indivíduo descobre sua própria vida mais satisfatória. O internacionalismo prático, escreveu ele, ensina-nos diariamente que a cooperação "é o caráter distintivo da atividade nacional". O lema "de cada um

---

40. Grey, *Twenty-Five Years*, I, pp. 275-6; II, pp. 22-32, 278.

de acordo com suas possibilidades e a cada um de acordo com suas necessidades"[41] deve ser aplicado tanto a Estados como a pessoas; e a condição que, no primeiro caso, vai torná-lo real não é uma mudança na estrutura da sociedade internacional, mas a progressiva melhoria de cada Estado individual. Sob o impacto imediato da guerra, Hobson de fato perdeu parte da fé na suficiência de sua análise precedente. "A opinião pública e um sentido comum de justiça são", admite ele, "salvaguardas inadequadas. Tem de haver um poder executivo capacitado para aplicar um bloqueio econômico ou, como último recurso, uma força internacional."[42] Mas o governo internacional a ser buscado não é, segundo suas próprias especificações, um governo propriamente dito, mas um concerto de potências; e o concerto, pode-se imaginar, deve ter como base a confiança mútua e a boa vontade dos Estados participantes. Assim, ele afirma que as dificuldades se reduzirão "se a Liga das Nações puder finalmente ser assentada sobre alicerces razoavelmente estáveis e tiver a oportunidade de afirmar suas virtudes inerentes. Porque, se a inteligência e a confiança das nações forem fortes o bastante para estabelecê-la, as ambições, os temores e as suspeitas, que são o alimento espiritual de alianças e grupos especiais, vão fenecer e decair"[43]. Tal como antes da guerra, Hobson continua, durante e depois dela, a ver o capitalismo como a principal fonte da "vontade de poder"[44], a considerar a organização socialista dos Estados, que se aproxima celeremente, como o

---

41. Hobson, *The Crisis of Liberalism*, p. 260.
42. *Id.*, *Towards International Government*, p. 6.
43. *Ibid.*, pp. 23, 82.
44. *Id.*, *Democracy After the War*, p. 7.

estabelecimento efetivo da vontade de cooperação internacional[45] e a ver a razão como a pedra de toque de todo o sistema[46]. Quando o socialismo substituir o capitalismo, a razão determinará as políticas dos Estados.

Neste ponto, é possível resumir a filosofia da paz de Hobson e ao mesmo tempo refletir sobre a unidade do pensamento revisionista acerca do assunto. Os revisionistas concordam que a causa da guerra reside na existência de Estados capitalistas. O sistema de guerra só pode ser encerrado, escreve Charles Treveylan em nome da União de Controle Democrático, "por meio do ataque direto aos princípios centrais do sistema que terminaram no desastre [da grande guerra]"[47]. E quais são os princípios centrais desse sistema? A resposta, unânime, é que o centro da questão é "a estrutura interna dos Estados envolvidos". O capitalismo e o nacionalismo espúrio: eis os culpados[48]. A cura não é mais complicada do que a causa, pois se afirma: "Uma política externa orientada ao estabelecimento de uma comunidade de cooperação internacional entre as nações é o corolário inevitável de uma política doméstica que busca o estabelecimento de um Estado socialista."[49] E, como base da cura, assim como da certeza de sua suficiência e confiabilidade, sempre está o interesse do povo pela paz. "Alianças transparentes firmadas de ma-

---

45. Para citar uma obra ulterior, ver, de Hobson, *The Recording Angel*, pp. 121-6.

46. Hobson, *Problems of a New World*, p. 272, citado adiante, pp. 188-9.

47. Treveylan, *The Union of Democratic Control*, p. 9.

48. "Vigilantes", *Inquest on Peace*, pp. 315-9, 335.

49. *For Socialism and Peace*, p. 7. Cf. Henderson, *The Aims of Labour*, p. 29: "A liberdade em casa e o domínio no exterior são incompatíveis com os ideais da [social] democracia."

neira transparente" seria a política de um governo trabalhista, e que constituiria por si só a maior garantia da paz. "Se o Parlamento e o país fossem plenamente informados sobre as relações exteriores, nunca haveriam de dar apoio a uma guerra. A previsão quase faria da guerra uma impossibilidade."[50] Sob a nova disposição, a substância da política internacional permaneceria a mesma, pois, como assinala Philip Snowden: "Um governo trabalhista seria tão cioso da honra nacional [e estaria] tão agudamente atento às grandes possibilidades do desenvolvimento do império... quanto qualquer governo britânico do passado."[51] Supõe-se no entanto que a boa vontade e a fraternidade substituirão o militarismo e a guerra à medida que a vontade do povo tomar o lugar da vontade egoísta de uns poucos, que se julgava ter dominado a política internacional sob um sistema de Estados capitalistas. No mundo socialista, os Estados ainda existirão e continuarão a gozar de sua independência, porém serão melhores[52]. Eis o âmago da questão.

Nisto há um nobre otimismo. Ele é válido? Os liberais do século XIX julgavam relativamente fácil substituir a força pela razão. Eles tinham combinado uma avaliação amplamente favorável do caráter do homem com o pressuposto de que a harmonia nas relações sociais e econômicas se realizaria por meio da livre concorrência entre indivíduos, tanto em idéias como em

---

50. Snowden, *If Labour Rules*, p. 51.

51. *Ibid.*, p. 47.

52. Cf. *ibid.*, p. 50: "O internacionalismo do Partido Trabalhista não é um cosmopolitismo indefinido. O próprio termo 'internacionalismo' implica a existência de nações. O internacionalismo do Partido Trabalhista significa a cooperação amigável das nações em favor da resolução dos problemas comuns."

bens. Estavam convencidos de que o protecionismo e a guerra são irracionalidades impostas ao mundo pelos interesses da minoria governante. Acreditavam que, à medida que se aproximassem, internamente, de formas que favorecem os interesses reais de seus cidadãos, os Estados aumentariam progressivamente sua capacidade de regular as relações entre si por meio da discussão aberta e de acordos voluntariamente cumpridos. Exceto quanto à questão dos arranjos econômicos domésticos, é possível resumir o pensamento revisionista em termos semelhantes. Pode portanto ser surpreendente observar que Hobson questionou o otimismo fácil dos liberais do século XIX, especificamente "a debilidade das salvaguardas nas quais os pensamentos liberais e humanistas confiaram", bem como dirigiu críticas diretas à sua fé no "internacionalismo econômico, na democracia e nas funções restritas do Estado". Mas no final da obra em que essas críticas aparecem ele afirma: "A razão aponta para a ordem econômica, a democracia e o internacionalismo, para uma resolução pacífica dos conflitos que vemos brotando do campo de batalha. A salvação do mundo reside nesta asserção da supremacia da razão."[53] Parece que Hobson, depois de criticar os liberais, acaba adotando seu programa. A aparente incoerência é afastada por sua analise econômica. Cobden subestimara as virtudes pacíficas do livre comércio, diz Hobson, mas superestimara a facilidade com a qual o livre comércio internacional poderia ser implantado[54]. Cobden atacara o imperialismo, o protecionismo e o militarismo; mas não percebera plenamente sua principal raiz econômica. Primeiro o socia-

---

53. Hobson, *Problems of a New World*, pp. 32, 272.
54. *Id.*, *The New Protecionism*, p. 116.

lismo, eis o que Hobson está dizendo, e depois as virtudes louvadas pelos liberais do século XIX atuarão efetivamente para produzir um mundo de paz. Os atritos comerciais não mais tornarão tensas as relações entre Estados; o comércio vai, em vez disso, uni-los em torno de interesses mútuos. A razão deixará de conceber novas trapaças e novas maneiras de vencer outros países na concorrência ou, se isso fracassar, de dominá-los; a razão será, inversamente, o instrumento de ajuste das relações entre os Estados para o benefício mútuo de todos.

Existe aí mais do que uma lógica trivial. As guerras têm sido demasiado horríveis e freqüentes para desaparecerem antes que ocorra alguma mudança superficial no comportamento dos Estados atuais, como a que poderia ser levada a efeito persuadindo-os a adotar o livre comércio. O antigo sistema produziu guerras e, para que elas sejam abolidas, esse sistema tem de ser radicalmente alterado. Tudo isso é inquestionável. Há contudo duas dificuldades que afetam as ações e os pensamentos dos revisionistas. Em primeiro lugar, sempre se manifesta nos círculos revisionistas a tendência a confiar num tratamento de choque que vai por si só levar ao auge as suscetibilidades do mundo. Assim, Ramsay MacDonald acreditava, antes da Primeira Guerra Mundial, que "o encanto [do militarismo, das tarifas, das suspeitas, do nacionalismo agressivo] só vai ser quebrado quando uma das nações se libertar audaciosamente de seu jugo". E a Inglaterra, julgava ele, era a nação que deveria dar o exemplo[55]. Do mesmo modo, Leon Blum, raciocinando como o socialista Louis Garnier-Pagès cerca de sessenta anos antes, alegou que um

---

55. MacDonald, *Labour and the Empire*, p. 109.

desarmamento geral depois da Primeira Guerra Mundial seria produzido pelo exemplo dramático da renúncia de um país a suas armas. E a França, julgava ele, era a nação que deveria dar o exemplo[56]. E Hobson alimentou a esperança de que a união das Igrejas em oração pelo "senso comum mais corriqueiro" pudesse realizar a proeza[57]. Se ao menos as nações despertassem para a plena insensatez de seu comportamento – isto é a um só tempo a esperança e o apelo dos revisionistas. A esperança fundamenta-se numa análise econômica que os convenceu das grandes potencialidades dos países socialistas quanto à paz. O apelo baseia-se em sua grande fé no poder da razão, e é tão grande a fé que por vezes se esquecem das precondições econômicas e políticas que eles mesmos especificaram. Na realidade, os revisionistas dão continuidade à tradição estabelecida pela Segunda Internacional, a de combinar uma crença nas técnicas do movimento pacifista burguês – arbitragem, desarmamento, diplomacia sem subterfúgios – com a fé de que os socialistas, embora fora do poder, podem exercer suficiente pressão sobre os governos nacionais para garantir a paz[58].

A primeira dificuldade é incidental, um lapso lógico sob a pressão de um desejo de paz no presente em vez de uma promessa de paz no futuro problemático. A segunda, à qual passamos agora, é essencial para o desenvolvimento de nossa argumentação. Embora nem sempre ajam ou falem de maneira coerente em suas próprias análises, os revisionistas estabeleceram clara-

---

56. Blum, *Les Problèmes de la Paix*, pp. 152-3.

57. Hobson, *The Recording Angel*, p. 58.

58. Cf. As resoluções de Stuttgart e de Copenhague. Esse aspecto recebe uma boa formulação de Cole, *A History of Socialist Thought*, III, pp. 68-9, 84-5.

mente o pensamento de que, para haver paz, é preciso mudar o antigo sistema. Mas o *que* deve ser mudado no antigo sistema? A análise socialista, tanto de Marx como dos revisionistas, indica o capitalismo como o demônio; mas o socialismo que substituiria o capitalismo era para Marx o fim do capitalismo *e* o fim dos Estados. Para Marx, o problema político internacional só desaparecerá quando os Estados cessarem de existir. Para os revisionistas, o problema deixará de existir não com o desaparecimento, mas com o aprimoramento interno dos Estados independentes. Aqui também os revisionistas abandonaram Marx e voltaram a Kant e ao pensamento dos liberais do século XIX em geral. Eles julgavam que o problema da guerra seria eliminado pela melhoria interna das unidades em conflito, o que é exatamente a solução dos revisionistas. Hobson, como muitos liberais, de vez em quando exprimia a conclusão de que os acordos internacionais não sustentados pela força são inúteis[59]. Mas ele nunca aplicou essa conclusão ao caso hipotético de alguns Estados socialistas existindo lado a lado numa situação em que seus interesses se tocariam em centenas de pontos, alguns dos quais presumivelmente dariam ensejo a diferenças de opinião entre dois ou mais deles. Muitos liberais tinham esperado da evolução de todos os Estados rumo ao padrão de república ideal um resultado duplo: a redução da incidência de conflitos e o aumento da capacidade de resolver os conflitos de maneira pacífica. Os revisionistas esperam que a evolução de todos os Estados rumo ao padrão do Estado socialista produza os mesmos efeitos. A receita deles difere em

---

59. Ver especialmente, de Hobson, *Notes on Law and Order*, *passim*.

seus ingredientes da receita que os liberais deram no século precedente. Onde estes enfatizaram a forma política, os revisionistas acentuam o conteúdo econômico e social. Mas o pressuposto fundamental é o mesmo: cada Estado, por ser internamente tão perfeito, torna-se em sua política externa tão esclarecido que os conflitos mal conseguem existir e com certeza nunca levam à violência. Para os revisionistas, tanto quanto para os liberais, não são os Estados que desaparecem, mas antes a necessidade de uma autoridade reguladora internacional. Estabeleça-se o socialismo nos vários Estados, dizem os revisionistas, e "as ambições, os temores e as suspeitas, que são o alimento espiritual de alianças e grupos especiais, vão fenecer e decair"[60].

Kautsky dispusera-se a admitir que não houve no período da guerra uma harmonia automática de interesses entre o proletariado das várias nações. Isso também foi aceito por Lenin, que no entanto advogava o uso da força para mudar o fato que considerava tão indigesto. Os revisionistas tentaram ocultar o fato em sua explicação ao atribuir toda a culpa a um dos partidos socialistas nacionais, processo que fez a paz futura do mundo depender da vitória na guerra então travada, e ao mesmo tempo preservaram a ficção de uma harmonia espontânea de interesses entre os partidos realmente socialistas. A tendência a redefinir a categoria "socialista" tão logo alguns socialistas se comportam de maneiras que outros socialistas não gostam levanta de uma outra forma a interrogação apresentada no capítulo quatro: que grau de excelência cada Estado tem de alcançar para garantir a paz perpétua que os revi-

---

60. Hobson, *Towards International Government*, p. 82. Citado acima, p. 186.

sionistas prometem? Essa pergunta tem de ser respondida mesmo que se concorde com o pressuposto de que o socialismo é a forma pacífica do Estado.

Conclusão

Não faltam casos nos quais a concepção dos liberais e dos socialistas deu a impressão de ser verdadeira. Hoje, do ponto de vista ocidental, ela parece quase dolorosamente verdadeira. "Não fosse a ameaça comunista", diz o vice-presidente Richard Nixon, "o mundo livre poderia viver em paz."[61] Essa convicção recém-expressa é um eco da cantilena francesa, britânica e americana contra o militarismo alemão no começo do século XX, da cantilena cobdenita contra a Rússia e o Império Austro-Húngaro em meados do século XIX, bem como, sem dúvida, das tribos primitivas umas contra as outras desde tempos imemoriais. Se aquele outro Estado ou grupo fosse melhor, não teríamos esses problemas. Os revisionistas presumiram que suprimir um bode expiatório equivalia a introduzir a paz perpétua. Primeiro vamos derrotar a Alemanha militarista, depois eliminaremos o adjetivo "capitalista" da expressão "Estados capitalistas", e as guerras não mais existirão. O malfeitor imediato era a Alemanha; num sentido mais

---

61. *New York Times*, 19 de novembro de 1953, p. 1. Cf. o comentário de Harry S. Truman num artigo em *ibid.*, 28 de abril de 1957, p. 1: "Há algumas pessoas – e, lamento dizer, alguns governos – que ainda não aceitaram o fato de que, não fosse pela intransigência russa, o mundo estaria agora fruindo os benefícios da paz. Em nossos dias, a humanidade está doente de ansiedade e avassalada pelo medo de mais uma guerra mundial simplesmente porque a Rússia deseja que as coisas sejam assim."

geral, o malfeitor era o capitalismo; mas, de qualquer modo, eliminar o que é ruim resolve o problema. Os Estados socialistas, asseveram eles, serão pacíficos. Isso pode ser verdade, mas nem por isso se segue automaticamente que entre Estados socialistas vá sempre reinar a paz. É isso que os revisionistas não compreenderam. Dizer que os Estados capitalistas causam a guerra pode, num certo sentido, ser verdade; mas não se pode simplesmente inverter a análise causal, como é o caso da asserção de que Estados socialistas significam paz sem primeiro assegurar-se de que a análise causal está completa. O que se tem de abolir: o capitalismo, os Estados ou todos eles? A ambigüidade da análise de Marx, que no contexto original desaparece com o advento do milênio socialista, assume vital importância quando se testa a teoria revisionista antimilenarista[62]. Os revisionistas, aparentemente, nunca se deram conta disso.

O exame da teoria e da prática socialistas proporciona um exemplo da continuidade e do ressurgimento de padrões de pensamento na política internacional e serve de estudo detalhado da aplicabilidade do tipo de análise realizado neste livro. Demonstra que a elaboração e a comparação crítica de tipos de pensamento na política internacional pode ser útil para a avaliação de análises e de prescrições amplamente separadas no tempo e de um modo geral divergentes quanto ao conteúdo. Não é necessário, a esta altura, repetir com referência aos revisionistas todas as críticas feitas aos liberais. Se está evidente que se aplicam as mesmas críticas, o objetivo deste capítulo foi alcançado.

---

62. Ver acima, p. 158.

CAPÍTULO SEIS

A terceira imagem

*Conflito internacional e
anarquia internacional*

Pois o que se pode fazer contra a força
sem força?

CÍCERO, *The Letters to His Friends*

Com tantos Estados soberanos, sem um sistema jurídico que possa ser imposto a eles, com cada Estado julgando suas queixas e ambições segundo os ditames de sua própria razão ou de seu próprio desejo, o conflito, que por vezes leva à guerra, está fadado a ocorrer. A fim de alcançar um desfecho favorável nesse conflito, os Estados têm de confiar em seus próprios dispositivos, cuja relativa eficiência tem de ser sua constante preocupação. Esta, a idéia da terceira imagem, será examinada neste capítulo. Não se trata de idéia esotérica, nem de idéia nova. Tucídides deixou-a implícita ao escrever que "foi o crescimento do poder ateniense que aterrorizou os lacedemônios e os forçou à guerra"[1]. John Adams deixou-a implícita ao escrever aos cida-

---

1. Tucídides, *History of the Peloponnesian War*, trad. Jowett, livro I, § 23. [Trad. bras. *História da Guerra do Peloponeso*, São Paulo, Martins Fontes, 1999.]

dãos de Petersburg, Virgínia, que "uma guerra contra a França, se justa e necessária, poderia nos curar das afeições ternas e cegas que nenhuma nação deveria em algum momento nutrir por outra, como comprova à exaustão nossa experiência em mais de um caso"[2].

Há uma relação óbvia entre a preocupação com a posição relativa de poder dos Estados, expressa por Tucídides, e a advertência de John Adams de que os casos de amor entre Estados são impróprios e perigosos. Essa relação é explicitada pela declaração de Frederick Dunn de que "enquanto persistir a noção de contar com os próprios recursos, o objetivo de manter a posição de poder da nação tem a primazia sobre todas as outras considerações"[3].

Na anarquia, não há harmonia automática. As três afirmações precedentes refletem esse fato. O Estado usará a força para alcançar suas metas se, depois de avaliar as perspectivas de sucesso, der mais valor a essas metas do que aos prazeres da paz. Sendo cada Estado o juiz final de sua própria causa, qualquer Estado pode a qualquer momento empregar a força para implementar suas políticas. Como qualquer Estado pode a qualquer momento usar a força, todos os Estados têm de estar constantemente prontos para opor a força à força ou para pagar o preço da fraqueza. As exigências de ação do Estado são impostas, nessa concepção, pelas circunstâncias nas quais todos os Estados se encontram.

As três imagens são, por assim dizer, parte da natureza. São tão fundamentais o homem, o Estado e o sistema de Estados em toda tentativa de compreender

---

2. Carta de John Adams aos cidadãos da cidade de Petersburg, datada de 6 de junho de 1798, e reproduzida no programa da visita de William Howard Taft, Petersburg, Virgínia, 19 de maio de 1909.

3. Dunn, *Peaceful Change*, p. 13.

as relações internacionais que é raro um analista, por mais comprometido que esteja com uma determinada imagem, desconsiderar por completo as outras duas. Ainda assim, a ênfase numa determinada imagem pode distorcer a interpretação que se faz das outras. Por exemplo, não é incomum notar que as pessoas inclinadas a ver o mundo a partir da primeira ou da segunda imagem contestam o argumento freqüentemente apresentado de que as armas trazem não a guerra, mas a segurança, e possivelmente até a paz, assinalando que o argumento é uma combinação de mito desonesto, destinado a encobrir os interesses de políticos, fabricantes de armamentos e outros, e de ilusão honesta acalentada por patriotas sinceramente interessados na segurança de seu Estado. A fim de afastar essa ilusão, Cobden, para lembrar um dos muitos que fizeram essa alegação, certa vez assinalou que duplicar a quantidade de armas, caso todos duplicassem, não tornaria nenhum Estado mais seguro e, do mesmo modo, que nenhum deles estaria em perigo se todos os complexos militares fossem simultaneamente reduzidos em, por exemplo, 50%[4]. Deixando de lado o pensamento de que a aritmética não reflete necessariamente com precisão qual seria a situação, esse argumento ilustra uma aplicação supostamente prática da primeira e da segunda imagens. Seja educando os cidadãos e os líderes dos diferentes Estados, ou melhorando a organização de cada um dos Estados, busca-se uma condição na qual a lição aqui esboçada se torne a base da política dos Estados. Qual o resultado? O desarmamento e, portanto, a economia, ao lado da paz e, em conseqüência, a segurança para

---

4. Cobden, especialmente seus *Speeches on Peace, Financial Reform, Colonial Reform and Other Subjects Delivered during 1849*, p. 135.

todos os Estados? Se alguns Estados se mostrarem dispostos a reduzir seu complexo militar, outros Estados serão capazes de adotar políticas semelhantes. Ao enfatizar a interdependência entre as políticas de todos os Estados, o argumento considera a terceira imagem. Mas o otimismo é resultado de se ignorarem algumas dificuldades inerentes. Neste e no próximo capítulo, tentamos, por meio do desenvolvimento e do exame detalhados da terceira imagem, deixar claras quais são essas dificuldades.

Nos capítulos precedentes, examinamos o raciocínio de alguns homens cujos pensamentos acerca das relações internacionais se amoldam à primeira ou à segunda imagem. Neste capítulo, para introduzir uma variação no tratamento do assunto e devido ao fato de a filosofia política proporcionar elementos insuficientemente explorados à compreensão da política internacional, vamos concentrar-nos primordialmente no pensamento político de um único homem, Jean-Jacques Rousseau. Por essas mesmas razões, ao fazer comparações com a primeira e a segunda imagens, vamos nos referir na maioria das vezes a dois filósofos que seguiram de perto esses padrões – Espinosa para a primeira imagem e Kant para a segunda. Ainda que um e outro já tenham sido mencionados, um resumo do raciocínio no qual basearam suas concepções das relações internacionais tornará mais úteis as comparações.

Espinosa explicou a violência fazendo referência às imperfeições humanas. A paixão desloca a razão, e em conseqüência os homens, que em função de seus próprios interesses deveriam cooperar uns com os outros em perfeita harmonia, envolvem-se interminavelmente em querelas e na violência física. O caráter deficiente do homem é a causa do conflito. Logicamente, se é a causa exclusiva, o fim dele tem de depender da reforma dos homens. Não obstante, Espinosa resolveu o problema, somente no nível nacional, não por meio da manipulação do suposto fator causal, mas mediante a alteração do ambiente em que ele age. Essa foi a um só tempo a grande incoerência e a graça salvadora de seu sistema. Espinosa passou do indivíduo e da nação ao Estado entre Estados por meio do acréscimo de mais um pressuposto ao conjunto original. Os Estados, supõe, são como homens; ambos exibem a necessidade imperiosa de viver e a incapacidade de organizar seus assuntos de modo coerente de acordo com os ditames da razão[5]. Mas os Estados podem reagir à sua própria opressão, ao passo que os indivíduos, "diariamente vencidos pelo sono, com freqüência pela doença e pela enfermidade mental e, no final, pela velhice", não podem. Os indivíduos, a fim de sobreviver, têm de se associar; os Estados, por sua própria constituição, não estão sujeitos a uma necessidade semelhante[6]. As guerras entre os Estados são portanto tão inevitáveis quanto os defeitos presentes à natureza do homem.

A análise de Kant, apesar de em alguns aspectos ser semelhante à de Espinosa, é a um só tempo mais complexa e mais sugestiva. Ele define os homens como membros tanto do mundo dos sentidos como do mundo do entendimento. Se estivessem totalmente neste último, eles sempre agiriam de acordo com máximas universalmente válidas, que eles mesmos imporiam a

---

5. Embora para Espinosa a unidade do Estado resida em última análise na capacidade da autoridade suprema de fazer vigir sua vontade, ao explicar o comportamento dos Estados, ele usa uma analogia tanto com o organismo como com a confiança corporativa. Para o primeiro ponto, ver *Political Treatise*, cap. ii, seção 3; cap. iii, seção 2. Para este último, ver *ibid.*, cap. iii, seção 14, e *Theologico-Political Treatise*, cap. xvi, I, p. 208.

6. Espinosa, *Political Treatise*, cap. iii, seção 11.

si. Eles seguiriam o imperativo categórico. Mas, como os homens são igualmente membros do primeiro, os impulsos e inclinações sobrepujam a razão, e o imperativo categórico é seguido com tão pouca freqüência que, no estado de natureza, reinam o conflito e a violência. O Estado civil surge como uma restrição necessária. Alguns homens, agindo a partir do conhecimento empírico "e, portanto, meramente contingente, têm de contar em seu meio com um juiz, e um juiz capaz de impor suas decisões, para ser possível evitar a violência. Depois do estabelecimento do Estado, os homens têm alguma oportunidade de se comportar moralmente. Antes que o Estado seja estabelecido, a incerteza e a violência tornam impossível esse comportamento. Os homens precisam da segurança da lei para que seja possível o aprimoramento de sua vida moral. O Estado civil possibilita a vida ética do indivíduo ao proteger os direitos que eram logicamente seus no estado de natureza, ainda que na verdade ele não tivesse condições de gozar deles. Mas o Estado civil não é o bastante. A paz entre os Estados e dentro de cada um deles é essencial ao desenvolvimento das capacidades peculiarmente humanas. Os Estados no mundo são como os indivíduos no estado de natureza. Não são perfeitamente bons, nem controlados pela lei. Conseqüentemente, o conflito e a violência entre eles são inevitáveis. Mas essa análise não leva Kant à conclusão de que um Estado mundial seja a resposta. Temendo que um Estado mundial venha a se tornar um terrível despotismo, a sufocar a liberdade, a esmagar a iniciativa e, no final, a cair em anarquia, ele tem de conceber outra solução. A outra possibilidade de que dispunha é de que todos os Estados se aprimorem a ponto de passarem a agir a partir de máximas passíveis de serem universalizadas sem conflito. Embora tema a primeira solução, Kant é demasiado cauteloso e tem uma inteligência demasiado crítica para alimentar esperanças com respeito à última. Em vez disso, faz a tentativa de combiná-las. O objetivo de sua filosofia política é estabelecer a esperança de que os Estados possam se aprimorar o suficiente e aprender o bastante com o sofrimento e a devastação da guerra para tornar possível um regime legal entre eles que não se sustente pelo poder, mas seja voluntariamente observado[7]. O primeiro fator é o aprimoramento interno dos Estados; o segundo, o regime legal externo. Mas o segundo, sendo voluntário, depende por inteiro da perfeição com que for de início realizado. O "poder" para impor a lei é derivado não da sanção externa, mas da perfeição interna[8]. Trata-se de uma solução de acordo com a segunda imagem, ou seja, pela

---

7. Para os comentários acerca do homem e da moralidade, ver "Fundamental Principles of the Metaphysics of Morals", seções 2 e 3. *In: Kant's Critique of Practical Reason and Other Works on the Theory of Ethics*, trad. Abbott. Sobre o estado natural e o Estado civil, ver *The Philosophy of Law*, trad. Hastie, seções 8, 9, 41, 42, 44. Sobre a dependência da moralidade de uma condição de paz entre os Estados, ver "The Natural Principle of the Political Order Considered in Connection with the Idea of a Universal Cosmopolitical History", Oitava Proposição. *In: Eternal Peace and Other International Essays*, trad. Hastie. Sobre as características da federação internacional, ver "The Principle of Progress Considered in Connection with the Relation of Theory to Practice in International Law". *In: ibid.*, pp. 62-5; "Eternal Peace", Primeiro e Segundo Artigos Definitivos. *In: ibid.*; e *The Philosophy of Law*, trad. Hastie, seção 61.

8. Cada república, a forma do Estado que Kant considera boa, "incapaz de prejudicar qualquer outra por meio da violência, tem de manter a si mesma apenas por meio da justiça; e pode esperar, com bases concretas, que as outras, sendo constituídas como ela mesma, virão, em ocasiões de necessidade, em sua ajuda". ("The Principle of Progress Considered in Connection with the Relation of Theory to Practice in International Law". *In: Eternal Peace and Other International Essays*, trad. Hastie, p. 64.) As repúblicas, é forçoso que Kant suponha, agirão de acordo com o imperativo categórico.

melhoria dos Estados independentes, ainda que a própria análise de Kant nos leve a questionar sua conclusão. No nível do Estado, um sistema político adequado permite aos indivíduos comportar-se eticamente; um sistema de adequação comparável não é possível no âmbito internacional. Ainda assim temos de alimentar a esperança de paz entre Estados. A incoerência é evidente, ainda que seu caráter flagrante seja um tanto reduzido pela confissão de Kant de que estabeleceu, não a "inevitabilidade" da paz perpétua, mas apenas que a existência de uma tal condição não é impensável[9].

Na filosofia de Rousseau, considerada neste capítulo como uma teoria das relações internacionais, a ênfase na estrutura de ação do Estado torna desnecessários alguns dos pressupostos de Espinosa e de Kant; e torna impossíveis outros pressupostos seus.

Jean-Jacques Rousseau

Ao examinar as tentativas de outros filósofos para compreender um estado de natureza real ou hipotético, Montesquieu e, tal como ele, Rousseau foram levados a fazer o mesmo comentário crítico. Montesquieu diz de Hobbes que ele "atribui à humanidade antes do estabelecimento da sociedade o que só pode acontecer como conseqüência desse estabelecimento"[10]. Tan-

---

9. Esta interpretação, sustentada pela consideração do pensamento político de Kant no contexto de sua filosofia moral, contrasta com a que se vê no livro de Friedrich sobre Kant, *Inevitable Peace*.

10. Montesquieu, *The Spirit of the Laws*, trad. Nugent, livro I, cap. ii [trad. bras. *O espírito das leis*, São Paulo, Martins Fontes, 2ª ed., 1996]. Cf. Rousseau, *Inequality*, pp. 197, 221-3. As referências de páginas são a *The Social Contract and Discourses*, trad. Cole, que contém *The Social Contract* [trad. bras. *O contrato social*, São Paulo, Martins Fontes, 3ª

to Montesquieu como Rousseau sustentam que o estado de natureza de Hobbes – e o mesmo se aplica a Espinosa – é uma ficção construída a partir da suposição de que os homens na natureza possuem todas as características e hábitos que adquirem em sociedade, mas sem as restrições que esta impõe. Antes do estabelecimento da sociedade, os homens não haviam desenvolvido os vícios do orgulho e da inveja. Na verdade, não poderiam desenvolvê-los, dado que são raras as ocasiões em que vêem uns aos outros. Sempre que o acaso os reúne, a consciência da fraqueza e da impotência os dissuade de atacar uns aos outros. Como não conhece o orgulho nem a inveja, a parcimônia nem a ganância, o homem só ataca o outro se levado pela fome[11].

Sob uma certa perspectiva, essa crítica a Hobbes é meramente um sofisma. Montesquieu e Rousseau chegam a uma conclusão diferente apenas por começarem, em sua pré-história imaginária, um passo atrás de Espinosa e de Hobbes. Mas desta forma enfatizam um ponto importante. Dada a dificuldade de se conhecer algo como a natureza humana pura[12], visto que a natureza humana que de fato conhecemos reflete a um só tempo a natureza do homem e a influência de seu ambiente[13],

---

ed., 1996], *A Discourse on the Arts and Sciences, A Discourse on the Origin of Inequality* [trad. bras. *Discurso sobre a origem e os fundamentos da desigualdade entre os homens*, São Paulo, Martins Fontes, 2ª ed., 1999] e *A Discourse on Political Economy*.

11. Montesquieu, *The Spirit of the Laws*, trad. Nugent, livro I, cap. iii; Rousseau, *Inequality*, pp. 227-33.

12. Rousseau, *Inequality*, pp. 189-91.

13. *Les Confessions*, livro IX. *In: Oeuvres complètes de J.-J. Rousseau*, VIII, p. 289: "Aucun peuple ne seroit jamais que ce que la nature de son gouvernement le feroit être." [Nenhuma pessoa será um dia senão aquilo que a natureza de seu governo a fizer ser.]

definições da natureza humana como as de Espinosa e Hobbes são arbitrárias e não podem levar a conclusões sociais e políticas válidas. Ao menos teoricamente, podem-se isolar características adquiridas em contato com o ambiente e chegar a uma concepção da natureza humana em si. O próprio Rousseau apresentou "certos argumentos e arriscou certas conjecturas" nesse sentido[14]. A própria dificuldade do empreendimento e a incerteza do resultado acentuam o erro de tomar o homem social como o homem natural, como fizeram Hobbes e Espinosa. E, em lugar de tirar conclusões sociais diretamente de características humanas presumidas, Montesquieu alega que o conflito surge da situação social: "Tão logo entra em estado de sociedade, o homem perde o sentido de sua fraqueza; a igualdade cessa e *então* começa o estado de guerra."[15]

Rousseau adota e desenvolve essa avaliação das causas do conflito[16]. Ela levanta três interrogações: 1. Por que, se o estado original de natureza era de paz e calma relativas, o homem um dia o deixou? 2. Por que o conflito surge em situações sociais? 3. Como o controle do conflito se relaciona com sua causa?

Para Espinosa e Hobbes, a formação do Estado e da sociedade foi um ato de vontade que serviu como recurso para escapar de uma situação intolerável. Do mesmo modo, Rousseau por vezes, em sua explicação do estabelecimento do Estado, parece supor o emprego puramente intencional de engenho e de ardis[17]. Em

---

14. Rousseau, *Inequality*, p. 190.

15. Montesquieu, *The Spirit of the Laws*, trad. Nugent, livro I, cap. iii. O grifo é de Waltz.

16. Ver especialmente *Inequality*, pp. 234 ss.

17. Ver, por exemplo, *The Social Contract*, pp. 4, 7, livro I, caps. i, iv.

outras ocasiões, Rousseau descreve o estabelecimento do Estado como o ponto culminante de uma longa evolução histórica que contém elementos da experiência, interesses percebidos, hábitos, tradição e necessidade. A primeira linha de pensamento leva ao *Contrato social*; a segunda, à explicação presente em *Discurso sobre a origem da desigualdade entre os homens*. A aparente contradição é eliminada pelo fato de Rousseau considerar a primeira uma explicação filosófica do que aconteceu em termos de processos históricos, e, a segunda, uma reconstrução hipotética desses processos[18].

No estado inicial de natureza, os homens estavam suficientemente dispersos para tornar desnecessário todo e qualquer padrão de cooperação. Mas, por fim, a combinação de um número crescente de pessoas com os acasos naturais costumeiros apresentou, em várias situações, a proposição: cooperar ou morrer. Rousseau ilustra a linha de raciocínio com o exemplo mais simples. Vale a pena reproduzi-lo, dado ser ele o ponto de partida para o estabelecimento do governo e por conter igualmente a base para a explicação dos conflitos nas relações internacionais. Suponha que cinco homens que adquiriram uma capacidade rudimentar de falar e de compreender uns aos outros se reúnam num momento em que todos estão famintos. A fome de cada um será saciada por um quinto de um cervo, de modo que eles "concordam" em cooperar no projeto de apanhar um cervo numa armadilha. Mas, do mesmo modo, a fome de cada um será satisfeita por um coelho, de modo que, como um coelho está ao alcance, um dos

---

18. Em *Inequality*, pp. 190-1, ele se refere ao estado de natureza como "um estado que não existe mais, talvez nem tenha de fato existido e provavelmente nunca vai existir; e com respeito ao qual é não obstante necessário ter idéias corretas". Cf. *ibid.*, p. 198.

homens o apanha. O traidor obtém o meio de satisfazer sua fome, mas, ao apanhar o coelho, permite que o cervo escape. Seu interesse imediato prevalece sobre a consideração pelos companheiros[19]. A história é simples; suas implicações são tremendas. Na ação de cooperação, mesmo que todos concordem com relação à meta e tenham pelo projeto igual interesse, não podem confiar nos outros. Espinosa vinculou o conflito causalmente à razão imperfeita do homem. Montesquieu e Rousseau se contrapõem à análise de Espinosa com a proposição segundo a qual as fontes do conflito não estão tanto na mente dos homens quanto na natureza da atividade social. A dificuldade é até certo ponto verbal. Rousseau concede que, se soubéssemos como receber a verdadeira justiça que vem de Deus, "não precisaríamos de governo nem de leis"[20]. Isso corresponde à proposição de Espinosa segundo a qual "os homens, na medida em que vivem na obediência à razão, vivem necessariamente em harmonia entre si"[21]. A idéia é um truísmo. Se os homens fossem perfeitos, a perfeição se refletiria em todos os seus cálculos e ações. Todos poderiam confiar no comportamento dos outros, e todas as decisões seriam tomadas de acordo com princípios que preservariam uma verdadeira harmonia de interesses. Espinosa enfatiza não as dificuldades inerentes à mediação de interesses conflitantes, mas o caráter deficiente da razão do homem, que os impede de tomar coerentemente decisões que atendam ao interesse de cada um e favoreça o bem de todos. Rousseau enfrenta o mesmo problema. Ele

---

19. *Ibid.*, p. 238.

20. *Social Contract*, p. 34, livro II, cap. vi; cf. *Political Economy*, p. 296.

21. Espinosa, *Ethics*, parte IV, prop. xxxv, prova.

imagina como os homens se comportavam quando começaram a depender uns dos outros para prover suas necessidades diárias. Enquanto cada um atendia a seus próprios desejos, não podia haver conflito; sempre que a combinação entre obstáculos naturais e crescimento populacional tornava a cooperação necessária, surgiam os conflitos. Portanto, no exemplo da caça ao cervo, a tensão entre o interesse imediato de um determinado homem e o interesse geral do grupo é resolvida pela ação unilateral desse homem. Na medida em que foi motivado por uma sensação de fome, seu ato é de paixão. A razão poderia ter lhe dito que seu interesse de longo prazo depende de ele estabelecer, por meio da experiência, a convicção de que a ação cooperativa beneficiará todos os participantes. Mas a razão também lhe diz que, se deixar o coelho escapar, o homem que está ao lado dele poderá deixar seu lugar para caçá-lo, deixando o primeiro com nada mais do que o alimento constituído pelo pensamento da tolice que é ser leal.

O problema é agora elaborado em termos mais sugestivos. Para a harmonia existir em meio à anarquia, não só tenho de ser perfeitamente racional, como de ser capaz de supor que todas as outras pessoas o são igualmente. Do contrário, não há base para o cálculo racional. Admitir em meu cálculo os atos irracionais alheios pode não levar a nenhuma solução definida; porém tentar agir a partir de um cálculo racional sem admitir isso pode levar à minha ruína. Este último argumento reflete-se nos comentários de Rousseau sobre a proposição segundo a qual "um povo composto por verdadeiros cristãos formaria a mais perfeita sociedade imaginável". Em primeiro lugar, ele assinala que tal sociedade "não seria uma sociedade de homens". Ademais, afirma ele, "para que o Estado seja pacífico e a harmonia seja mantida, *todos* os cidadãos, *sem exceção*, teriam de ser [igualmente] bons cristãos; se por um infeliz acaso houvesse um único egoísta e hipócrita..., este por certo levaria a melhor sobre seus pios compatriotas"[22].

Se definimos a ação cooperativa como racional e todo desvio dela como irracional, temos de concordar com Espinosa que o conflito resulta da irracionalidade dos homens. Mas, se examinamos as exigências da ação racional, descobrimos que mesmo num exemplo tão simples quanto a caça ao cervo temos de supor que a razão de cada um leve a uma idêntica definição de interesse, que todos cheguem à mesma conclusão quanto aos métodos apropriados para enfrentar a situação original, que todos concordem instantaneamente com respeito à ação exigida por quaisquer incidentes que tragam à baila a questão de alterar o plano original e que cada um possa confiar completamente na firmeza de propósitos de todos os outros. A ação perfeitamente racional exige não só a percepção de que nosso bem-estar está vinculado ao bem-estar dos outros, como também uma avaliação perfeita dos detalhes de modo que possamos responder à pergunta: *de que modo* exatamente ele está ligado ao de todos? Rousseau concorda com Espinosa ao recusar-se a rotular o ato do que apanhou o coelho como bom ou ruim; ao contrário de Espinosa, ele se recusa ainda a rotulá-lo como racional ou irracional. Ele percebeu que a dificuldade não reside apenas nos atores mas também nas situações que têm diante de si. Embora de modo algum ignore o papel que a avareza e a ambição desempenham no surgi-

---

22. *Social Contract*, pp. 135-6, livro IV, cap. viii. O grifo é de Waltz. A palavra "igualmente" é necessária para uma tradução precisa do texto francês, mas não aparece na tradução citada.

mento e na ampliação do conflito[23], a análise de Rousseau deixa claro o grau em que o conflito aparece inevitavelmente nos assuntos sociais dos homens. Em suma, a proposição de que a irracionalidade é a causa de todos os problemas do mundo, no sentido de que um mundo de homens perfeitamente racionais não conheceria desacordos nem conflitos, é, como Rousseau deixa implícito, tão verdadeira quanto irrelevante. Como o mundo não pode ser definido em termos de perfeição, o problema muito real de como nos aproximamos da harmonia na atividade cooperativa e competitiva sempre nos acompanha e, não sendo a perfeição possível, configura-se como um problema que não pode ser resolvido simplesmente mudando-se os homens. Rousseau a essa altura já tornou possível descartar dois dos pressupostos de Espinosa e Kant. Se o conflito é o subproduto da competição e das tentativas de cooperação em sociedade, é desnecessário supor ser a autopreservação a única motivação do homem; porque o conflito resulta da busca de qualquer meta – mesmo que ao buscá-la tentemos agir de acordo com o imperativo categórico de Kant.

Da natureza ao Estado

No estado de natureza, tanto para Rousseau como para Espinosa e Kant, os homens são governados pelo "instinto", pelos "impulsos físicos" e pelo "direito de

---

23. *A Lasting Peace*, trad. Vaugham, p. 72. Na p. 91, Rousseau refere-se aos homens como "injustos, avaros e tendendo a colocar seus próprios interesses acima de todas as coisas". Isso levanta a questão da relação da terceira com a primeira imagem, que vai ser discutida no cap. oito, adiante.

apetite"; e a "liberdade... só é limitada pela força do indivíduo". Os acordos não podem ser mantidos, pois "na falta de sanções naturais, as leis da justiça não têm vigência entre os homens"[24]. Sem a proteção da lei civil, mesmo a agricultura é impossível, pois quem, pergunta Rousseau, "iria cometer o desatino de se dar ao trabalho de cultivar um campo do qual o primeiro que passar pode furtar os frutos?". É impossível ser previdente, porque, sem regulamentação social, não pode haver obrigação de respeitar os interesses, os direitos e a propriedade alheios. Mas ser previdente é desejável, pois torna a vida mais fácil; ou até necessário, pois a população começa a exercer pressão sobre a quantidade disponível de alimentos sob um determinado modo de produção. Alguns homens unem-se, estabelecem regras que controlam as situações de cooperação e competição e organizam os meios de fazer essas regras serem cumpridas. Os outros são obrigados a seguir o novo padrão, pois os que se acham fora da sociedade organizada, os que são incapazes de cooperar de modo eficaz, não podem se opor à eficiência de um grupo unido e que goza dos benefícios de uma divisão social do trabalho[25].

É evidente que, ao passar do estado de natureza ao Estado civil, o homem se beneficia materialmente. Porém há mais do que ganhos materiais envolvidos. Rousseau deixa isso claro num breve capítulo de *O contrato social*, que Kant mais tarde seguiu de perto. "A passagem do estado de natureza ao Estado civil", diz Rous-

---

24. *Social Contract*, pp. 18-9, livro I, cap. viii; p. 34, livro II, cap. vi.

25. *Inequality*, pp. 212, 249-52. O desenvolvimento dialético, no qual cada passo rumo ao estado social produz dificuldades e quase desastres, é especialmente interessante.

seau, "produz no homem uma mudança muito notável ao substituir em sua conduta o instinto pela justiça e ao conferir às suas ações a moralidade de que antes careciam." Antes do estabelecimento do Estado civil, o homem possui uma liberdade natural; tem direito a tudo aquilo que puder conseguir. Ele abandona essa liberdade natural ao ingressar no Estado civil. Em troca, recebe "a liberdade civil e o direito de propriedade de tudo o que possui". A liberdade natural se torna liberdade civil; a posse se torna propriedade. E, além disso, "o homem adquire, no Estado civil, a liberdade moral, a única que o torna o verdadeiro senhor de si mesmo; porque o mero impulso do apetite é escravidão, ao passo que a obediência a uma lei que prescrevemos a nós mesmos é liberdade"[26].

O Estado entre Estados

Para Rousseau, assim como para Kant, o Estado civil contribui para a possibilidade de uma vida moral, embora Rousseau conceba a contribuição como mais positiva, um tanto à maneira de Platão e Aristóteles. Mas o que dizer da situação entre os próprios Estados civis? Nesse ponto, Espinosa voltou à análise que aplicara aos indivíduos no estado de natureza, em que, pensava, o conflito resultara da razão deficiente do homem. Também Kant tornou à sua análise do conflito original entre os homens, mas no caso dele a explicação incluiu tanto a natureza das unidades em choque como o ambiente destas. As explicações de Rousseau e de Kant assemelham-se, mas a de Rousseau é mais coerente e completa.

---

26. *Social Contract*, pp. 18-9, livro I, cap. viii.

O teórico do contrato social, seja ele Espinosa, Hobbes, Locke, Rousseau ou Kant, compara o comportamento dos Estados no mundo ao dos homens em estado de natureza. Ao definir o estado de natureza como a situação na qual as unidades atuantes, homens ou Estados, coexistem sem uma autoridade acima de si, pode-se aplicar a expressão a Estados do mundo moderno tanto quanto a homens que vivam fora de um Estado civil. Está claro que os Estados não reconhecem um superior comum; mas será possível descrevê-los como unidades atuantes? Temos de examinar essa questão antes de considerar a descrição esquemática que Rousseau apresenta do comportamento do Estado entre Estados.

Rousseau, tal como Espinosa, por vezes usa analogias com a confiança corporativa e com o organismo. A primeira acha-se implícita em sua afirmação de que o soberano não pode fazer coisa alguma capaz de prejudicar a continuidade da existência do Estado. O objetivo do Estado é "a preservação e a prosperidade de seus membros"[27]. A analogia com o organismo reflete-se na alegação de que "o corpo político, considerado isoladamente, pode ser considerado como um corpo vivo organizado, que lembra o do homem". Na qualidade de ser vivo, "o mais importante de seus cuidados é o cuidado com sua própria preservação"[28]. Mas Rousseau acautela-nos de que usa a analogia sem rigor. A identidade do indivíduo e a motivação do Estado é uma possível coincidência, não, como em Espinosa, um

---

27. *Ibid.*, pp. 16-7, livro I, cap. vii; p. 83, livro III, cap. ix.

28. *Political Economy*, p. 289; *Social Contract*, p. 28, livro II, cap. iv: "A vida do governo equipara-se à do homem. Este tem o direito de matar em caso de defesa natural; aquele tem o direito de mover guerras em favor de sua própria preservação."

pressuposto necessário. E Rousseau define de modo consideravelmente cuidadoso o que quer dizer ao descrever o Estado como uma unidade completa de vontade e propósito.

A esse respeito, pode-se considerar que Rousseau distingue dois casos: os Estados como os temos e os Estados constituídos como devem ser. Com relação ao primeiro, ele deixa claro que não se pode presumir que o interesse do Estado e o do soberano coincidam. Na verdade, na maioria dos Estados seria estranho que coincidissem, visto que o soberano, longe de cuidar dos interesses de seu Estado, raramente deixa de ser movido pela vaidade pessoal e pela ambição. Mesmo a esses Estados as analogias com o organismo e a corporação têm aplicação limitada, levando-se em conta que, num certo sentido, o Estado continua a ser uma unidade. O soberano, desde que detenha poder suficiente, realiza seu desejo como se fosse o desejo do Estado. Isso está em paralelo com Espinosa, que simplesmente supõe que, nas relações internacionais, o Estado tem de ser considerado como agindo em favor de todos os seus membros. Rousseau acrescenta a isso uma análise que, complementada e corroborada pela história subseqüente do nacionalismo, revela que o Estado pode tornar-se uma unidade num sentido mais profundo do que pode alcançar a filosofia de Espinosa. Rousseau alega que, em certas circunstâncias, um Estado concretiza a vontade geral em suas decisões, sendo a vontade geral definida como a decisão do Estado de fazer o que é "o melhor" para os seus membros considerados coletivamente. A unidade do Estado é realizada quando existem as condições necessárias à efetivação da vontade geral.

Dificilmente se pode deduzir dessa formulação abstrata uma resposta à questão que interessa a Rousseau:

216

sob que condições o Estado realiza a unidade que deseja para si? Felizmente, é bem fácil tornar concreta a formulação do filósofo. O espírito público ou o patriotismo, diz, é a base necessária de um bom Estado. Na tribo primitiva, a interdependência econômica e a pressão vinda de fora produzem a solidariedade do grupo. Em meio às maiores complexidades do século XVIII, Rousseau teme que se tenha perdido o espírito de solidariedade presente nos grupos sociais ou políticos de uma época mais simples. "Já não há hoje", escreve, "franceses, alemães, espanhóis, ingleses...; há somente europeus." Todos têm os mesmos gostos, paixões e moral, porque nenhum tem o caráter moldado de maneira distintiva por suas instituições nacionais[29]. Rousseau julga que o patriotismo corre o risco de perder-se num amálgama de paixões opostas advindas de interesses subnacionais ou transnacionais. Como o patriotismo, entre tantos outros interesses, pode progredir? Esta é a pergunta a que Rousseau responde. Sua resposta é:

> Se as crianças forem educadas em comum no seio da igualdade; se forem imbuídas das leis do Estado e dos preceitos da vontade geral; se forem instruídas a respeitá-las acima de todas as coisas; se forem cercadas por exemplos e objetos que as recordem sem cessar a terna mãe que as nutre, o amor que tem por elas, os inestimáveis benefícios que dela recebem e a retribuição que lhe devem, não há dúvida de que aprenderão a tra-

---

29. *Considérations sur le Gouvernement de Polonie. In*: Vaughan, org., *The Political Writings of Jean-Jacques Rousseau*, II, p. 432. O trecho seguinte, usado abaixo, também é citado de seu trabalho *Projet de Constitution pour la Corse* e de excertos de *Émile*.

tar-se afetuosamente como irmãos, a não fazer nenhuma coisa contrária à vontade da sociedade, a substituir a vã tagarelice dos sofistas por ações de homens e cidadãos e a tornar-se, a seu tempo, defensores e pais do país de que terão sido por tanto tempo filhos.[30]

Num Estado com essas características, elimina-se o conflito e alcança-se a unidade porque, de um ponto de vista negativo, a igualdade evita o desenvolvimento dos interesses parciais tão fatídicos para a unidade do Estado; de um ponto de vista positivo, a inculcação do sentimento público transmite ao cidadão um espírito de devoção ao bem-estar do todo[31]. A vontade do Estado é a vontade geral; não há problemas de desunião nem de conflito.

No estudo da política internacional, convém pensar sobre os Estados como unidades atuantes. Ao mesmo tempo, constituiu violência ao senso comum falar do Estado, que é, afinal, uma abstração e, portanto, inanimado, como atuante. Trata-se de um aspecto importante para qualquer teoria das relações internacionais e, de modo especial, para a terceira imagem. O quanto são geralmente aplicáveis as reflexões de Rousseau a esse problema?

O filólogo Eric Partridge comentou a tendência geral dos povos primitivos de se referir a si mesmos como "*os* homens" ou "*o* povo", designações que implicam serem eles melhores do que grupos semelhantes, bem

---

30. *Political Economy*, p. 309.

31. Sobre a importância da igualdade, ver *Considérations sur le Gouvernement de Pologne*, especialmente II, pp. 436, 456; *Projet de Constitution pour la Corse*, II, pp. 337-8; e *Political Economy*, p. 306. Sobre a importância da criação do patriotismo, ver *Considérations sur le Gouvernement de Pologne*, especialmente II, p. 437.

como distintos deles[32]. Heródoto descobriu que os persas se consideravam um povo tão grandiosamente superior que avaliavam o mérito de outros povos de acordo com sua proximidade geográfica da Pérsia[33]. Os gregos aplicarem a mesma idéia a si mesmos é lugar-comum na literatura helênica, e os judeus tinham certeza de ser *o* povo eleito de Deus. O sentimento aqui expresso é o sentimento de grupo ou de patriotismo local. Antes do século XVIII, o sentimento confinava-se quer a uma pequena parcela da população espalhada numa área relativamente ampla, quer a uma porcentagem maior de pessoas que viviam numa área relativamente pequena. Um exemplo da primeira situação é a resistência da França à interferência do Papa Bonifácio VIII em questões em torno das quais o rei, a nobreza e o clero se uniam para considerar domésticas. Um exemplo da segunda é o sentimento cívico das cidades gregas e de algumas cidades medievais.

A existência do patriotismo de grupo não tem sentido especial para a nossa análise até que, como diz C. J. H. Hayes, se funde à idéia de nacionalidade. Temos então o fato de imensa importância que é o nacionalismo moderno. Hans Kohn assinala que o nacionalismo é impossível sem a idéia de soberania popular; que a emergência do nacionalismo é sinônimo da integração das massas numa forma política comum[34].

---

32. Partridge, "We Are *The* People". *In*: *Here, There, and Everywhere*, pp. 16-20. Cf. "War". *In*: Sumner, *War and Other Essays*, org. Keller, p. 12: "Talvez nove décimos de todos os nomes atribuídos por tribos selvagens a si mesmas significam 'Homens', 'Os Únicos Homens' ou 'Homens de Homens', ou seja, nós somos homens, e o resto é alguma outra coisa."

33. *The History of Herodotus*, trad. Rawlinson, I, p. 71.

34. Hayes, *Essays on Nationalism*, p. 29; Kohn, *The Idea of Nationalism*, pp. 3-4.

Uma tal integração é o ideal dos escritos políticos de Rousseau, mas ele, tal como Platão, só a julgava possível no âmbito de uma área estreitamente circunscrita – a cidade-Estado[35]. Com o desenvolvimento da tecnologia moderna, especialmente como aplicada aos meios de transporte e de comunicação, tornou-se possível pensar os interesses dos indivíduos como firmemente complementares, mesmo sem o uso dos recursos que Rousseau julgava necessários, em áreas bem mais amplas do que ele poderia visualizar. A escala de atividade mudou, mas não a idéia.

A idéia de nacionalismo não implica que a única adesão seja à nação. Tem-se contudo mostrado cada vez mais verdadeiro em séculos recentes que a maioria das pessoas sente com relação ao Estado uma lealdade que sobrepuja sua lealdade a quase todos os outros grupos. Os homens já sentiram pela Igreja uma lealdade que os dispôs a sacrificar por ela a vida na guerra. A massa de homens vem sentindo nos tempos modernos uma lealdade semelhante pelo Estado nacional. O nacionalismo moderno admite exceções, mas estas raramente resultaram em grande número de negações da primazia da nação nas lealdades de seus cidadãos.

A força centrípeta do nacionalismo pode ela mesma explicar por que se tem condições de pensar os Estados como unidades. Mas é desnecessário basear toda a análise nesse ponto. Rousseau deixou claro que sua análise se aplica a dois casos: 1. se o Estado é uma unidade que pode com alguma propriedade receber o

---

35. Cf. o conselho que ele dá em *Considérations sur le Gouvernement de Pologne*, II, p. 442: "Commencez par resserrer vos limites, si vous voulez réformer votre Gouverment." [Se desejais reformar vosso governo, começai por restringir vossos limites.]

adjetivo "orgânico". Ainda que Rousseau não tenha previsto, isso veio a ser o caso de muitos Estados que na maioria dos outros aspectos se acham bem distantes de seu ideal; 2. se o Estado só é uma unidade no sentido de que algum poder no Estado se estabeleceu a tal ponto que suas decisões são aceitas como decisões do Estado.

Em todo e qualquer Estado real, a situação pode ser descrita da seguinte maneira. Em nome do Estado, formula-se uma política que é apresentada a outros países como se fosse, para usar a terminologia de Rousseau, a vontade geral do Estado. Os dissidentes dentro do Estado são movidos por duas considerações: sua incapacidade de usar a força para alterar a decisão; sua convicção, baseada no interesse percebido e na lealdade consuetudinária, de que, a longo prazo, é vantajoso para eles seguir a decisão nacional e trabalhar por sua mudança de acordo com as formas prescritas e aceitas. Quanto pior o Estado, nos padrões de Rousseau, tanto mais importante a primeira consideração e, em último caso, a unidade do Estado é apenas o puro poder do soberano *de facto*. Por outro lado, quanto melhor o Estado, ou, podemos acrescentar hoje, quanto mais nacionalista, tanto mais a segunda consideração é suficiente; e, em último caso, a concordância dos cidadãos com a formulação da política externa do governo é total. Em ambos os casos, o Estado é visto pelos outros Estados como uma unidade. Todo "Estado" não compatível com os termos da descrição precedente já não poderia ser considerado uma unidade para propósitos de análise de política internacional, mas, como também cessaria de ser Estado, isso não complica nosso problema. Algumas questões vêm a ser questões de política externa; algumas questões de política externa pedem escolhas únicas; algumas dessas escolhas têm de ser apoiadas pelo Estado como um todo sob pena de este desaparecer – e, com ele, o problema da sua unidade. Se temos um Estado, temos uma política externa e, na política externa, o Estado tem de se pronunciar na hora certa em uma só voz.

Há uma consideração adicional que faz a nação agir de modo mais coerente como unidade do que sugere a análise precedente. Em momentos de crise e, de modo especial, na crise da guerra, as tentativas de conseguir uma aprovação quase unânime da política externa têm grandes probabilidades de ser bem-sucedidas. A frente unida é criada pelos sentimentos dos indivíduos, por sua convicção de que sua própria segurança depende da segurança de seu Estado. Esta é imposta pelas ações do Estado, que pune os traidores e recompensa os que são mais eficaz ou espetacularmente patriotas. É imposta pelas pressões de dentro da sociedade: o ultraje do coro em *Os acarnianos* de Aristófanes em reação à defesa dos inimigos de Atenas por Diceópolis reflete-se na experiência de tempos de guerra de todas as sociedades.

Em suma, a unidade de uma nação é alimentada não somente por fatores internos como também pelos antagonismos tão freqüentes nas relações internacionais. Esses antagonismos tornam-se importantes não quando resultam em sentimentos de ódio entre indivíduos de diferentes países, mas quando o Estado mobiliza recursos, interesses e sentimentos por trás de uma política de guerra. Sentimentos de inimizade precedentemente inculcados podem tornar uma política de guerra mais provável, assim como aumentar suas chances de sucesso. Mas a guerra prossegue ainda que o soldado de infantaria da linha de frente prefira fazer tudo menos dar tiros no inimigo. Os indivíduos participam da guerra porque são membros de Estados. Essa é a posição de Rousseau, que afirma que, "se a guerra só é possível entre tais 'seres morais' [Estados], segue-se que os beligerantes não têm nada de pessoal contra inimigos individuais". Um *Estado* guerreia com outro *Estado*. O objetivo da guerra é destruir ou alterar o Estado inimigo. E se o Estado inimigo "pudesse ser dissolvido de um só golpe, nesse mesmo instante a guerra chegaria ao fim"[36].

Não é preciso ir longe para confirmar a hipótese. Lutamos contra a Alemanha na Segunda Guerra Mundial porque a maioria dos alemães seguiu as ordens de Hitler, não porque tantas pessoas nos Estados Unidos sentissem inimizade pessoal pelo povo alemão. O fato de nos opormos não a indivíduos, mas a Estados, possibilitou um rápido realinhamento de Estados depois da guerra, o que é hoje espetacularmente demonstrado pela cooperação dos Estados Unidos com os líderes e o povo de Estados que até há bem pouco tempo eram nossos inimigos mortais.

Podemos voltar agora à teoria de Rousseau das relações internacionais, dando especial atenção aos pontos pelos quais ele se interessa principalmente, ou seja, o ambiente político e as qualidades dos Estados. Sobre o papel do ambiente internacional, Rousseau diz:

> É bem verdade que seria bem melhor para todos os homens permanecer sempre em paz. Mas, como não existe coisa alguma que a assegure, todos, como não têm garantia de poder evitar a guerra, ficam ávidos por ini-

---

36. *A Lasting Peace*, trad. Vaugham, p. 123. Cf. *Social Contract*, pp. 9-10, livro I, cap. iv, e Montesquieu, *The Spirit of the Laws*, trad. Nugent, livro X, cap. iii.

ciá-la no momento adequado aos seus próprios interesses e, assim, pegar um vizinho de surpresa, que por sua vez não deixará de atacar igualmente de surpresa a qualquer momento que lhe seja favorável, de modo que muitas guerras, inclusive as ofensivas, têm antes o caráter de precauções injustas para a proteção das posses do atacante do que são um dispositivo para apoderar-se das posses alheias. Por mais salutar que possa ser na teoria seguir os ditames do espírito público, é certo que, em termos políticos e mesmo morais, esses ditames são passíveis de mostrar-se fatais para o homem que persiste em observá-los com relação a todo o mundo quando ninguém pensa em observá-los com respeito a ele.[37]

A estrutura dentro da qual as nações agem torna fútil a prudência, pois ser prudente é inútil "quando tudo é deixado ao acaso"[38]. O caráter daqueles que agem torna a situação ainda mais desanimadora. "Toda a vida dos reis", diz Rousseau, "é dedicada tão-somente a dois objetivos: estender seu governo para além de suas fronteiras e torná-lo mais absoluto dentro delas. Qualquer outro propósito que eventualmente tenham ou existe em função dessas metas ou não passa de pretexto para alcançá-las."[39] Seus ministros, "para os quais transferem seu dever" sempre que podem, "vivem em perpétua necessidade de guerras, como um recurso para se tornarem indispensáveis ao seu senhor, para lançá-lo em dificuldades de que não pode escapar sem a ajuda deles, para arruinarem o Estado se as coisas derem totalmente errado, como o preço da ma-

---

37. *A Lasting Peace*, trad. Vaugham, pp. 78-9; cf. Montesquieu, *The Spirit of the Laws*, trad. Nugent, livro X, cap. ii.
38. *A Lasting Peace*, trad. Vaugham, p. 88.
39. *Ibid.*, p. 95.

nutenção de seus próprios cargos"[40]. Se num mundo assim a prudência é fútil, a sanidade é absolutamente perigosa, porque "ser são num mundo de loucos constitui por si só uma espécie de loucura"[41].

Sobre as relações entre Estados tal como existem, Rousseau não disse coisa alguma que também não seja encontrada em Espinosa e em Kant, ainda que na maioria dos casos sua formulação seja melhor. Mas a existência de alguns bons Estados, quer definidos de acordo com os padrões jurídicos de Kant, quer com os critérios mais abrangentes de Rousseau, contribuiria para um mundo em paz? Kant respondeu afirmativamente a essa pergunta, e Rousseau, negativamente. A vontade do Estado, que em sua perfeição é geral para cada um dos cidadãos, é somente uma vontade particular quando considerada com relação ao resto do mundo. Assim como a vontade de uma associação dentro do Estado, embora geral por si mesma, pode ser errada quando considerada do ponto de vista do bem-estar do Estado, também a vontade de um Estado, embora justa quando considerada em si mesma, pode estar errada em relação ao mundo. "Logo, não é impossível", afirma Rousseau, "que uma República, ainda que seja bem governada, venha a entrar numa guerra injusta."[42] Para chegar a uma vontade geral para o mundo, ter-se-ia de sublimar a particularidade dos Estados individuais, do mesmo modo como Rousseau insiste que a particularidade das associações privadas deve perder-se no Estado. A nação pode proclamar com convicção que suas aspirações são legítimas do ponto de vista de todos os Estados; mas, a despeito de suas preten-

---

40. *Ibid.*, p. 100.
41. *Ibid.*, p. 91.
42. *Political Economy*, pp. 290-1.

sões, a formulação que cada país faz de suas metas terá validade antes particular do que geral[43]. Sendo assim, a ausência de uma autoridade acima dos Estados para prevenir e conciliar os conflitos que surgem necessariamente de vontades particulares significa que a guerra é inevitável. A conclusão de Rousseau, que também constitui o âmago de sua teoria das relações internacionais, é resumida de maneira precisa, ainda que um tanto abstrata, na seguinte afirmação: não é acidental, mas necessário, que ocorram acidentes entre particularidades[44]. E isso é por sua vez apenas uma outra maneira de dizer que na anarquia não há harmonia automática.

Se a anarquia é o problema, só há então duas soluções possíveis: 1. impor um controle eficaz aos Estados imperfeitos e separados; 2. tirar os Estados da esfera do acidental, ou seja, definir o bom Estado como tão perfeito que deixa de ser particular. Kant tentou uma solução conciliadora tornando os Estados bons o bastante para obedecer a um conjunto de leis a que deram

---

43. Sobre a questão das variações locais de padrões de conduta, de que as reflexões acima são uma extensão, considere-se *La Nouvelle Héloise*, parte II, carta xiv. *In: Oeuvres complètes de J.-J. Rousseau*, IV, p. 160: "Chaque coterie a ses régles, ses jugements, ses principes, qui ne sont point admis ailleurs. L'honnête homme d'une maison est um fripon dans la maison voisine. Le bon, le mauvais, le beau, le laid, la vérité, la vertu, n'ont qu'une existence locale et circonscrite." [Cada grupo tem suas regras, seus juízos e seus princípios que de modo algum são admitidos em outro lugar. O homem honesto em uma casa é um crápula na casa ao lado. O bom, o mau, o belo, o feio, a verdade, a virtude têm apenas existência local e circunscrita.]

44. O que é paralelo à formulação de Hegel: "Os acidentes acontecem em função da natureza do que é acidental, e o destino que os faz acontecer é portanto uma necessidade." *Philosophy of Right*, trad. Knox, seção 324.

voluntariamente assentimento. Rousseau, a quem nesse aspecto Kant não seguiu, enfatiza a natureza particular mesmo do bom Estado, e, ao fazê-lo, evidencia a futilidade da solução que Kant sugere[45]. Ele também torna possível uma teoria das relações internacionais que explica em termos gerais o comportamento de todos os Estados, bons ou ruins[46].

No exemplo da caça ao cervo, a vontade do que apanhou o coelho era racional e previsível de seu próprio ponto de vista. Da perspectiva do restante do grupo, foi arbitrária e caprichosa. Assim, com relação a qualquer Estado individual, uma vontade perfeitamente boa em si pode provocar a violenta resistência de outros Estados[47]. A aplicação da teoria de Rousseau à política internacional é feita com eloqüência e clareza em seus comentários sobre Saint-Pierre e numa obra curta chamada *O estado de guerra*. Sua aplicação corrobora a análise precedente. Os Estados da Europa, escreve ele, "tocam uns nos outros em tantos pontos que nenhum deles pode se mover sem colidir com todos os outros; suas disparidades são tanto mais mortais quanto mais estreitos são seus vínculos". Eles "têm inevitavelmente de cair em querelas e dissensões às primeiras mudanças que ocorrem". E, se perguntarmos por que têm de entrar em choque "inevitavelmente", Rousseau responde: porque sua união é "formada e

---

45. Kant está mais disposto a admitir a força dessa crítica do que de modo geral se percebe. Sobre isso, ver acima, pp. 204-5.

46. Isso naturalmente não equivale a dizer que nenhuma diferença entre o comportamento dos Estados decorre das diferentes constituições e situações dos Estados. Este ponto levanta a questão da relação da terceira imagem com a segunda, que será discutida no cap. oito adiante.

47. *Political Economy*, pp. 290-1.

mantida por nada melhor do que o acaso". As nações da Europa são unidades obstinadas em estreita justaposição com regras que nem são claras nem passíveis de serem impostas para orientá-las. O direito público da Europa não passa de "uma massa de regras contraditórias que nada, a não ser o direito do mais forte, pode reduzir à ordem: de modo que, na ausência de alguma regra segura que a oriente, a razão está fadada, em todos os casos de dúvida, a obedecer aos ímpetos do interesse individual – que por si só tornaria a guerra inevitável, mesmo que todas as partes desejassem ser justas". Nessa condição, é tolice esperar que haja uma harmonia automática de interesses e um acordo e uma aquiescência automáticos quanto a direitos e deveres. Num sentido real, há uma "união das nações da Europa", mas "as imperfeições dessa associação tornam a condição dos que a ela pertencem pior do que seria caso não formassem comunidade alguma"[48].

O argumento é claro. Para os indivíduos, o período mais sangrento da história foi o que precedeu imediatamente o estabelecimento da sociedade. Nesta fase, eles perderam as virtudes do selvagem sem terem adquirido as do cidadão. O último estágio do estado de natureza é necessariamente um estado de guerra. As nações da Europa estão precisamente nesse estágio[49].

Qual é então a causa: os atos caprichosos dos Estados individuais ou o sistema dentro do qual existem? Rousseau enfatiza este último aspecto:

---

48. *A Lasting Peace*, trad. Vaughan, pp. 46-8, 58-9. Cf. *Inequality*, pp. 252-3, e *Émile*, II, pp. 157-8.

49. *A Lasting Peace*, trad. Vaughan, pp. 38, 46-7. Na p. 121, Rousseau distingue entre o "estado de guerra", que sempre existe entre Estados, e a guerra propriamente dita, que se manifesta na intenção estabelecida de destruir o Estado inimigo.

Todos podem ver que aquilo que une qualquer forma de sociedade é a comunidade de interesses, e que o que [a] desintegra é o conflito entre eles; que uma e outra tendência pode ser alterada ou modificada por milhares de acidentes; e portanto que, tão logo uma sociedade é fundada, tem-se de proporcionar algum poder coercitivo para coordenar as ações de seus membros e conferir a seus interesses comuns e obrigações mútuas a firmeza e a coerência que eles nunca podem adquirir por si mesmos.[50]

Enfatizar, porém, a importância da estrutura política não equivale a dizer que os atos que produzem o conflito e levam ao uso da força não têm importância. São os atos específicos as causas imediatas da guerra[51], a estrutura geral que lhes permite existir e espalhar seus desastres. Eliminar todos os vestígios de egoísmo, de perversidade e de estupidez nas nações serviria para estabelecer a paz perpétua, mas é utópico tentar eliminar diretamente todas as causas imediatas da guerra sem alterar a estrutura da "união da Europa".

Que alteração de estrutura é exigida? Rousseau rejeita enfaticamente a idéia de que uma federação voluntária, tal como a que Kant mais tarde propôs, pudesse manter a paz entre Estados. Em vez disso, afirma ele, o remédio para a guerra entre Estados "está apenas numa forma de governo federal que una as nações por

---

50. *Ibid.*, p. 49.

51. Em *ibid.*, p. 69, Rousseau apresenta sua lista exaustiva dessas causas. Cf. *Social Contract*, p. 46, livro II, cap. ix: "Conheceram-se Estados constituídos de tal modo que a necessidade de fazer conquistas entrou em suas próprias constituições, Estados que, para se manterem, viram-se forçados a expandir-se incessantemente." Cf. também *Political Economy*, p. 318; Montesquieu, *The Spirit of the Laws*, trad. Nugent, livro IX, cap. ii.

meio de vínculos semelhantes aos que já unem os membros individuais delas, e que ponha uma, não menos do que a outra, sob a autoridade da Lei"[52]. Kant fez afirmações semelhantes apenas para, corrigindo-as, aniquilá-las, quando passou a considerar a realidade de uma tal federação. Rousseau não modifica seu princípio, como deixa claro a citação a seguir, que em todos os pontos contradiz o programa de Kant para a federação pacífica:

> A federação [que substituiria a "livre e voluntária associação que agora une os Estados da Europa"] tem de incluir entre seus membros todas as potências importantes; é imperativo que tenha um corpo legislativo, dotado de poderes de promulgar leis e regulamentos a cuja obediência todos os seus membros estejam obrigados; que seja dotada de uma força coercitiva capaz de obrigar todos os Estados a obedecerem a suas decisões comuns sejam elas ordens ou proibições; por fim, tem de ser forte e firme o suficiente para tornar impossível que algum membro dela se retire ao seu bel prazer no momento em que considerar seu interesse privado em choque com o do organismo como um todo.[53]

É fácil identificar falhas na solução oferecida por Rousseau. O ponto mais vulnerável é revelado pelas seguintes interrogações: como a federação poderia impor sua lei aos Estados que compreende sem mover guerra contra eles e qual a probabilidade de que a força efetiva esteja sempre do lado da federação? A fim de responder a essas interrogações, Rousseau alega que os Estados da Europa estão numa condição de equilí-

---

52. *A Lasting Peace*, trad. Vaughan, pp. 38-9.
53. *Ibid.*, pp. 59-60.

brio suficientemente boa para evitar que algum Estado ou combinação de Estados prevaleça sobre os outros. Por esse motivo, a margem de força necessária sempre estará do lado da federação. A melhor consideração crítica da fraqueza inerente a uma federação de Estados em que a lei da federação tem de ser imposta aos Estados que são seus membros está nos *Federalist Papers*. Os argumentos são convincentes, mas não precisam ser revistos aqui. A fraqueza prática da solução que Rousseau recomenda não empana o mérito de sua análise teórica da guerra como conseqüência da anarquia internacional.

Conclusão

Este capítulo apresenta uma explicação básica da terceira imagem das relações internacionais. Dois aspectos deixam claro que há ainda um importante terreno a ser coberto. Em primeiro lugar, não há uma relação lógica óbvia entre a proposição de que "na anarquia, não há harmonia automática" e a proposição segundo a qual "entre Estados autônomos, a *guerra* é inevitável", que foram ambas discutidas neste capítulo. O próximo capítulo tentará deixar clara a relação entre elas e delas com a terceira imagem. Em segundo, apesar de a esta altura ter ficado claro haver uma considerável interdependência entre as três imagens, não consideramos sistematicamente o problema de inter-relacioná-las, o que será feito no capítulo oito.

CAPÍTULO SETE

Algumas implicações
da terceira imagem

*Exemplos da economia,
da política e da história*

> Enquanto existirem nações e impérios, to-
> dos empedernidamente preparados para
> exterminar seu rival, todos sem exceção
> têm de estar equipados para a guerra.
>
> FREUD, *Civilization, War and Death*

Há dois aspectos a serem considerados na afirmação que abre este capítulo, um deles com implicação
positiva e o outro com implicação negativa. Em termos positivos, para tornar necessário que países com
inclinação pacífica se armem, alguns países têm de estar prontos a usar a força e dispostos a isso para fazer
prevalecer sua vontade. Em termos negativos, tem de
estar ausente a autoridade capaz de prevenir o uso unilateral dessa força. Se ambas as condições, a positiva
e a negativa, estiverem presentes, os países pacíficos
têm logicamente de examinar o estado de seus armamentos, não porque queiram ganhar algo com a guerra, mas por desejarem tanto evitar que ela ocorra como
proteger-se caso venha a ocorrer.

A força ou a ameaça da força é usada dentro dos
Estados ou entre Estados porque alguns homens ou Estados são maus? Talvez sim, mas essa não é a única
razão; mesmo homens bons e Estados bons recorrem

de vez em quando à força em suas relações. A guerra é então decorrência das divergências entre os Estados, sejam eles bons ou maus? Francisco I, quando interrogado sobre que desacordos explicavam as constantes guerras entre ele e o cunhado, Carlos V, supostamente respondeu: "Absolutamente nenhum. Concordamos perfeitamente: eu e ele desejamos controlar a Itália!"[1] Bondade e maldade, acordo e desacordo, podem ou não levar à guerra. E o que então explica a guerra entre Estados? A resposta de Rousseau é na verdade que a guerra ocorre porque não há nada que a evite. Tanto entre Estados como entre homens, não existe um ajuste automático de interesses. Na ausência de uma autoridade suprema, há portanto a possibilidade constante de que os conflitos venham a ser resolvidos mediante a força.

Que efeitos tem sobre a política e o comportamento dos Estados a condição de anarquia entre eles, condição na qual cada Estado tem de apoiar-se em seus próprios recursos e dispositivos para assegurar seu bem-estar? Esta pergunta pode ser respondida com base no que se disse no capítulo seis. Deveria ser respondida de maneira mais completa e com maior pertinência. Este capítulo oferecerá mais alguns detalhes e fará algumas outras considerações. Na primeira e na segunda parte, dois aspectos comuns mas controversos das relações internacionais, as tarifas e o equilíbrio de poder, serão discutidos levando-se em conta o papel explicativo da terceira imagem. Na última seção, serão estabelecidas relações entre a terceira imagem e alguns comentários não teóricos, passados e presentes, sobre a política internacional.

---

1. Citado em Schuman, *International Politics*, p. 261.

Tarifas nacionais e comércio internacional

Antes de aplicar a análise de Rousseau a problemas da economia internacional, vale a pena examinar um caso de conflito dentro de uma economia nacional. Esse caso vai ilustrar tanto a origem do conflito como seu controle social.

O interesse dos trabalhadores de qualquer setor da economia é proteger o emprego e levar os salários ao nível mais elevado possível. Esse interesse conduziu muitas vezes, de um lado, a uma obstinada resistência a avanços tecnológicos que poupam mão-de-obra e, do outro, ao desenvolvimento de sistemas de aprendizado conservadores. Se suas práticas restritivas forem bemsucedidas, um determinado grupo de trabalhadores obterá um retorno por seus serviços relativamente maior do que o de todos os outros grupos de trabalhadores, alguns dos quais estão em campos menos suscetíveis a essa manipulação. Os exemplos são numerosos. Um dos mais fascinantes é a série de guerras em pequena escala movida por motoristas de caminhões que transportam petróleo quando das primeiras tentativas de transportar o produto por oleodutos a partir dos campos petrolíferos da Pensilvânia. Opunha-se aos interesses dos trabalhadores no sentido de proteger seu emprego e seus salários atuais o interesse da sociedade como um todo de aumentar ao máximo a produção por dólar gasto. Se o interesse de um grupo social for suficientemente urgente e as circunstâncias permitirem, o grupo lutará, como fez na Pensilvânia, a fim de preservar a situação vigente. Se o interesse da sociedade como um todo for suficientemente claro e a sociedade forte o bastante, ela controlará o grupo dissidente. No exemplo escolhido, é evidente que os interesses presentes e futuros da sociedade exigiam que os transportadores fizessem o que poderia ser um doloroso ajuste. Como os interesses particulares dos transportadores não lhes permitiam perceber isso, a guerrilha eclodiu. Uma sociedade bem organizada usa vários recursos para eliminar tal uso da força. A lei existente pode prever punições, podem-se criar novas leis, assim como é possível ajudar as pessoas temporariamente prejudicadas a fim de levá-las a um ajuste voluntário. Na maioria dos casos, a ação dos que buscam uma solução por meio da força é fisicamente limitada pela falta de uma base territorial e pela escassez de armas. Psicologicamente, a limitação pode vir de uma lealdade consuetudinária à sociedade como um todo.

Claro que o incidente dos oleodutos foi simplificado. É incomum que ocorra um conflito como esse entre um grupo e a sociedade como um todo, sendo mais comum o conflito de grupo contra grupo. Nesse caso, as leis da sociedade apoiaram os empregadores contra os trabalhadores. Essa mesma ocorrência em outros casos de conflito entre esses dois grupos pode contrariar o interesse da sociedade como um todo. O aspecto importante não é contudo a existência num Estado de uma maneira de tomar e de fazer cumprir as decisões *corretas*, mas antes o fato de alguma decisão ser tomada e seguida. Assim, Hans Kelsen alegou que "a justiça é uma idéia irracional. Por indispensável que seja à volição e à ação dos homens, ela não é objeto de cognição. Do ponto de vista da cognição racional, há somente interesses e, por conseguinte, conflitos de interesses". Pode-se satisfazer um conjunto de interesses à custa de outro, assim como se pode chegar a uma solução de compromisso. Mas não se pode dizer que uma dessas maneiras de lidar com o conflito é justa e a outra injusta[2]. Na política doméstica, as discussões importantes sobre medidas que seriam um pouco melhores ou um pouco piores obscurecem a importância maior de serem elas *uma* decisão. Por exemplo, foi mais importante do que os méritos da discussão sobre se as áreas costeiras devem estar sob a jurisdição dos governos estaduais ou do governo federal a existência de um processo governamental para resolver a disputa. A solução foi errada sob alguns pontos de vista e correta sob outros; mas um momento de reflexão mostrará que tomar e impor uma decisão "arbitrária" é na maioria dos casos preferível a serem "o certo e o errado" resolvidos pela força. O imperativo categórico de Kant não tem aqui utilidade em si. Ele nos diz apenas que uma ou outra decisão está de acordo com o princípio da justiça, sendo portanto aceitáveis – que não devemos lutar por causa delas. Mas lutar é exatamente o que podemos fazer na ausência de uma autoridade decisória efetiva. O fator importante é antes a autoridade que o imperativo categórico quando o que está em jogo é a paz. Não em todos, mas em grande número de casos, uma solução imperfeita imposta pela autoridade é infinitamente preferível à ausência de solução.

Do ponto de vista internacional, não há na maioria das vezes qualquer decisão. O exemplo a seguir ilustra a dificuldade de alcançar os fins que se têm na ausência de um sistema decisório a cuja obediência todas as partes envolvidas sejam obrigadas[3]. Suponha que dois

---

2. Kelsen, *General Theory of Law and State*, trad. Wedberg, pp. 13-4.

3. Baseado em Scitovszky, "A Reconsideration of the Theory of Tariffs". *In*: *Readings in the Theory of International Trade*; Robbins, *The Economic Basis of Class Conflict and Other Essays in Political Economy*, especialmente pp. 108-17; e Robbins, *Economic Planning and International Order*, especialmente pp. 311-6.

países estejam tentando maximizar o bem-estar econômico de seus membros – uma meta boa em si. Os bens materiais que cada país terá de dividir entre seus membros aumentarão por meio de uma divisão internacional do trabalho baseada no livre fluxo de recursos e de produtos entre esses dois países. Podemos então dizer que os dois países constituem uma "sociedade" no sentido de que os seus membros têm um objetivo comum. Mas, dada uma elasticidade de demanda bem comum da parte do país A pelos produtos do país B, este pode aumentar o bem-estar nacional impondo uma tarifa[4]. Então, o país A, se for esperto, vai se contrapor à tarifa do país B impondo sua própria tarifa. A cada passo, o bem-estar dos países em questão em conjunto irá se reduzir, mas depois de cada aumento por B, A recupera parte de sua perda recente aumentando mais sua própria tarifa. Isso pode prosseguir até um determinado ponto, que provavelmente será alcançado antes de todo o comércio ser eliminado, ponto depois do qual não haverá sequer uma vantagem relativa a ser obtida de mais aumentos de tarifas. O importante é que, originalmente, cada país pretendia apenas aumentar o próprio bem-estar. Ações unilaterais voltadas para a busca "racional" de uma meta legítima levaram a um decréscimo líquido do bem-estar de ambos os países.

Os dois países não poderiam ter previsto desde o começo o resultado e evitado uma competição tola? Tendo levado o jogo até sua conclusão insatisfatória, não vão eles acordar entre si a volta à situação original e permanência nela? Essas são boas perguntas se continuarmos a supor a relação entre apenas dois países. Com muitos países no cenário, porém, qualquer um deles pode julgar ter condições de negligenciar o

---

4. B melhora seus termos de comércio.

perigo da retaliação. O problema é que, uma vez iniciada a competição em protecionismo, o interesse imediato de cada país faz que ele a prossiga. Na alegoria da caça ao cervo de Rousseau, um dos homens apanha um coelho ainda que sua ação implique a perda do cervo pelos outros. No exemplo em questão, cada país está tentando pegar o coelho (uma vantagem sobre os vizinhos) *sem* perder o cervo (as vantagens de uma divisão internacional do trabalho). É correto então dizer que o resultado decorre do fato de cada país perseguir *racionalmente* seus interesses econômicos? Scitovszky responde: "Chamar de irracional a elevação de tarifas fundamentando-se nesses pressupostos equivaleria a chamar de irracional o comportamento competitivo."[5]

Com base numa análise semelhante, Lionel Robbins chama efetivamente o protecionismo de irracional[6]. É claro que, logicamente, ele tem de chamar de irracionais os esforços de todo indivíduo ou grupo no sentido de alcançar uma posição monopolista ou monopsonista, e, em conseqüência, chamar de irracional o esforço de maximização de lucros – o que ele claramente não pretende fazer. A explicação da concordância entre Scitovszky e Robbins em suas análises e avaliações ao lado de sua divergência com relação ao termo descritivo atribuído ao tipo de ação que leva ao protecionismo advém do fato de "racional" ser usado aqui em dois sentidos distintos, como muitas vezes acontece: 1. Um ato é racional se tiver a longo prazo efeitos positivos. As restrições ao comércio internacional seriam uma política racional, por exemplo, se sua meta

---

5. Scitovszky, "A Reconsideration of the Theory of Tariffs". *In*: *Readings in the Theory of International Trade*, pp. 375-6.

6. Robbins, *The Economic Basis of Class Conflict*, p. 122.

fosse aumentar o bem-estar econômico do país e se de fato elas fossem bem-sucedidas. 2. Um ato baseado num cálculo de fatores, incluindo as ações dos outros, é racional. Neste sentido, racional se refere a um processo mental. Um ato pode com efeito ser *errado* (não calculado corretamente para alcançar sua meta) sem ser por isso *irracional*. Dada uma certa estrutura legal, a ação dos indivíduos voltada para a maximização dos lucros é racional no primeiro sentido: os resultados dessa ação costumam ser considerados bons. Dada uma estrutura legal de um tipo diferente, os esforços de cada Estado voltados para "maximizar os lucros" levam a resultados que seria difícil imaginar como advindos do comportamento racional. A razão deveria ter ditado a todos esses países que ficassem fora da "competição tola". Mas uma vez que um país começa, os outros se vêem intensamente tentados a seguir seu exemplo. O importante é que a busca de lucros, passível de ser controlada de tal maneira que produza domesticamente resultados desejáveis, pode gerar resultados claramente indesejáveis nas relações internacionais, em que as atividades não se acham submetidas a controles comparáveis. Podemos chamar essas ações de racionais no plano doméstico e irracionais no internacional se quisermos, mas fazê-lo obnubila o fato de estarmos às voltas com problemas semelhantes em ambientes diferentes, de em ambas as situações os formuladores de políticas poderem muito bem estar tentando calcular corretamente[7]. Negligenciar os diferentes ambien-

---

7. Robbins se dá conta disso. Por exemplo, ele diz: "Caso exista uma 'mão invisível' numa ordem não-coletivista, só opera no quadro de uma lei e de uma ordem deliberadamente arquitetadas." Além disso, ele alega que o conflito pode ser decorrência de desarmonias *objetivas*: "Quando as condições de oferta e demanda são tais que

tes de ação leva-nos a explicar por meio da ação humana fenômenos acerca dos quais a explicação por meio da estrutura sociopolítica é a um só tempo mais precisa e mais útil.

E, deve-se acrescentar, num certo sentido, os problemas nacionais e internacionais se fundem. Suponhamos que a indústria do aço alcance um monopólio doméstico. Na ausência de motivos altruístas, a quantidade de aço produzida será reduzida[8] a ponto de o preço agora aumentado multiplicado pela quantidade reduzida maximizar os lucros da indústria. Os interesses dos proprietários são acrescidos do montante de aumento líquido dos lucros. Agora suponhamos que isso venha a acontecer com um número cada vez maior de indústrias. Não é difícil visualizar um progressivo engessamento da economia que redundará num padrão de vida generalizadamente mais baixo e deixará todos numa condição absolutamente pior do que na situação pré-monopolista. Esse caso hipotético extremo pode decorrer do impulso perfeitamente normal, e, em certas condições, admirável, de todo empreendedor de maximizar seus lucros. Nada há de irracional na busca de lucros pelo indivíduo, mas isso pode muito bem resultar em uma situação que, semelhante à do comércio internacional, dificilmente pode ser concebida como

---

ou os compradores e vendedores têm de enfrentar organizações monopolistas ou permitem aos próprios compradores e vendedores agirem como grupos, estão presentes as condições objetivas do conflito." (*The Economic Basis of Class Conflict*, pp. 6, 24). É portanto óbvio que, no contexto de sua análise, o uso que Robbins faz da palavra "irracional" não tem relevância. Ao discutir os sentidos das palavras "racional" e "irracional", não pretendemos criticar Robbins, mas antes esclarecer alguns dos problemas que estão na base de situações de conflito.

8. A partir do nível que teria em condições de competição.

decorrente de certo número de cálculos "racionais" independentes. O resultado final é ruim, mas, mesmo que se reconheça isso, pode não haver maneira de sair do sistema de monopólios. Por quê? Embora a maioria das indústrias se beneficie se todas elas abandonarem as práticas monopolistas, qualquer indústria que abandone suas posições monopolistas quando as outras não se dispõem a fazê-lo sofrerá perdas. Na ausência de um acordo espontâneo e quase unânime, faz-se necessária a ação governamental.

Em termos absolutos, o monopólio privado no comércio doméstico é tão indesejável para todos quanto o protecionismo no comércio exterior. Mas a desistência dos esforços de maximização dos lucros – esforços que envolvem impulsos de atingir posições monopolistas – da parte de algum ou de um pequeno número de empreendedores implica diretamente em suas desvantagens. A esse respeito, o depoimento de Harlow Curtice, na época presidente da General Motors, perante o comitê do Senado sobre o sistema bancário dos EUA é ao um só tempo instrutivo e inquestionável:

> A única maneira para que uma companhia como a General Motors possa ao menos estar, em termos de competitividade, na posição em que se encontra consiste em trabalhar com o máximo de agressividade possível para melhorar sua posição. Relaxar por um único instante se traduziria somente em perdas de posição. Por um período de quatro anos, no começo da década de 1920, uma única empresa vendeu entre 55% e 60% de todos os automóveis no mercado americano. Ela oferecia o carro de menor preço da indústria, mas não conseguiu suportar o ímpeto competitivo das outras companhias. Isso poderia acontecer novamente. Logo, não é possível abandonar a competição plena e agres-

siva devido a alguma tendência de acomodação advinda dos êxitos que se obtêm sem se perder a posição competitiva.

A General Motors não tem mercados garantidos. Não temos proteção contra a concorrência. Nem dispomos de alguma taxa garantida de retorno de nosso capital.[9]

Uma determinada firma só pode limitar seu empenho caso outras também o façam. É utópico esperar que todas ajam assim. Na economia doméstica isso é de um modo geral reconhecido. Se não conseguem regular as atividades individuais, as forças da competição são substituídas pela legislação. E, se isso fracassa, não se pode culpar o empreendedor individual por ter seguido seu "instinto econômico". Adam Smith observou certa vez que "nunca ouvi dizer que tenham realizado grandes coisas aqueles que simulam praticar o comércio visando ao bem público"[10]. Sempre há, não obstante, pessoas que acreditam na administração da política econômica por meio da exortação. Assim, instam-se periodicamente os empreendedores a manter os preços baixos voluntariamente, o que presumivelmente atenderia aos interesses da economia nacional e, portanto, ao real interesse de todo empreendedor[11].

---

9. *Stock Market Study*. Depoimentos perante o comitê do Senado dos Estados Unidos sobre o sistema bancário, 84ª Legislatura, 1ª Sessão, 18 de março de 1955, pp. 821-2. Compare-se com Curtice Catarina, a Grande, que, em condições aproximadamente comparáveis, observou que "quem não ganha coisa alguma perde". Citado em Martin, *The Rise of French Liberal Thought*, p. 262.

10. Smith, *The Wealth of Nations*, p. 399, livro IV, cap. ii.

11. Cf. a declaração à imprensa do presidente Eisenhower, em 6 de fevereiro de 1957: "Ora, quando afirmei que os empresários e os trabalhadores têm de cumprir suas responsabilidades e exercer sua

Mas, quando se considera um certo número de empreendedores, a lógica do apelo cai por terra, dado que a cooperação da maioria serviria para enriquecer a minoria que não coopera. A sabedoria individual pode representar a insanidade coletiva, mas, nas condições descritas, é difícil perceber o que o indivíduo pode fazer.

Nas relações internacionais, entende-se com menos freqüência que é utópico esperar que cada país formule uma política econômica que venha a trazer vantagens para todos os países[12]. A incapacidade de todos os Estados de agirem assim traz desvantagens para todos eles, inclusive para ele próprio; mas, mesmo que isso fosse percebido, as políticas "corretas" não seriam adotadas espontânea e universalmente. Os cálculos individuais a que se chega de modo racional, do ponto de vista de cada calculador considerado individualmente, não resultam automaticamente, em condições de anarquia, na harmonia social. A aproximação ou não da harmonia depende tanto do contexto da ação como da ação em si.

O exemplo das tarifas, assim como o do oleoduto, era simplificado. Porém acrescentar os impulsos mais comuns de impor restrições apenas reforça o argumento. O raciocínio que aplicamos de modo um tanto arti-

---

autoridade de acordo com as necessidades dos Estados Unidos, eu não lhes pedia simplesmente, de modo algum, que fossem altruístas. Seu interesse de longo prazo está envolvido nisso, e eu lhes peço apenas que ajam como americanos esclarecidos." *New York Times*, 7 de fevereiro de 1957, p. 12. O ex-presidente Harry Truman afirmou algo semelhante num artigo em *ibid.*, 28 de maio de 1957, p. 1.

12. Strausz-Hupé, por exemplo, trata o livre comércio simplesmente como algo que deveria ser assim. *The Balance of Tomorrow*, p. 226.

ficial aos Estados aplica-se com a mesma lógica e uma menor artificialidade aos grupos dentro dos Estados em cujo benefício são instituídas as tarifas e cotas. Os plantadores de algodão do Wyoming e do Oregon ganharam com a tarifa protecionista aplicada ao algodão; os Estados Unidos como um todo perderam. Mas não se pode ter a expectativa de que grupos que esperam beneficiar-se diretamente com a proteção evitem pedi-la, assim como não se pode esperar que a indústria automobilística perca o interesse em ganhar dinheiro. É mais comum que razões que não as incluídas no modelo de Scitovszky, como a pressão de indústrias domésticas incapazes de competir com produtores estrangeiros relativamente mais eficientes, expliquem a espiral ascendente de dispositivos restritivos. Isso não deve obscurecer a importância de sua análise. Ele supõe que o interesse de cada país, e não o de subgrupos nacionais, é a meta da política do Estado, e pergunta então o que pode acontecer. Ao perguntar, apresenta o problema em sua forma menos difícil e deixa claro o mínimo de imperfeição que basta para produzir o resultado indesejado. Se um país dá início a uma política de proteção, os outros são tentados a segui-lo. A adoção por um país de uma política de proteção é bastante garantida pelo desejo de maximizar o bem-estar econômico. A desconsideração da futilidade de longo prazo dessa política é bastante garantida pela qualidade finita da razão humana e, o que é mais relevante, pelas exigências da ação racional impostas por uma condição de anarquia.

Há naturalmente alguns argumentos plausíveis em favor da restrição, muitos deles mais populares agora entre os economistas do que em toda e qualquer época a partir de Adam Smith. Mas ninguém que possua competência técnica vai alegar que o atual conjunto de restrições atende aos interesses de algum país. Se deve haver controle, digamos, em favor do interesse do planejamento doméstico[13], de modo geral há consenso de que esses controles devem estar num nível que permita um volume maior de comércio por todo o mundo. O problema é como expandir o comércio pelo mundo como um todo enquanto cada país estiver competindo por vantagens nacionais? Como o país A, em qualquer revisão descendente de restrições, terá certeza de que B não fica com a parte do leão? Ambos os países vão ganhar, mas B pode ganhar um pouco mais. Mesmo quando não estão envolvidos muitos outros fatores, essa preocupação tem muitas probabilidades de trazer à baila as considerações contidas no modelo de Scitovszky – não somente porque todos os países são egoístas, mas porque a competição no comércio exterior é muito acirrada.

Aqui está certamente um caso em que uma solução imperfeita seria melhor do que nenhuma solução. Uma decisão de reduzir as barreiras comerciais entre os Estados beneficia alguns países mais do que outros, mas a longo prazo e em termos absolutos beneficia todos os países. Em uma condição de anarquia, entretanto, o ganho relativo é mais importante do que o absoluto! Trata-se de uma proposição que ficará mais clara quando se adicionarem, na próxima seção, considerações de poder político a preocupações puramente econômicas.

---

13. Ver, por exemplo, Webb, "The Future of International Trade". *In*: *World Politics*, V, 1953, especialmente pp. 430, 435-7; Keynes, "National Self-Sufficiency". *In*: *Yale Review*, XXII, 1933, especialmente pp. 761-3.

O equilíbrio de poder nas relações internacionais

Toda a noção de equilíbrio de poder, disse John Bright há cem anos, é "uma ilusão prejudicial que chegou até nós vinda de tempos passados". O equilíbrio de poder é algo impossível como o movimento perpétuo, uma quimera em busca da qual a Grã-Bretanha gastou bilhões de libras[14]. Nada de quimera, nem de ilusão, mas um fato da vida política, uma lei descritiva, científica, disse Hume cerca de cem anos antes, e Morgenthau, cerca de cem anos depois[15].

Se o equilíbrio de poder é uma ilusão, como diz Bright, trata-se de uma ilusão de longa data. No século V a.C., Tucídides explicou a política de Tissafernes, rei dos persas, como voltada para manter "o equilíbrio estável entre as duas potências adversárias", Atenas e Lacedemônia[16]. No século II a.C., Políbio, em sua explicação das políticas de Hierão[17], deixa brilhantemente claro o efeito das preocupações com o equilíbrio de poder sobre o pensamento do estadista. Quando as legiões romanas chegaram pela primeira vez à Sicília para ajudar os mamertinos, Hierão, percebendo a força relativa dos romanos e concluindo que as perspectivas destes eram melhores que as dos cartagineses, fez aos romanos propostas de paz e de aliança, que eles aceitaram. Anos depois, ainda que continuasse aliado de

---

14. Bright, *Speeches*, org. Rogers, pp. 233, 460-1, 468-9.

15. Hume, "On the Balance of Power". *In*: *Essays Moral, Political, and Literary*, I, pp. 348-56; e Morgenthau, *In Defense of the National Interest*, pp. 32-3.

16. Tucídides, *History of the Peloponnesian War*, trad. Jowell, livro VIII, § 57; cf. § 87.

17. Rei de Siracusa, 270-216 a.C.

Roma, Hierão alarmou-se com o alcance do sucesso dos romanos e enviou assistência a Cartago. Estava convencido, como explica Políbio, de que

> era de seu interesse, a fim de garantir tanto seus domínios sicilianos como sua amizade com os romanos, que Cartago fosse preservada e que o poder maior não pudesse alcançar seu objetivo último inteiramente sem esforço. A esse respeito, ele raciocinou sábia e sensivelmente, porque nunca se devem negligenciar esses aspectos, nem contribuir para que um só Estado adquira um poder tão preponderante que nenhum outro se atreva a contestá-lo mesmo pelos seus direitos legítimos.[18]

Mas "equilíbrio de poder" é uma expressão por vezes assustadora e outras vezes desnorteante. As pessoas divergem sobre seu caráter positivo ou negativo, sobre quem o aprovou ou desaprovou e mesmo sobre se ele existe ou não. William Graham Sumner, por exemplo, alinha-se com os Pais Fundadores – é contra o equilíbrio de poder[19]. Mas Hamilton, que sempre foi considerado um dos Pais Fundadores, percebeu e declarou, em seu estilo claro costumeiro, que a segurança dos Estados Unidos, se não dependia do envolvimento das potências européias umas com as outras, certamente aumentava com isso[20]. Um tanto à maneira de Sumner,

---

18. Políbio, *The Histories*, trad. Paton, I, 41, 225, livro I, seções 16, 83. O exemplo de Hierão é o que Hume usa.

19. Em conformidade com os Pais Fundadores, ele diz: "Não deveria haver equilíbrio de poder e 'razões de Estado' que custassem a vida e a felicidade dos cidadãos." Sumner, "The Conquest of the United States by Spain". *In: War and Other Essays*, p. 333.

20. Hamilton, "Americanus II". *In: Works*, org. Lodge, V, pp. 88-94. Cf. *The Federalist*, n°s 4-5 (Jay), 6-8 (Hamilton).

Frank Tannenbaum rejeita enfaticamente a doutrina do equilíbrio de poder, atribuindo os êxitos passados da política externa norte-americana ao fato de termos renunciado, em nossos atos, ao equilíbrio de poder, favorecendo em vez disso políticas do Estado coordenado. A política do equilíbrio de poder é em sua opinião tão contrária a todas as tradições e instituições dos Estados Unidos que sua adoção por nós é inconcebível[21]. Alfred Vagts concluiu no entanto, depois de um cuidadoso estudo da história diplomática e militar européia e norte-americana, que a sobrevivência e o bem-estar dos Estados Unidos sempre estiveram estreitamente associados ao funcionamento de um sistema de equilíbrio na Europa[22].

O equilíbrio de poder é uma ilusão ou uma realidade? É algo que os viciosos e estúpidos buscam e os puros e sábios rejeitam? Os Estados Unidos, ao longo de sua história, libertaram-se da dependência da política externa de equilíbrio ou ao dizer agora que se libertaram agimos como o rico que proclama que o dinheiro nada significa para ele? Só é possível responder a essas interrogações examinando mais detidamente a lógica do equilíbrio de poder, lógica intimamente vinculada com a terceira imagem das relações internacionais.

Um homem atacado por supostos ladrões na rua principal pode alimentar a razoável esperança de que a polícia frustre os atacantes ou recupere o produto do roubo. As chances de se sair impune do crime são su-

---

21. Tannenbaum, "The American Tradition in Foreign Policy". *Foreign Affairs*, XXX, 1951, pp. 31-50; e "The Balance of Power versus the Co-ordinate State", *Political Science Quarterly*, LXVII, 1952, pp. 173-97.

22. Vagts, "The United States and the Balance of Power", *Journal of Politics*, III, 1941, pp. 401-49.

ficientemente pequenas para reduzir esses incidentes a um ponto bem distante daquele em que os cidadãos comuns comecem a portar armas. Mas os Estados não gozam de nenhuma garantia, mesmo imperfeita, quanto à sua segurança, a não ser que se empenhem em proporcioná-la a si mesmos. Se a segurança é algo que o Estado deseja, esse desejo, ao lado das condições nas quais existem todos os Estados, impõe certas exigências a uma política externa que pretende ser racional. As exigências são *impostas* por uma sanção automática: o afastamento do modelo racional põe em risco a sobrevivência do Estado[23]. A pista para as limitações da política imposta pela condição de anarquia entre Estados está contida na máxima: "A estratégia de todos depende da estratégia de todos os outros", afirmação que aparece na popularização feita por John McDonald da teoria dos jogos de John von Neumann e Oskar Morgenstern[24]. Quem deseja ganhar um simples jogo de

---

23. Por várias razões, a pressão para que se adote a estratégia "correta" pode encontrar resistências. Falando das guerras entre os teutônicos, Tácito afirmou: "Que as nações mantenham e perpetuem, se não afeição por nós, ao menos animosidade umas pelas outras! Porque, embora o destino do império seja de fato premente, a fortuna não nos pode conceder maior benefício do que a discórdia entre nossos inimigos." (*A Treatise on the Situation, Manners, and Inhabitants of Germany*, § 33. *In*: *Works*, Oxford, trad. rev., vol. II.) Nos termos usados aqui, as tribos teutônicas não tinham interesse suficiente em ganhar o jogo da competição pelo poder com Roma a ponto de desistir dos jogos que praticavam entre si.

24. McDonald, *Strategy in Poker, Business and War*, p. 52. A referência à teoria dos jogos não implica haver uma técnica por meio da qual se possa abordar matematicamente a política internacional. Mas a política do equilíbrio de poder pode ser descrita com proveito por meio dos conceitos de Von Neumann e Morgenstern – aquilo que pode ser explicado sem referência a suas especulações talvez fique mais claro por meio de comparações qualificadas entre o comporta-

cartas, e na verdade todo e qualquer jogo com dois ou mais jogadores, tem de seguir uma estratégia que leve em conta a(s) estratégia(s) do(s) outro(s) jogador(es). E, se houver três ou mais jogadores, a pessoa poderá em alguns casos ter de formar uma coalizão, ainda que isso possa significar cooperar com seu recente "inimigo", alguém que continua a ser um inimigo potencial. Essa necessidade surge mais obviamente quando um homem vai ganhar dentro de pouco tempo caso seus adversários não se ajudem mutuamente. Não há naturalmente nada automático com respeito à formação de uma coalizão. Ela pode não vir a se formar: porque os dois homens que esperamos que venham a se ajudar são não cooperadores inveterados, porque eles não gostam demais um do outro para cooperar mesmo em benefício mútuo, porque não são inteligentes o bastante para cooperar ou porque o jogo é do tipo em que é difícil perceber o momento certo para a cooperação. Mas o que diríamos de alguém que, nessas condições, denunciasse a simples idéia de uma coalizão? Apenas que ele não percebeu a essência do jogo ou decidiu que outras coisas, sentimentos contrários ou princípios morais, têm mais valor do que ganhar o jogo.

As ações dos Estados na política internacional podem ser consideradas a partir desse modelo esboçado grosseiramente? É necessária uma considerável elaboração, que exigiria ir além da popularização por John McDonald da teoria original de Von Neumann e Mor-

---

mento dos jogadores e o dos participantes das relações internacionais. Para referências a algumas das dificuldades não resolvidas pela teoria dos jogos, ver adiante, n. 28. Para uma notável tentativa de aplicar a teoria dos jogos à estratégia na política internacional, ver Kaplan, *System and Process in International Politics*, parte IV.

genstern. Um jogo de cartas, como o pôquer, é um jogo de soma zero: meus ganhos somados aos seus ganhos equivalem exatamente às perdas de nosso adversário ou de nossos adversários. Num jogo de soma zero, o problema é todo de distribuição, e não tem nada a ver com produção. Mas as atividades em que homens e Estados se envolvem raramente correspondem a um jogo de soma zero. O problema pode ser tanto de produção como de distribuição. O jogo, na terminologia de Von Neumann e Morgenstern, se torna um jogo geral. Num jogo geral, "a vantagem de um grupo de jogadores não é necessariamente sinônimo de desvantagens do outro. Em tal jogo, pode haver movimentos – ou melhor, mudanças de estratégia – vantajosos para ambos os grupos. Em outras palavras, pode haver uma oportunidade de genuínos aumentos de produtividade ao mesmo tempo em todos os setores da sociedade"[25]. Trata-se de uma situação em que não temos apenas um bolo para dividir, mas também o problema do tamanho do bolo a ser feito. Nessas condições, o jogo pode se encaminhar para um de dois extremos. 1. Pode tornar-se um simples problema de maximização: todos os jogadores podem cooperar para que se faça o maior bolo possível[26]. Na política internacional, isso corresponde ao caso hipotético em que todos os Estados se unem tendo a natureza por adversário. 2. Todos os jogadores podem estar tão voltados para como se deve dividir o bolo já existente que se esquecem da possibilidade de aumentar o montante que cada um terá se trabalharem todos juntos para fazer um bolo maior.

---

25. Von Neumann e Morgenstern, *Theory of Games and Economic Behavior*, p. 540.

26. *Ibid.*, p. 517.

Em vez de um problema de máximo simples, o jogo transforma-se então em um jogo de soma zero ou soma constante[27]. Na política internacional, isso corresponde em termos gerais à situação que prevalece agora, na qual se formaram dois lados e o ganho de um deles costuma ser considerado a perda do outro. Há outra possibilidade. Pode ser que ninguém goste de bolo ou que todos gostem mais de outra coisa. Nesse caso, simplesmente não há jogo.

Até que ponto os Estados têm escolha entre essas três alternativas? Um jogo precisa ter um objetivo. No pôquer, o objetivo de cada jogador é ganhar o máximo de dinheiro possível. Os Estados têm muitos objetivos. Alguns podem estar voltados para a conquista do mundo, outros para a hegemonia local e outros ainda podem não desejar nenhuma hegemonia mas simplesmente serem deixados em paz. É comum aos desejos de todos os Estados o anseio de sobrevivência. Mesmo o Estado que deseja conquistar o mundo também quer, no mínimo, continuar sua existência presente. Se todos os Estados quisessem apenas sobreviver, nenhum deles precisaria manter forças militares para uso na ação defensiva ou ofensiva. Mas, sempre que alguns Estados dão a impressão de que a sobrevivência não exaure a totalidade de suas ambições políticas, os outros são logicamente forçados a cuidar de suas defesas. Muitos Estados podem preferir participar de um jogo em que todos os Estados cooperem para tentar resolver os problemas de maximização. Outros podem preferir não participar de jogo algum. A implicação da teoria dos jogos, que também é a implicação da terceira imagem, é no entanto que a liberdade de escolha de qualquer

---

27. Estrategicamente, estes se equivalem entre si. *Ibid.*, p. 348.

Estado específico é limitada pelas ações de todos os outros Estados. E essa limitação se aplica tanto ao processo de decidir de que jogo participar como à prática concreta do jogo!

Dado um número suficiente de jogadores envolvidos num jogo competitivo, Von Neumann e Morgenstern demonstram com um rigor matemático convincente as possíveis vantagens das combinações entre eles[28]. O jogador esperto estará atento a uma oportunidade de aumentar seus ganhos ou reduzir suas perdas mediante a cooperação com outro. Do mesmo modo, na política internacional, como os participantes não se consideram jogadores de um jogo em que todos se concentram na produção e nenhum se preocupa com a distribuição, os Estados sempre se sentirão tentados a formar coalizões pela simples razão de que aqueles que se unem adquirem uma vantagem sobre os que não as formam. Se buscar obter vantagens sobre outros, alguns Estados se unem; se desejam atuar contra essa união, outros Estados se juntam. Se a vantagem buscada é medida em termos de poder de destruir ou prejudicar outro Estado, o Estado ameaçado só se abstém do esforço de aumentar sua força correndo o risco de sua sobrevivência. A busca de uma política de equilíbrio de poder continua a ser uma questão de escolha, mas as alternativas são, de um lado, um prová-

---

28. O número mínimo necessário é de dois ou mais para um jogo geral e três ou mais para um jogo de soma zero. Mas a teoria dos jogos não pode especificar a distribuição de ganhos ou perdas entre os parceiros da coalizão. Para comentários sobre essa e outras limitações da teoria dos jogos, ver McKinsey, *Introduction to the Theory of Games*, especialmente caps. 15-18; Williams, *The Compleat Strategyst*, pp. 20-4, 30-4, 213-4.

vel suicídio, e, do outro, a participação ativa no jogo da política do poder. Os fatores que distinguem a política internacional de outros jogos são: 1. o que está em jogo é considerado algo de importância excepcional; e 2. que na política internacional não está excluído o uso da força como meio de influenciar o resultado. A regra cardeal do jogo é com freqüência a seguinte: faça o que tiver de fazer para ganhar. Se alguns Estados agem com base nessa regra, ou caso se espere que ajam, os outros têm de ajustar suas estratégias em função disso. A oportunidade e, por vezes, a necessidade, de usar a força, distingue o equilíbrio de poder na política internacional dos equilíbrios de poder que se formam dentro dos Estados. Em ambos os casos podemos definir o poder, seguindo Hobbes, como a capacidade de produzir um efeito pretendido. Na política doméstica, uma das possíveis capacidades – o uso da força física – é de modo geral monopólio do Estado. Na política internacional, não há autoridade efetivamente capaz de proibir o uso da força. O equilíbrio de poder entre Estados torna-se um equilíbrio de todas as capacidades, incluindo a força física, que os Estados escolhem usar na busca de suas metas.

Se há uma vantagem na formação de coalizões, logicamente os participantes vão procurar obter essa vantagem até que todos estejam divididos em dois blocos. Mas o jogo da política do poder não costuma acabar em dois blocos inalteravelmente opostos e que usam todos os meios disponíveis para enfraquecer um ao outro. Isso se explica, ainda em termos da teoria dos jogos, pelo fato de todos os Estados estarem jogando mais de um jogo. O objetivo da teoria dos jogos é "um conjunto de regras para cada participante que lhe diga como se comportar em toda e qualquer situação que possa vir a surgir"[29]. Mas nenhum conjunto de regras pode especificar a importância que se deve atribuir ao jogo! Se, por exemplo, a sobrevivência fosse a única meta dos Estados Unidos, seria irracional negligenciarmos algum meio de nos fortalecer diante de possíveis agressores. Se adotar um regime espartano nos tornasse mais fortes, deveríamos sem dúvida adotá-lo. Todavia, ao mesmo tempo em que participamos do jogo da política, jogo que somos forçados a jogar enquanto a sobrevivência continuar sendo o objetivo, perseguimos algumas outras metas – num certo sentido, participamos de outros jogos – como a maximização do bem-estar econômico ou, em termos mais gerais, a manutenção de um estilo de vida. A estratégia ideal na política internacional pode – em termos dos outros jogos que o Estado está jogando – custar demais. Logo, dizer que a política internacional é um jogo em que a desconsideração das regras gerais envolve o risco da própria existência do jogador não significa necessariamente que todos os Estados têm de voltar todos os esforços para garantir a própria sobrevivência. Clausewitz, por exemplo, assinalou que quem usa a força impiedosamente obtém vantagem se o adversário não fizer o mesmo, mas também observou que as instituições sociais podem moderar o grau e a selvageria da competição pelo poder[30]. Os Estados podem tanto cooperar como competir, e, mesmo quando a competição se torna mais importante do que a cooperação, seus objetivos domésticos podem mitigar a competição externa entre eles. Ainda assim, se a sobrevivência for um dos objetivos

---

29. Von Neumann e Morgenstern, *Theory of Games and Economic Behavior*, p. 31.

30. Clausewitz, *On War*, trad. Jolles, p. 4.

do Estado, aquele que ignorar as considerações do equilíbrio de poder quando os outros não as ignorarem é análogo ao jogador que se recusa a entrar numa coalizão – afinal, o que é um equilíbrio de poder senão uma série de coalizões em que os momentaneamente em desvantagem se associam e reassociam para prevenir a ascendência (a vitória no jogo) do país ou da coalizão adversários?

A análise precedente indica que o equilíbrio de poder entre Estados tem uma base firme na realidade, que é mais do que uma "ilusão". A análise também põe em perspectiva as freqüentes alegações de que os estadistas, ao buscarem uma política de equilíbrio de poder, agem freqüentemente de maneira imoral. Para a maioria das pessoas, nada há de imoral num jogo de cartas, mas há claramente algo de imoral em roubar no jogo de cartas. Nesse caso, o código moral é estabelecido pelo costume e imposto pelo fato de que quem quiser parar de jogar pode parar. Na política internacional, há algumas regras legais para orientar os Estados tanto na paz como na guerra, mas, quando se descobre que alguns Estados as violam, os outros não podem simplesmente sair do jogo. Um Estado pode então ter de considerar se prefere violar seu código de comportamento ou respeitá-lo e pôr em risco a própria sobrevivência. Ou, de modo mais preciso, os líderes do Estado podem ter de optar entre, de um lado, comportar-se *de maneira imoral* na política internacional a fim de preservar o Estado e, do outro, abandonar sua obrigação *moral* de garantir a sobrevivência de seu Estado para seguir modos preferidos de ação na política internacional. A conclusão? O comportamento moral é uma coisa num sistema que proporciona montantes e tipos de segurança previsíveis e outra coisa num sistema que carece dessa segurança. Kant, filósofo que nunca foi considerado imoral, reconheceu isso tanto quanto Maquiavel, filósofo com freqüência descrito como tal[31]. Aqueles que julgam imorais os "políticos do poder" simplesmente porque eles praticam o jogo da política do poder transferiram uma definição de imoralidade de um ambiente social para outro, e, nesse outro, ela não é aplicável sem uma séria qualificação.

O equilíbrio de poder é inevitável? Obviamente que não. Mas, se depende de um desejo de sobrevivência do Estado numa condição de anarquia entre Estados, só desaparecerá em sua forma presente quando o desejo ou a condição em questão desaparecerem. O desejo mais ardente não pode fazer que o equilíbrio de poder seja abolido exceto se um desses fatores ou os dois forem antes modificados.

Pode haver um equilíbrio de poder porque alguns países fazem dele conscientemente uma meta de suas políticas, ou então devido às reações semi-automáticas de alguns Estados ao ímpeto de obtenção de ascendência da parte de outros Estados. Mesmo que controlem a política de um determinado Estado, os adversários do equilíbrio de poder tenderão a agir a fim de perpetuar ou estabelecer um equilíbrio. Isso não afeta necessariamente nem sua desaprovação da política do equilíbrio de poder nem a honestidade dessa desaprovação. Esta última afirmação é bem ilustrada pela conclusão

---

31. Observe-se a justificativa kantiana da guerra preventiva: "A agressão a um país menos poderoso pode estar compreendida pura e simplesmente na condição de um vizinho mais poderoso *antes* de toda e qualquer ação [daquele]; e no estado de natureza um ataque nessas circunstâncias seria justificável." *The Philosophy of Law*, trad. Hastie, seção 56; cf. seção 60.

de um dos artigos de Tannenbaum citados[32]. Ele pergunta: o Pacto de Segurança do Atlântico é um substituto de poder de uma Organização das Nações Unidas que fracassou? Não, replica ele, por ser temporário e defensivo, além de "nada ter que ver com a idéia do equilíbrio de poder e menos ainda com a divisão do mundo em esferas de interesse entre a Rússia e nós". De acordo com nossas tradições, os Estados Unidos organizam a maior parcela possível do mundo com base na noção de Estado coordenado. Não o fazemos em prol do equilíbrio de poder, mas a fim de construir um sistema de segurança coletiva para todos os que desejem aderir a ele sem ter de sacrificar sua independência e dignidade. Logo, se temos de lutar, ao menos vamos lutar por algo cuja defesa julgamos valiosa. Buscar um acordo em termos do equilíbrio de poder, por outro lado, aliena outros e destrói a única esperança de uma associação de Estados coordenados organizados para resistir aos esforços russos de domínio do mundo.

O tom grandioso da descrição de Tannenbaum de nossa política não obscurece o fato de a Comunidade de Defesa do Ocidente ter sido motivada, ao menos em grande parte, pelo medo do poder e das intenções soviéticos, tendo sido concebida para impedir a União Soviética de usar seu poder em guerras de agressão. À luz da história, não é mais difícil entender a ação de eventuais adversários tendo em vista a possibilidade de uma guerra futura do que compreender os treinos anuais, que ocorrem na primavera, das equipes de beisebol. Se prefere usar para isso uma designação que não "política do equilíbrio de poder", Tannenbaum tem

---

32. Tannenbaum, "The Balance of Power versus the Co-ordinate State", *Political Science Quarterly*, LXVII, 1952, pp. 195-7.

todo o direito de fazê-lo. Mas fica evidente que ele se opõe mais à terminologia dos "realistas" do que às políticas externas que eles recomendam. Se Tannenbaum fosse secretário de Estado, sua política externa, ao que parece, pouco diferiria da de Morgenthau ou de Kennan, os dois homens que ele considera seus principais adversários intelectuais.

Logo, para resumir, pode-se dizer que o equilíbrio de poder não é tanto imposto aos eventos pelos estadistas quanto aos estadistas pelos eventos. Ele não será eliminado pela veemência retórica, mas, se vier a ser eliminado, será pela alteração das circunstâncias que o produzem. E estas últimas são simplesmente a existência de alguns Estados independentes que desejam permanecer independentes. A liberdade está implícita na palavra "independência", mas o mesmo acontece com a necessidade de autoconfiança. A competição assume várias formas, mas as unidades em todos os sistemas de competição tendem a buscar posições favoráveis. Se parece promissora, a busca de algumas unidades tende a ser bloqueada por outras unidades cujos motivos semelhantes as faz, por sua vez, opor-se à busca alheia e lançar-se na sua. Onde existe uma autoridade que garante o efetivo cumprimento da lei, o equilíbrio é medido em outros termos que não a força[33]. Onde não existe nada que impeça o uso da força como meio de alterar as formas e os resultados da competição, a capacidade de uso da força tende a se tornar o índice com

---

33. Mas ainda assim vai haver um processo de produção de equilíbrio. O fato de Tannenbaum se dar conta disso torna ainda mais surpreendentes seus artigos mais recentes sobre o equilíbrio de poder. Ver seu artigo "The Balance of Power in Society", *Political Science Quarterly*, LXI, 1946, pp. 481-504.

base no qual se mede o equilíbrio de poder. Nenhum sistema de produção de equilíbrio funciona automaticamente. O ímpeto por hegemonia da parte de qualquer Estado pode ter êxito apesar da resistência dos outros Estados, ou estes podem por algum motivo não resistir; mas, em certas condições, condições que com freqüência se fazem presentes na política internacional, desenvolvem-se sem dúvida sistemas de equilíbrio. Se uma condição de equilíbrio vem a ser a meta consciente dos Estados, é de se esperar que o processo de equilíbrio tenha maior precisão e sofisticação. Entre um grande número de Estados mais ou menos iguais, a competição é intensa e o processo de equilíbrio intricado. Assim, entre as cidades-Estado gregas e italianas e entre as nações-Estado européias, todo Estado que ameaçava ultrapassar os outros em poder podia esperar que se fizesse alguma tentativa para detê-lo. E isso ocorria não porque lhes agradasse o processo de controlar uns aos outros, mas porque, para cada Estado, seu poder em relação aos outros Estados é, em última análise, a chave para sua sobrevivência.

Reflexos históricos da terceira imagem

A construção lógica da terceira imagem, intentada no capítulo seis, torna-se mais convincente a partir do estudo da história. Embora seja possível extrair exemplos de muitos lugares e épocas, vamos nos contentar com um rápido exame das três obras que acabamos de mencionar. Em sua *História da Guerra do Peloponeso*, Tucídides apresenta muitas das considerações sobre política que levam à nossa construção e dela decorrem. É sua opinião que "entre vizinhos, o antagonismo é sempre uma condição da independência"[34]. Essa opinião adquire substância nas alegações que ele põe na boca de vários participantes da política e das guerras do período. Uma breve amostragem, com os nomes dos locutores omitidos, indica que está implícita em seus escritos políticos uma concepção da política internacional estreitamente vinculada à de Rousseau e à terceira imagem. Apresento a seguir resumos e excertos de alguns dos pronunciamentos que ele registra: vamos à guerra em função de nossos interesses, e, quando nossos interesses parecem exigir, buscamos a paz. Porque todos sabemos "que na discussão dos assuntos humanos, a questão da justiça só entra quando há um poder igual para impô-la"[35]. Como os Estados não se relacionam com os outros "nos termos da lei", eles não podem considerar o que é justo – seu objetivo não pode ser recompensar os justos e punir os culpados. Com respeito a um país que nos enganou, "a questão para nós, corretamente considerada, não é saber quais são seus crimes, mas em que isso afeta nosso interesse"[36]. É tolice firmar alianças a não ser que sua base seja o interesse de todos os membros. Na verdade, "o temor mútuo é a única base sólida da aliança"[37]. Como cada Estado age a partir de sua própria interpretação de suas exigências de segurança e bem-estar, todo Estado precisa prever as intenções dos outros. Assim, "manter a paz quando se deveria ir à guerra pode mui-

---

34. Tucídides, *History of the Peloponnesian War*, trad. Jowett, livro IV, § 92. Cf. Rousseau, *A Lasting Peace*, trad. Vaughan, pp. 47, 122.

35. Tucídides, *History of the Peloponnesian War*, trad. Jowett, livro V, § 89.

36. *Ibid.*, livro III, § 44.

37. *Ibid.*, livro III, § 11; cf. livro I, §§ 32-5; livro V, § 106.

tas vezes ser perigoso"[38]. "Porque a humanidade não espera o ataque de um poder superior; ela o prevê."[39] Em suma, a política de um Estado é determinada pelas metas desse Estado e por suas relações com outros Estados.

Maquiavel retoma o tema de Tucídides e faz algumas variações intricadas, se não belas, sobre ele. Afirma-se com freqüência que *O príncipe* tem de ser lido no contexto de *Comentários*, devendo-se ler os dois levando-se em conta o contexto das condições da Itália na época, mas isso é raramente feito. O fato de Maquiavel ter sido um teórico da *Realpolitik* facilita supor que ter uma compreensão geral da *Realpolitik* é ter uma compreensão adequada do próprio Maquiavel. Os grandes filósofos políticos têm de ser lidos e relidos, obtendo-se a cada vez que se relê uma compreensão ampliada e aprofundada de suas obras. Com Maquiavel, o menos filosófico dos filósofos políticos, tende-se a se deixar de lado a consideração repetida da totalidade de seu pensamento e mergulhar em seus escritos políticos, dali extraindo máximas, que podem esclarecer, horrorizar – ou mesmo divertir, pois Rousseau certa vez se referiu a *O príncipe* como uma sátira.

"Os fins justificam os meios." Esta afirmação costuma ser considerada, com alguma injustiça, como um resumo epigramático do pensamento político de Maquiavel. A injustiça advém do fato de não se mencionar a dupla qualificação que Maquiavel a ela acrescenta, tanto em *O príncipe* como em *Comentários*. *Esses* fins

---

38. *Ibid.*, livro I, § 124.

39. *Ibid.*, livro VI, § 18. Cf. Rousseau, *A Lasting Peace*, trad. Vaughan, pp. 78-9; Montesquieu, *The Spirit of the Laws*, trad. Nugent, livro X, cap. ii.

justificam os meios, diz ele, e os meios apropriados dependem das condições sob as quais se buscam os fins. Se você quiser preservar seu poder no Estado e seu Estado entre outros Estados, pode ser justificável fazer coisas freqüentemente consideradas inescrupulosas[40]. Nem todos os fins, mas alguns deles, justificam os meios. "Porque é repreensível aquele que comete violência com o propósito de destruir e não aquele que a emprega para propósitos beneficentes."[41] Dados os fins construtivos, a justificativa ou não justificativa do uso de meios pouco recomendáveis depende, além disso, "da necessidade específica". Os homens obtêm sucesso se suas maneiras de agir "adaptam-se às circunstâncias". De acordo com Maquiavel, o príncipe "tem de ser dotado de uma mente inclinada a adaptar-se à natureza das coisas e aos ditames das variações da fortuna, e ... não se desviar do que é bom, se possível, mas ser capaz de fazer o mal se obrigado"[42].

Mas essa dupla qualificação acaso ajuda a enfrentar as duas críticas que costumam ser feitas à formulação? A primeira é expressa pela pergunta: os métodos recomendados por Maquiavel têm possibilidade de sucesso – poderiam presumivelmente, se tivessem sido seguidos, ter promovido a regeneração da Itália ou foram na realidade uma codificação do próprio comportamento que fez dela uma arena de rivalidade violenta entre principados e, portanto, uma presa de potências

---

40. Assim como quando se busca um aumento do poder.

41. *The Discourses*, livro I, cap. ix; cf. livro II, cap. xiii; livro III, cap. xli. Cf. ainda *The Prince*, caps. xix, xxvi. Todas as referências remetem à tradução de *O príncipe* feita por Ricci, revista por Vincent, e à tradução dos *Comentários* por Detmold.

42. *The Prince*, caps. xv, xxv, xviii. Cf. *The Discourses*, livro III, cap. ix.

estrangeiras? A segunda crítica, intimamente vinculada com a primeira, é expressa pela pergunta: quem age de acordo com o preceito de que os fins justificam os meios descobre na prática que os meios que adota determinam os fins? Estabelecer a validade das proposições implícitas nessas perguntas, algo que julgo factível, não estabelece sua pertinência. Dar-lhes resposta de um modo que pareça tirar o chão de debaixo dos pés de Maquiavel na verdade não o faz, dado que essas respostas não demonstram a existência de modos alternativos de comportamento que prometam sucesso que um determinado príncipe pudesse seguir. A disposição para usar os meios que Maquiavel considerou necessários pode ter conferido apenas uma pequena possibilidade de sucesso, mas qual a amplitude da gama de opções? A qualidade supostamente maquiavélica de suas recomendações ao príncipe é atenuada se considerarmos a qualidade quase trágica daquilo que ele percebeu. "O homem que deseja fazer profissão de bondade em tudo", escreve, "tem necessariamente de padecer entre tantos que não são bons."[43] Isso pode não tornar atraentes comportamentos inescrupulosos; mas alegar que de vez em quando se tem de agir inescrupulosamente porque os outros agem despoja de fato o advérbio de seu sentido desagradável, tornando-o

---

43. *The Prince*, cap. xv. "Nem mesmo Maquiavel", assinala Garrett Mattingly, "foi maquiavélico na prática." *Renaissance Diplomacy*, p. 40. E J. S. Mill, registrando em seu diário reflexões sobre a época de Maquiavel, julga compreensível que, nas circunstâncias então vigentes, "mesmo os bons homens reservassem seus escrúpulos à escolha de fins... Maquiavel era um homem dotado de verdadeiro patriotismo, um amante da liberdade, alguém que ansiava pelo bem de seu país. Mas não via razão para enfrentar de mãos vazias homens armados de punhais." *Letters*, org. Elliot, II, p. 367.

assim impróprio. Os homens empregam a lei; os animais usam a força. O príncipe tem de poder recorrer a esta última não por ser ela admirável, mas porque a primeira é com freqüência insuficiente[44].

O pensamento de que o próprio ato de enganar possa levar a que outros enganem não escapa a Maquiavel; mas ele se recusa a sair do dilema alegando, como tanto Roosevelt quanto Stimson gostavam de fazer, que a maneira de tornar um homem digno de confiança é confiar nele. Na Itália da época de Maquiavel, essa era uma crença difícil de manter. Os homens eram "obrigados" a fazer o mal porque quem agia com boas maneiras e com base na moral padecia com demonstrável freqüência. No entanto, o mesmo acontecia com os viciosos e os maus. A fim de entender plenamente a profundidade da compreensão de Maquiavel das necessidades da política, é imperativo adicionar, como ele fez, uma terceira qualificação. Aquilo que o príncipe tem de fazer para aumentar suas chances de sucesso depende da meta que ele tem em vista, das condições nas quais busca alcançá-la *e* das qualidades do próprio príncipe. Despreza-se facilmente, ao ler Maquiavel, esse terceiro fator. Onde a grandeza desapareceu, como Maquiavel acreditava que acontecera, tem-se de dar conselhos que possam ser seguidos por homens de mente tacanha. Mas ele deixa suficientemente claro que, a seu ver, um de dois tipos pode ter êxito: a pessoa capaz de agir coerentemente como animal e aquela que é de fato um homem. Maquiavel escreve que, sem dúvida, os procedimentos de Felipe da Macedônia "são cruéis e destruidores de toda a vida civilizada, e não-cristãos e sequer humanos, devendo

---

44. *The Prince*, cap. xviii.

ser evitados por todos. Na verdade, a vida de um cidadão particular seria preferível à de um rei se esta requer a ruína de tantos seres humanos. Mesmo assim, qualquer um que não deseje adotar o primeiro caminho, humano, tem de seguir, se deseja manter seu poder, este último caminho, o maléfico"[45]. O conteúdo dos conselhos de Maquiavel ao príncipe explica-se não apenas pelo fato de, nesse mundo, mesmo os homens bons muitas vezes não conseguirem sucesso, pois também os mais malvados nem sempre o conseguem, mas igualmente pelo fato de haver entre nós bem poucos santos. A quem poderia Maquiavel dirigir seus apelos? Ele no entanto não se opõe nem a um tipo nem ao outro; seus julgamentos mais severos são reservados a quem tenta seguir um caminho intermediário[46].

Mesmo assim, por que deveria o sucesso do príncipe no estabelecimento da ordem interna e na concepção de uma defesa contra inimigos externos ser tomado como o critério com base no qual se pode justificar qualquer ato? Por que definir o sucesso em termos do interesse do príncipe ou do Estado em vez de, digamos, em termos de levar uma vida moral? Essa questão levanta um ponto fundamental, mas não difícil. Para Maquiavel, assim como para Rousseau e Kant mais tarde, a ordem interna e a segurança externa são necessárias antes mesmo de haver a possibilidade de os homens levarem uma vida um pouco livre e decente. O estudo da política torna-se assim o mais importante e o da arte política o mais meritório. Maquiavel, portanto, descreve a Itália como "um país sem diques nem bancos de qualquer espécie" que a proteja de incursões estrangei-

---

45. *The Discourses*, livro I, cap. xxvi; cf. livro III, cap. xxii.
46. Ver especialmente *The Discourses*, livro III, cap. xxii.

ras, acrescentando que, tivesse o país sido "protegido por medidas adequadas, como a Alemanha, a Espanha e a França, essa inundação não teria causado as grandes mudanças que causou, ou simplesmente não teria acontecido"[47]. Se por crueldade se constroem e se mantêm em boas condições diques e bancos, então a crueldade é a maior misericórdia. Se por meio da prática da justiça os diques e bancos forem destruídos, a virtude é então o maior vício.

A *Realpolitik* é um método frouxamente definido, descrito como necessário quando se pretende realizar um determinado propósito sob uma condição especificada. O propósito é a segurança dos Estados separados e, a condição, a anarquia entre eles. A palavra evoca também, na maioria dos casos, um modelo de equilíbrio de poder. Maquiavel destaca-se tão claramente como o expoente da *Realpolitik* que se cai com facilidade no pressuposto de que ele também desenvolve a idéia do equilíbrio de poder. Mas esse conceito é mais claramente sugerido na *História* de Tucídides do que em *O príncipe* e nos *Comentários*. Embora a *Realpolitik* seja um método, a política do equilíbrio de poder forma seu conteúdo e condiciona sua operação. Hoje, como antes, a pertinência da *Realpolitik* e do equilíbrio de poder nas relações internacionais costuma ser objeto de questionamentos. Frank Tannenbaum pode ser considerado um exemplo entre os muitos que pensam ser a política do equilíbrio de poder *antiquada* e que acusam os atuais realistas de chegarem a suas conclusões errôneas porque supõem que a experiência excepcional da Europa moderna representa o compor-

---

47. *The Prince*, cap. xxv; com referência à ordem doméstica, ver cap. xvii.

tamento normal dos Estados[48]. Na época das bombas de hidrogênio, com o mundo fragmentado por dois colossos que encaram um ao outro muitas vezes com ódio e temor, e sempre com suspeita, a pertinência das lições aparentemente extraídas da observação de alguns Estados em conflito periódico pode muito bem parecer questionável. Para dissipar as dúvidas e tornar concretas as lições abstratamente deduzidas da discussão precedente da teoria dos jogos, a prometida discussão da experiência européia passada será vinculada a uma consideração da atual configuração das relações internacionais. No século XVII e durante boa parte do XIX, houve sistemas de equilíbrio de poder que envolviam a capacidade e a disposição dos Estados de transferir sua lealdade de um agrupamento para outro. Hoje, tal como antes da Primeira Guerra Mundial, há menos facilidade de ocorrência de mudanças de grandes conseqüências; mas não é porque o equilíbrio de acordo com o modelo clássico já não pode ocorrer que se poderia dizer que não existe um equilíbrio de poder. Onde o ajuste por meio de movimentos internacionais é menos possível, o desenvolvimento doméstico da indústria e de armamentos assume uma maior importância. E, quanto mais intensa se torna a competição, tanto maior vem a ser o impacto de pequenas mudanças. Seja como for, a discussão a seguir não pretende sugerir de que maneira uma análise do equilíbrio de poder em nossos dias deve diferir de uma tal análise aplicada aos séculos XVIII ou XIX, mas, antes, sugerir os pontos fundamentais nos quais há uma continuidade apesar das muitas e importantes mudanças induzidas por alterações

---

48. "The Balance of Power versus the Co-ordinate State", *Political Science Quarterly*, LXVII, 1952, p. 175.

na distribuição do poder e por transformações na tecnologia[49].

Em maio de 1891, soldados franceses e russos, abrindo o caminho para a convenção e a aliança militares, reuniram-se para discussões em Paris. Suas conclusões foram apresentadas ao czar pelo representante do Estado-maior francês, Boisdeffre. Entre estas estava a idéia de que "mobilização é uma declaração de guerra; de que mobilizar é forçar o vizinho a fazer o mesmo; ... de que permitir que um milhão de homens sejam mobilizados ao longo da fronteira sem fazer o mesmo simultaneamente significa negar a si toda possibilidade de mobilização ulterior, bem como pôr-se na situação do indivíduo que, tendo uma pistola no bolso, permite que o vizinho lhe aponte uma arma carregada para a testa sem sacar a sua". Alexandre II concordou com essas proposições[50]. O sistema de aliança, inaugurado por Bismarck em 1879, convertera-se rapidamente, depois de 1890, em um sistema de dois blocos. A formação desse segundo lado tornou praticamente inevitável que a mobilização, uma vez iniciada, se generalizasse, bem como que mobilização geral significasse guerra[51]. Fica claro que, na avaliação dos participantes, a estratégia de todos dependia da estratégia de todos os outros – uma confirmação da terceira ima-

---

49. Para as diferentes maneiras como a expressão "equilíbrio de poder" tem sido usada, ver Haas, "The Balance of Power: Prescription, Concept, or Propaganda?", *World Politics*, V, 1953, pp. 442-77.

50. Citado em Vagts, *Defense and Diplomacy*, p. 398.

51. Cf., por exemplo, a avaliação que Von Moltke fez de possibilidades futuras em sua correspondência com Conrad von Hötzendorf em janeiro de 1891, assim como a afirmação de Lloyd George em suas *War Memoirs*: "Em 1914, mobilização era sinônimo de guerra – significava guerra." *In*: Vagts, *Defense and Diplomacy*, pp. 97, 399.

gem. Pode-se objetar que a terceira imagem não pode sozinha explicar a eclosão da guerra, dado que é incapaz de explicar por que, antes de mais nada, algum país deva mobilizar tropas. A objeção é válida. Para compreender a eclosão da Primeira Guerra Mundial, tem-se de examinar as vulnerabilidades e os pontos fortes, as ambições e os temores, de todos os Estados envolvidos. Qualquer explicação desses fatores tem de concentrar-se na primeira e na segunda imagens. Que tipos de pessoas controlavam a política do Estado? Que margem de manobra lhes deixavam os fundamentos econômicos e demográficos, sociais e políticos? Sob que pressões e restrições internas agiam? Esses são fatores cruciais em qualquer análise histórica. Mas seus possíveis efeitos não podem ser avaliados sem uma constante atenção às pressões externas a que estavam sujeitos todos os Estados da Europa. A Áustria e a Alemanha olhavam para o leste e viam a economia russa ainda atrasada, mas avançando com rapidez em muitos setores, uma população que aumentava a uma proporção quase duas vezes maior que a sua, um czar cuja permanência no trono passava por dificuldades, o que tornava improvável ele poder seguir sempre uma política de moderação em eventuais crises. Também a França olhava nessa direção. E via um país de organização militarista, um cáiser impetuoso em ação e uma população e uma economia que há muito haviam superado a sua e ainda progrediam com bastante rapidez. A Inglaterra olhava para o continente e via a marinha alemã preparando-se para questionar a supremacia britânica em águas locais e sob a liderança de Von Tirpitz, que já se referia ao Mar do Norte como se fosse um lago alemão, uma economia alemã que desafiava, quando não superava, a liderança industrial e comercial britânica, uma política externa alemã que ameaçava provocar uma reviravolta do equilíbrio da Europa no qual a segurança britânica tradicionalmente se apoiava.

Alguns proclamaram que o sistema de alianças era um sistema de segurança[52]. E era. Cada passo de sua formação, da Aliança Dual à Entente Britânico-Russa, tem de ser explicado em grande parte como tentativas dos participantes de se libertar da sensação de estarem correndo perigo. Os Estados da Europa se associaram e se reassociaram, sendo a Itália o que mais se reassociou, até se verem diante de linhas que iam se estreitando cada vez mais em todos os momentos de crise.

Era um sistema de segurança – mas somente até que alguns vacilassem. O jogo da política de poder européia tornara-se, em uma equivalência grosseira, um jogo de duas pessoas, um jogo de soma zero. O ganho de um determinado Estado tornou-se o ganho para seu lado e, simultaneamente, uma perda para o outro lado. Logo, um único movimento tinha um duplo efeito, e, com os dois lados numa condição de quase equilíbrio, nenhum deles podia permitir ao outro o ganho que seria ao mesmo tempo sua perda. Acreditar que mobilização significa guerra pode ter ajudado as coisas a serem assim, mas havia igualmente outros fatores, entre os quais a proximidade do equilíbrio, que tornaram a margem de manobra mais estreita do que por vezes

---

52. Observe-se, por exemplo, a garantia dada ao primeiro-ministro Freycinet em maio de 1890 por um dos importantes duques russos, de que, se ele tinha alguma autoridade com relação ao assunto, "nossos dois exércitos serão um único em época de guerra. E esse fato, uma vez bem conhecido, evitará a guerra. Porque ninguém vai se dar ao luxo de enfrentar a França e a Rússia unidas". *In: ibid.*, p. 105.

se pensa. Em junho de 1914, o problema aparentemente irrisório da Sérvia envolveu não só o prestígio, mas também a segurança de ambos os lados. Como não podia permitir que a Áustria agisse com a Sérvia ao seu bel-prazer, a Rússia reagiu; como a Alemanha não podia permitir que a Áustria recuasse, reagiu; e assim por diante, dando início ao vicioso e trágico círculo. Alguns diriam ser igualmente um círculo sem sentido. Pode-se no entanto lembrar a paráfrase da formulação de Hegel, apresentada no capítulo seis: "que entre particularidades ocorram acidentes não é acidental, mas necessário". Dados Estados imperfeitos em condição de anarquia, surgem crises, fato que na terceira imagem é antes pressuposto do que explicado. Tendo isso como ponto de partida, é possível descrever quase abstratamente os tipos de cálculos que os Estados têm de fazer, como um mínimo lógico, sob a pressão de seus interesses de segurança. O exemplo acima e, de uma maneira diferente, também o exemplo a seguir deixam claro como pode ser difícil evitar que a política internacional tenda a um jogo de soma zero.

Os tolos aprendem com a experiência, disse certa vez Bismarck, e os sábios aprendem com a experiência alheia. Neville Chamberlain, no final dos anos 1930, agiu como se tivesse levado a sério o aforismo de Bismarck. No sistema de alianças que precedeu a Primeira Guerra Mundial, os Estados da Europa tinham aparentemente trocado uma sensação momentânea de segurança pela certeza próxima de uma guerra eventual. A Inglaterra, pensou Chamberlain, poderia lucrar com os erros de sua geração anterior. A França e a Rússia, sem a garantia do apoio da Inglaterra, não teriam se sentido fortes o suficiente para desafiar as potências centrais; estas, por sua vez, não se sentindo ameaçadas, teriam se comportado de maneira mais cavalheiresca. Logo, a Inglaterra não deveria ter se envolvido numa guerra mundial travada numa estreita faixa de território no sudeste remoto da Europa. A proclamada política de conciliação de Chamberlain, a disposição de fazer concessões a fim de resolver as disputas de maneira pacífica, eliminaria ao mesmo tempo a necessidade de alianças e as supostas causas da guerra. Assim, em março de 1938, com o rápido desenvolvimento da crise da Checoslováquia, Chamberlain recusou a sugestão soviética de uma conferência a que compareceria um número limitado de países, comentando que esta prefigurava "menos uma consulta voltada para um acordo do que uma ação concertada contra uma eventualidade que ainda não surgiu". E acrescentou que "a conseqüência indireta mas não obstante inevitável da ação proposta pelo governo soviético seria agravar a tendência de estabelecimento de grupos exclusivos de nações, que, na visão do governo de Sua Majestade, têm de ser inimigos das perspectivas européias de paz"[53]. Tendo em mente a Europa de 1914, Chamberlain buscava evitar dar à Alemanha motivos para sentir que estava sendo cercada. Pretendendo aplicar o que aprendera com a Primeira Guerra Mundial, ele não conseguiu considerar que a conciliação podia aumentar a força relativa do Estado favorecido e que, se suas metas não fossem estritamente limitadas, essa força poderia no futuro voltar-se contra o conciliador.

A política do equilíbrio de poder é arriscada; tentar ignorá-la é ainda mais. Clausewitz lançou certa vez um alerta pertinente.

---

53. Chamberlain, *In Search of Peace*, pp. 85-6.

Se a carnificina sangrenta é um espetáculo horrível, ela deveria ser simplesmente uma razão para tratar a guerra com mais respeito, mas não para fazer com que a espada que portamos se torne gradativamente cega em função de sentimentos humanitários, até que, mais uma vez, venha alguém com uma espada afiada e nos despoje das armas.[54]

Não é só que o Estado, por se tornar demasiado amante da paz, possa devido a isso perecer, mas também que a aparente sonolência de um Estado pode convidar a uma guerra de agressão que uma postura mais agressiva da parte do país amante da paz poderia ter evitado totalmente. Essa lição, que os Estados Unidos aprenderam em duas guerras mundiais, tornou-se agora parte oficial da doutrina do Departamento de Estado. "A paz", disse o secretário John Foster Dulles, "exige que antecipemos o que tenta um agressor e que façamos com que ele saiba de antemão que, se não praticar o autocontrole, pode enfrentar uma árdua batalha, talvez uma batalha que ele venha a perder"[55].

Mas, como Chamberlain aprendeu com os sofrimentos da Inglaterra, também está implícita na terceira imagem a advertência de que toda lição aprendida pode ser aplicada incorretamente. Tal como generais que elaboram seus planos de uma maneira que venceria a guerra precedente, os estadistas empenham-se em evitá-la. No dia 5 de março de 1946, Churchill sugeriu que os Estados em busca de segurança não podem

---

54. Clausewitz, *On War*, trad. Jolles, p. 210. [Trad. bras. *Da guerra*, São Paulo, Martins Fontes, 2ª ed., 1996.]

55. Dulles, discurso proferido na American Legion Convention, Saint Louis. Texto no *New York Times*, 3 de setembro de 1953, p. 4.

agir nas margens estreitas do equilíbrio de poder[56]. A preponderância, e não o equilíbrio, tem de ser sua meta. Mas, como se disse anteriormente, pode resultar um equilíbrio de poder seja porque a maioria dos Estados o busca ou porque alguns Estados reagem ao ímpeto de preponderância de outros. Onde existe de fato equilíbrio de poder, cabe ao Estado que deseja tanto a paz como a segurança não vir a ser demasiado forte nem demasiado fraco. Tem-se de acrescentar à declaração do parágrafo precedente que a aparente agressividade de um país pode convidar a uma guerra preventiva que uma postura mais pacífica poderia evitar por completo. Não há na política internacional uma regra simples a prescrever sobre o grau exato de beligerância, ou de pacifismo, que um determinado Estado deve empenhar-se por demonstrar a fim de maximizar as chances de viver em paz com os Estados vizinhos. Não se pode dizer abstratamente que, a fim de alcançar a paz, um país deve se armar, desarmar, chegar a um acordo ou manter-se firme em sua postura. Só se pode dizer que os possíveis efeitos de todas essas políticas têm de ser considerados. A terceira imagem deixa isso claro. A estratégia de paz de todo e qualquer país tem de depender das estratégias de paz ou de guerra de todos os outros países. Com a intensificação da competição na política internacional, processo que nenhum dos arquicompetidores pode impedir agindo isoladamente, o Estado amante da paz enfrenta a necessidade de estabelecer um equilíbrio entre força de menos e força de mais, entre muitos fracassos que fortalecem o inimigo potencial e muitos sucessos que o assustam

---

56. Churchill, discurso em Fulton, Missuri. *In*: Morgenthau e Thompson, *Principles and Problems of International Politics*, p. 416.

desmedidamente. Em parte porque os Estados Unidos chegaram a conhecer tão bem os pontos problemáticos da conciliação, aumenta o risco de que a pré-história da Terceira Guerra Mundial, se esta ocorrer, se pareça antes com a primeira do que com a quarta década do século XX. É concebível o perigo de um dos lados baixar a guarda e assim tentar o outro a agredir. Mas, como temos vivamente presentes as lições da Segunda Guerra Mundial, esse risco é menor do que o de que um lado, ao usar insensatamente sua força, faça com que o outro reaja com força. A tragédia da proclamada política de libertação de Dulles não reside portanto em ser ela impossível, mas antes no fato de que sua implantação "bem-sucedida" levaria o mundo à beira da guerra, um pensamento bem ilustrado, ainda que dolorosamente, pelas próprias reações de Dulles à revolta húngara do outono de 1956. Tal como ocorreu no confronto entre a Tríplice Aliança e a Tríplice Entente, nenhum dos principais protagonistas pode tolerar em segurança um grande sucesso alcançado por seu adversário potencial.

Se isso parece a alguns complicado a ponto de causar frustração, a outros é o que torna a política internacional um "jogo" fascinante. Que se trata de um jogo, sem nenhuma intenção de frivolidade, ficará claro caso se comparem os comentários que acabamos de fazer com os que se baseiam nas especulações matemáticas igualmente frustrantes e fascinantes de Von Neumann e Morgenstern. A terceira imagem em geral e a análise do equilíbrio de poder em particular são tão pertinentes no presente quanto foram nas histórias passadas de sistemas de múltiplos Estados.

CAPÍTULO OITO

Conclusão

Ao longo da primeira metade do século XX, Norman Angell argumentou com persistência, eloqüência e clareza em favor da proposição de que a guerra não compensa. Vêem-se cada vez mais homens, sob a influência do "equilíbrio do terror", falando como se o argumento que Angell popularizou há cinqüenta anos tivesse se tornando verdadeiro devido a recentes avanços na tecnologia do conflito armado. Contudo, esse argumento, no sentido que Angell pretendia dar-lhe, sempre foi verdadeiro. Angell era um racionalista e individualista nos moldes do século XIX, muito menos preocupado com os ganhos e perdas relativos desta ou daquela nação do que com o fato inegável de que a guerra na melhor das hipóteses afasta os homens do trabalho que provê as necessidades e os confortos da vida e, na pior, destrói aquilo que já produziram. A guerra pode levar a uma redistribuição de recursos, mas é o trabalho, e não a guerra, que cria riqueza. Talvez não da perspectiva de uma nação ou de uma tribo, mas da perspectiva da humanidade, a guerra nunca "compensou".

Não obstante, a guerra é recorrente. A besta que há no homem pode glorificar-se com a carnificina; a razão que há nele se rebela. A guerra e a ameaça da guerra estimulam a especulação sobre as condições da paz. Porém o pensamento aparentemente crítico pode incorporar reações acríticas aos aspectos imediatamente dignos de nota da situação diante da qual se está. Os programas de paz, quer se apóiem, para ter eficácia, na diplomacia conciliadora, quer na cruzada armada, quer na exortação moral, quer na reforma psicocultural, baseiam-se ao menos implicitamente nas idéias que temos sobre as causas da guerra. Como se alegou no capítulo introdutório, nossas avaliações das causas da guerra são determinadas tanto por nossos pressupostos como pelos eventos do mundo que nos cerca. Um estudo sistemático das supostas causas da guerra torna-se assim uma maneira direta de avaliar as condições da paz. Nossa preocupação primordial não foi construir modelos a partir dos quais se possam deduzir políticas de promoção da paz, mas examinar os pressupostos em que se baseiam esses modelos. Isso formula o problema em termos acadêmicos. Sua pertinência é bem mais ampla, porque tanto as políticas do estadista como os interesses e procedimentos dos estudiosos são o produto de uma conjunção de moderação, experiência, razão e ocasião. A prática da política é amplamente influenciada pelas imagens que os políticos dela têm.

Quando Ranke alegou que as relações externas dos Estados determinam suas condições internas, seu argumento foi consideravelmente convincente. Era tão grande a importância da diplomacia na Europa do século XIX e eram tantos os estadistas treinados em seus procedimentos que mesmo o governo interno por vezes correspondia em termos de método às técnicas mediante as quais eram conduzidas as relações entre Estados. Basta mencionar Metternich e Bismarck. A diplomacia assumia na época, como costuma acontecer, muitas das qualidades de um jogo de xadrez. Talvez a última ilustração disso em larga escala seja oferecida pelas manipulações bismarckianas da crise dos Bálcãs de 1885-87. Mas, já na alvorada do século XIX, os fatores internos aos Estados adquiriam maior importância nas relações internacionais. E, com sua maior importância, percebe-se uma crescente tendência de explicar as relações entre Estados a partir de sua condição interna. Principalmente entre os liberais ingleses, a prática de Metternich, bem como a máxima de Ranke, foi invertida. Fizeram-se tentativas de aplicar os supostos métodos e sanções do governo doméstico – resolução por meio do sistema judiciário, opinião pública – às relações entre Estados.

A popularidade de uma imagem varia de acordo com a época e o lugar, mas nenhuma imagem específica chega a ser adequada. Assim, o ceticismo de Bismarck com respeito a uma possível aliança com a Rússia baseava-se em parte no temor da instabilidade interna desta última. Quem vai jogar xadrez tem de considerar tanto o peso das diferentes peças como os movimentos possíveis, e na política internacional os pesos mudam com o tempo. Assim, John Stuart Mill, escrevendo em junho de 1859 a um correspondente italiano, exprimiu a simpatia da Inglaterra pela causa da liberdade nacional italiana, mas justificou a inação inglesa indicando que a Áustria era o único aliado com que a Inglaterra podia contar se tivesse de lutar pela liberdade contra a França e a Rússia unidas[1]. Os pensamentos de Mill e as políticas de Bismarck podem com freqüência ser adequadamente descritos a partir da segunda e da terceira imagens, respectivamente; mas de modo especial quando se consideram as possibilidades da política do Estado, os cálculos de cada um deles compreende elementos advindos de mais de uma imagem. É isso que acontece de um modo geral. Contudo a firmeza com a qual a pessoa está ligada a uma determinada imagem colore sua interpretação das outras imagens. Bismarck inclinava-se mais do que Mill a manter os olhos assestados sobre o mapa da Europa, o tabuleiro de xadrez; Mill, mais do que Bismarck, a concentrar-se nas qualidades dos povos e de seus governos, os jogadores de xadrez.

Em contraste com Metternich e Bismarck, que eram diplomatas tanto em assuntos domésticos como internacionais, os estadistas do século XX transferiam com maior freqüência para a política externa os métodos do político partidário. Woodrow Wilson, para citar um exemplo já usado, via claramente um dos elementos essenciais de uma análise em termos da terceira imagem, a dependência da política de cada um da política de todos. Com a presença no mundo de muitos Estados autoritários, ele percebia que mesmo o Estado não totalitário tem de estar preparado para usar eventualmente a força a fim de defender seus interesses. Mas, convicto de que os Estados democráticos são pacíficos porque seus governos refletem as aspirações do povo, ele previu um dia em que a condição interna de todos os Estados significaria não a constante possibilidade da

---

1. J. S. Mill, *Letters*, org. Elliot, I, 222.

guerra, mas antes a garantia da paz perpétua. A ênfase de Wilson na segunda imagem o levou a fazer interpretações particulares da primeira e da terceira, mais do que as ignorar por completo.

De acordo com a terceira imagem, existe uma possibilidade constante de guerra num mundo em que há dois ou mais Estados buscando promover um determinado conjunto de interesses e em que inexiste um órgão acima deles a que possam recorrer a fim de obter proteção. Porém muitos liberais e revisionistas socialistas negam, ou ao menos minimizam, a possibilidade de que ocorram guerras num mundo de democracias políticas ou sociais. Uma compreensão da terceira imagem deixa claro que essa expectativa só se justifica se o interesse mínimo dos Estados por sua preservação vier a ser o interesse máximo de todos os Estados – e se cada um deles puder confiar plenamente na firme adesão a essa definição da parte de todos os outros. Exprimir essa condição evidencia a qualidade utópica das expectativas liberais e socialistas. A crítica poderia ser ampliada questionando-se igualmente suas interpretações da primeira imagem. Mas o elemento importante, tal como se aplica aqui – de que enfatizar uma das imagens costuma distorcer, embora raramente exclua, as outras duas –, talvez esteja suficientemente claro. Pode ser mais proveitoso voltar a atenção por um breve instante para efeitos semelhantes que podem decorrer da concentração na terceira imagem.

Embora da perspectiva sociológica seja apenas uma entre muitas instituições sociais, o governo é ao mesmo tempo uma precondição da sociedade. A primeira perspectiva sem a segunda é enganosa, como foi ilustrado de uma maneira no capítulo três e de outra no capítulo seis. O estado de natureza entre homens é uma monstruosa impossibilidade. A anarquia gera a guerra entre eles; o governo estabelece as condições para a paz. O estado de natureza que continua a prevalecer entre Estados produz muitas vezes comportamentos monstruosos, mas até o momento não tornou a vida impossível. As análises a-históricas de Espinosa, Rousseau e Kant desvelaram a lógica da sociedade civil e, ao mesmo tempo, deixaram claro por que a lógica não faz com que os homens ultrapassem o estabelecimento de Estados separados e alcancem a fundação de um Estado mundial. Mas tanto na esfera doméstica como na internacional, se a anarquia é a causa, a conclusão óbvia é que o governo é a cura; e isso é verdadeiro ainda que no primeiro caso a doença não seja fatal. O problema, porém, torna-se prático. A quantidade de força necessária para manter coesa uma sociedade varia de acordo com a heterogeneidade dos elementos que a compõem. Os federalistas mundiais escrevem como se as alternativas de que dispomos fossem a unidade ou a morte. "O governo mundial é necessário e, portanto, possível", declara Robert Maynard Hutchins[2]. Mas demonstrar a necessidade de uma instituição não a faz nascer. E, caso se tentasse criar um governo mundial, poderíamos nos ver morrendo na tentativa de nos unir, ou nos unindo e levando uma vida pior do que a morte.

A terceira imagem, assim como as outras duas, leva diretamente a uma prescrição utópica. Em cada imagem, identifica-se uma causa nos termos das quais todas as outras devem ser entendidas. A força da relação lógica entre a terceira imagem e a prescrição de um governo mundial é grande o bastante para que alguns defen-

---

2. Hutchins, "The Constitutional Foundations for World Order". *In*: *Foundations for World Order*, p. 105.

dam não só os méritos do governo mundial como também a facilidade com a qual ele pode ser concretizado[3]. É claramente verdadeiro que, com um governo mundial, não mais haveria guerras internacionais, ainda que, com um governo mundial ineficaz, houvesse sem dúvida guerras civis. É também verdadeiro, voltando às duas primeiras imagens, que, sem as imperfeições de Estados separados, não haveria guerras, assim como é verdadeiro que uma sociedade de seres perfeitamente racionais ou de cristãos perfeitos jamais conheceria conflitos violentos. Infelizmente, essas afirmações são tão triviais quanto verdadeiras. Têm a qualidade inatacável de tautologias impermeáveis: Estados ou homens perfeitamente bons não fazem coisas ruins; no âmbito de uma organização eficaz, não se permitem comportamentos divergentes altamente prejudiciais. A quase perfeição exigida pela concentração numa só causa explica alguns fatos de outra maneira surpreendentes: o pessimismo de Santo Agostinho, o fracasso dos cientistas do comportamento como autores de prescrições para a paz, a confiança de muitos liberais nas forças da história como produtoras de um resultado que não é concebido como factível pelos esforços conscientemente dirigidos dos homens, a tendência dos socialistas a identificar um elemento corruptor toda vez que não se manifesta a harmonia na ação socialista. Também ajuda a explicar a alternância, com freqüência rápida, entre esperança e desespero da parte daqueles que adotam mais plenamente uma abordagem de causa única para esse ou para quase todos os outros problemas. A crença de que a melhoria do mundo requer a

---

3. Cf. Popper, *The Open Society and Its Enemies*, pp. 158-9, 574-9; Esslinger, *Politics and Science, passim.*

mudança dos fatores em ação num domínio precisamente definido leva ao desespero sempre que se evidencia que as mudanças nesse domínio, caso sejam de algum modo possíveis, virão lentamente e com força insuficiente. Há um fracasso constante pelo duplo problema de demonstrar como se podem produzir as "mudanças necessárias" e de provar a asserção de que as mudanças apresentadas como necessárias vão ser suficientes para realizar o objetivo que se tem em vista.

A asserção contrária, a de que todas as causas podem estar inter-relacionadas, é um argumento contra supor que existe uma só causa passível de ser isolada pela análise e eliminada ou controlada por uma política construída com sabedoria. É também um argumento contra trabalhar com uma ou várias hipóteses sem ter em mente a inter-relação de todas as causas. As prescrições diretamente derivadas de uma única imagem são incompletas porque se baseiam em análises parciais. A qualidade parcial de cada imagem estabelece uma tensão que nos leva a incluir as outras imagens. Com a primeira imagem, a direção da mudança, representando a perspectiva de Locke em oposição à de Platão, vai dos homens para as sociedades e os Estados. A segunda imagem apreende ambos os elementos. Os homens fazem os Estados, *e* os Estados fazem os homens; mas essa concepção ainda padece de limitações. Deve-se buscar um nexo mais abrangente de causas, dado que os Estados são moldados pelo ambiente internacional assim como os homens são moldados pelos ambientes nacional e internacional. A maioria daqueles que examinamos nos capítulos precedentes não escreveu inteiramente em termos de uma só imagem. O fato de estarmos lidando até o momento com as conseqüências provenientes de diferentes graus de ênfase explica a complexidade dos capítulos precedentes, mas neste momento torna um tanto mais fácil a tarefa de sugerir como as imagens podem se inter-relacionar sem distorcer qualquer delas.

A primeira e a segunda imagem
com relação à terceira

Talvez seja verdade que a União Soviética represente no momento a maior ameaça de guerra. Não é verdade que o desaparecimento da União Soviética permitiria aos Estados remanescentes viverem facilmente em paz. As guerras existem há séculos; a União Soviética só existe há décadas. Mas alguns Estados, e talvez algumas formas de Estado, têm mais inclinação para a paz do que outros. A multiplicação de Estados com inclinação pacífica não garantiria ao menos a esperança de que o intervalo entre grandes guerras pudesse aumentar? Enfatizando a pertinência da estrutura de ação, a terceira imagem deixa clara a qualidade enganosa dessas análises parciais e das esperanças que com freqüência se baseiam nessas análises. O ato que, em termos de padrões morais individuais, seria aplaudido pode, quando realizado por um Estado, ser um convite à guerra que se busca evitar. A terceira imagem, tomada não como teoria do governo mundial, mas como teoria dos efeitos condicionantes do próprio sistema dos Estados, alerta-nos para o fato de que, até agora, no tocante ao aumento das oportunidades da paz, não há nada parecido com um ato bom em si mesmo. A pacificação dos hukbalahaps foi uma contribuição clara e direta à paz e à ordem do Estado filipino. Na política internacional, uma "solução" parcial, como a conversão de um Estado importante ao pacifismo, poderia ser uma contribuição real à paz mundial; mas poderia com a mesma facilidade apressar o advento de outra grande guerra.

A terceira imagem, tal como se reflete nos escritos de Rousseau, baseia-se numa análise das conseqüências decorrentes da estrutura de ação do Estado. A explicação que Rousseau dá à origem da guerra entre Estados é, em linhas gerais, a definitiva enquanto operarmos dentro de um sistema de nações-Estado. E é definitiva porque não se apóia em causas acidentais – irracionalidades do homem, defeitos dos Estados –, mas em sua teoria da estrutura dentro da qual *qualquer* acidente pode fazer eclodir uma guerra. O fato de que o Estado A deseja certas coisas que só pode obter por meio da guerra não explica a guerra. Esse desejo pode ou não levar à guerra. O fato de eu desejar um milhão de dólares não me faz roubar um banco, mas, se fosse mais fácil roubar bancos, esses desejos levariam a muito mais roubos a bancos. Isso não altera o fato de algumas pessoas tentarem, e outras não tentarem, roubar bancos, seja qual for a situação da aplicação da lei. Ainda temos de examinar a motivação e as circunstâncias para explicar atos individuais. Não obstante, pode-se prever que, permanecendo os outros fatores constantes, um enfraquecimento nos órgãos de aplicação da lei leva a um aumento do crime. Dessa perspectiva, o que conta é a estrutura social – restrições institucionalizadas e métodos institucionalizados de alterar e administrar interesses. E conta de uma maneira distinta das que costumam ser associadas à palavra "causa". O que leva um homem a roubar um banco são coisas como o desejo de dinheiro, o desrespeito pelas propriedades sociais, uma certa audácia. Mas, se os obstáculos à operação dessas causas forem suficientemente fortes, nove dentre dez possíveis ladrões de banco levará uma vida pacífica ocupando-se de seus negócios legítimos. Se a estrutura tiver de ser chamada de causa de algum modo, é melhor especificar que é uma causa permissiva ou subjacente da guerra.

Aplicado à política internacional, isso se torna, em palavras antes usadas para resumir Rousseau, a proposição de que as guerras ocorrem porque não há nada que impeça que ocorram. A análise de Rousseau explica a recorrência da guerra sem explicar nenhuma guerra específica. Ele nos diz que a guerra pode acontecer a qualquer momento, e nos diz por que é assim. Mas a estrutura do sistema dos Estados não leva diretamente o Estado A a atacar o Estado B. A ocorrência ou não de um ataque depende de circunstâncias especiais – localização, tamanho, poder, interesse, tipo de governo, história pregressa e tradição – que, cada uma delas, influenciarão as ações de ambos os Estados. Se estes lutarem entre si, lutarão por motivos que cada qual definirá de modo especial para a ocasião. Esses motivos especiais tornam-se as causas imediatas, ou eficientes, das guerras. Essas causas imediatas da guerra estão contidas na primeira e na segunda imagens. Os Estados são motivados a atacarem uns aos outros e a se defenderem dos outros pela razão e/ou paixão do número relativamente pequeno de pessoas que elaboram as políticas para os Estados e do número bem maior de pessoas que influenciam essas poucas. Alguns Estados, em virtude de suas condições internas, são mais proficientes na guerra e mais inclinados a submeter à prova sua proficiência. Variações nos fatores incluídos na primeira e na segunda imagens são importantes, e na verdade cruciais, na instauração e na ruptura de períodos de paz – as causas imediatas de toda guerra têm de ser os atos dos indivíduos ou os atos dos Estados.

Se toda guerra é precedida de atos que podemos identificar (ou, ao menos, tentamos identificar) como causa, por que então não eliminamos as guerras mediante a modificação do comportamento dos indivíduos ou dos Estados? Essa é a linha de pensamento seguida pelos que dizem: para acabar com a guerra, aprimorem-se os homens; ou: para acabar com a guerra, aprimorem-se os Estados. Mas, nessas prescrições, o papel do ambiente internacional é distorcido com facilidade. Como algumas das unidades atuantes podem se aprimorar enquanto outras continuam a seguir seus modos de agir antigos e com freqüência predatórios? O pressuposto simplista de muitos liberais, de que a história caminha inexoravelmente para o milênio, é refutado se o ambiente internacional dificulta quase ao ponto da impossibilidade o comportamento progressivamente mais moral dos Estados. Omitem-se dois aspectos das prescrições que consideramos no âmbito da primeira e da segunda imagens: 1. Se um efeito é produzido por duas ou mais causas, ele não é permanentemente eliminado pela remoção de uma dessas causas. Se as guerras ocorrem por não serem os homens perfeitamente racionais e porque os Estados não têm uma formação perfeita, aprimorar apenas os Estados pouco fará para reduzir o número e a intensidade das guerras. O erro aqui consiste em identificar uma só causa em que duas ou mais podem atuar. 2. Uma ação empreendida para combater uma causa sem levar as outras em consideração pode tornar a situação pior em vez de melhorá-la. Assim, à medida que as democracias ocidentais tendiam à paz, Hitler tornou-se mais beligerante. A crescente propensão à paz de alguns participantes da política internacional pode aumentar e não reduzir a probabilidade da guerra. Isso ilustra o papel da causa permissiva, o ambiente internacional. Se só houvesse dois locais de causas, os homens e os Estados, poderíamos ter certeza de que o surgimento de Estados mais inclinados à paz iria, na pior das hipóteses, não prejudicar a causa da paz mundial. Não obstante, se um remédio proposto é ou não de fato um remédio, ou na verdade algo pior do que a ausência de remédios, depende do conteúdo e da oportunidade dos atos de todos os Estados. A terceira imagem torna essa questão clara.

A guerra pode ocorrer porque o Estado A tem algo que o Estado B quer. A causa ativa da guerra é o desejo do Estado B; a causa permissiva é o fato de nada haver que impeça o Estado B de correr os riscos de uma guerra. Numa circunstância diferente, a inter-relação entre as causas ativa e permissiva se torna ainda mais estreita. O Estado A pode temer que, se não cortar agora uma perna do Estado B, talvez não tenha condições de cortá-la dali a dez anos. O Estado A torna-se o agressor no presente por temer que o Estado B venha a ser agressivo no futuro. A causa ativa dessa guerra provém da causa que rotulamos como permissiva. No primeiro caso, surgem conflitos de disputas nascidas de questões específicas. Numa época de bombas de hidrogênio, nenhuma questão específica compensa o risco de uma guerra total. O acordo, mesmo em bases ruins, é preferível à autodestruição. O uso da razão parece exigir uma doutrina de "não recurso à força". Alguém cuja razão o faz seguir esse caminho percorre a trilha indicada por Cobden quando este assinalou que "é quase impossível, examinando-se os últimos cem anos, dizer precisamente qual o móvel de qualquer guerra", sugerindo implicitamente, dessa maneira, que os ingleses nunca deveriam ter-se envolvido nelas[4]. Ele cai na armadilha que apanhou A. A. Milne quando este explicou a Primeira Guerra Mundial como uma guerra em que morreram dez milhões de pessoas porque o Império Austro-Húngaro tentou sem sucesso vingar a morte de um arquiduque[5]. Ele sucumbe à ilusão de *Sir* Edward Grey, que, em suas memórias, escritas há cerca de trinta anos, alimentava a esperança de que os horrores da Primeira Guerra Mundial permitissem às nações "encontrar finalmente um terreno comum ao qual deveriam chegar juntas em confiante compreensão: um acordo segundo o qual, nas disputas entre elas, a guerra deve ser descartada como um recurso de acordo que acarreta a ruína"[6].

É verdade que as causas imediatas de muitas guerras são triviais. Se nos concentrarmos nelas, a incapacidade de chegar a um acordo sem o uso da força parece o desvario definitivo. Mas nem sempre é verdade que as causas imediatas fornecem uma explicação suficiente para as guerras que ocorreram. E, se não são simplesmente disputas particulares que produzem guerras, a resolução racional dessas disputas não pode eliminar as guerras. Porque, como escreveu Winston Churchill, "as pequenas questões são somente os sintomas de uma doença perigosa, e só por isso têm importância. Por trás delas estão os interesses, as paixões e o destino de raças de homens poderosos; e longos antagonismos se exprimem em ninharias"[7]. Não obstante, talvez se justifique a esperança de Churchill

---

4. Cobden, *Speeches*, org. Bright e Rogers, II, 165.
5. Milne, *Peace with Honour*, p. 11.
6. Grey, *Twenty-five Years*, II, 285.
7. Churchill, *The World Crisis, 1911-1914*, I, 52.

de que o medo induzido por um "equilíbrio do terror" produza uma trégua temporária. O progresso da tecnologia torna a guerra mais horrível e presumivelmente aumenta o desejo de paz; a própria rapidez do progresso torna incertos os planos militares de todos e destrói a possibilidade de uma avaliação precisa das prováveis forças dos adversários. O temor e a paz permanente são mais difíceis de equiparar. Cada grande avanço na tecnologia de guerra encontrou seu profeta pronto a proclamar que a guerra se tornara impossível: Alfred Nobel e a dinamite, por exemplo, ou Benjamin Franklin e o balão mais leve que o ar. Pode muito bem ter havido algum profeta para proclamar o fim da guerra tribal quando a lança foi inventada, e outro para fazer a mesma previsão quando se pôs pela primeira vez veneno na ponta da lança. Infelizmente, todos esses profetas se enganaram. O desenvolvimento das armas atômicas e de hidrogênio pode alimentar o desejo de paz de alguns, assim como o sentimento de guerra de outros. Nos Estados Unidos e em outras partes do mundo, depois da Segunda Guerra Mundial, um tema abafado no debate da política externa foi a necessidade da guerra preventiva – jogue logo a bomba antes que o provável adversário possa numa guerra futura fazer sua própria bomba. Mesmo havendo dois ou mais Estados equipados com sistemas de armamentos semelhantes, uma mudança momentânea no equilíbrio do terror que produza temporariamente uma vantagem militar decisiva de um determinado Estado, pode tentá-lo a aproveitar a oportunidade a fim de fugir do medo. E a tentação pode ser proporcional ao próprio medo. Por fim, o temor mútuo de grandes armas pode produzir, em vez de paz, uma tempestade de guerras em menor escala.

O medo das armas modernas, do perigo de destruição das civilizações do mundo, não é suficiente para estabelecer as condições de paz identificadas em nossas discussões das três imagens das relações internacionais. Pode-se equiparar o medo à paz mundial apenas se o desejo de paz existe em todos os Estados e é uniformemente expresso em suas políticas. Mas a paz é o objetivo primordial de uns poucos homens ou Estados. Se fosse o objetivo primordial mesmo de um só Estado, este poderia ter paz a qualquer momento – simplesmente se rendendo. No entanto, como adverte com tanta freqüência John Foster Dulles, "a paz pode ser uma camuflagem por meio da qual homens malvados perpetram erros diabólicos"[8]. A questão numa determinada disputa pode não ser "Quem vai ganhar com isso?" Pode ser, ao contrário: "Quem vai dominar o mundo?" Nessas circunstâncias, é difícil definir o melhor caminho de ação até de homens razoáveis, bem como é impossível supor sua capacidade de sempre conceber soluções que dispensem a força. Se não são possíveis no presente – se é que são possíveis em algum momento – soluções a partir de qualquer das imagens, a razão só pode agir dentro da estrutura sugerida considerando a primeira e a segunda imagens sob a perspectiva da terceira, uma perspectiva estabelecida com precisão e simplicidade nos *Federalist Papers*, especialmente nos escritos por Hamilton e Jay.

O que aconteceria, pergunta Jay, se os treze Estados, em vez de se combinar num só Estado, se tornassem eles mesmos várias confederações? Ele responde:

---

8. "Excerpts from Dulles Address on Peace", Washington, 11 de abril de 1955. *In: New York Times*, 12 de abril de 1955, p. 6.

Em vez de se "unir em afeição" e livres de toda a apreensão de "interesses" diferentes, a inveja e os ciúmes logo fariam cessar a confiança e a afeição, e os interesses parciais de cada confederação, em vez dos interesses gerais de toda a América, seriam os únicos objetivos de sua política e de sua ação. Em conseqüência, tal como muitas nações *fronteiriças*, sempre estariam envolvidos em disputas e em guerras ou viveriam sob a constante apreensão de que estas viessem a ocorrer.[9]

Jay diz aqui que a anarquia internacional é a explicação da guerra internacional. Mas não só a anarquia internacional. Hamilton acrescenta que presumir uma ausência de motivos hostis entre Estados é esquecer que os homens são "ambiciosos, vingativos e rapaces". Um Estado monárquico pode ir à guerra porque a vaidade de seu rei o leva a buscar a glória na vitória militar; uma república pode ir à guerra por causa da insensatez de sua assembléia ou devido a seus interesses comerciais. A vaidade do rei, a insensatez da assembléia e o caráter irreconciliável dos interesses comerciais não são, nenhum deles, inevitáveis. Mas são tantas e tão variadas as causas da guerra entre Estados que "procurar a continuidade da harmonia entre alguns soberanos independentes e não ligados entre si em territórios vizinhos seria desconsiderar o curso uniforme dos eventos humanos, bem como desafiar a experiência acumulada das eras"[10].

Jay e Hamilton encontraram na história do sistema de Estados ocidental a confirmação para a conclusão

---

9. *The Federalist*, pp. 23-4, n° 5.

10. *Ibid.*, pp. 27-8, n° 6; cf. p. 18, n° 4, Jay, e pp. 34-40, n° 7, Hamilton.

de que, entre Estados soberanos separados, é constante a possibilidade da guerra. A terceira imagem, tal como construída no capítulo seis, fornece uma base teórica a essa mesma conclusão. Revela por que, na ausência de mudanças de grande envergadura nos fatores incluídos na primeira e na segunda imagens, a guerra será perpetuamente associada com à existência de Estados soberanos separados. A conclusão óbvia de uma análise a partir da terceira imagem é que o governo mundial é o remédio para a guerra mundial. Esse remédio, ainda que possa ser inatacável na lógica, é inatingível na prática. A terceira imagem pode oferecer uma abordagem utópica da política mundial. Pode também fornecer uma abordagem realista, uma abordagem que evita a tendência de alguns realistas de atribuir a necessária amoralidade, ou mesmo imoralidade, da política mundial ao caráter inerentemente mau do homem. Se a estratégia de cada um depende da estratégia de todos os outros, a de Hitler determina em parte a ação, ou melhor, a reação, daqueles cujos fins têm valor e cujos meios são meticulosos. Por melhores que sejam suas intenções, os formuladores de políticas devem levar necessariamente em consideração as implicações da terceira imagem, que podem ser apresentadas de modo resumido da seguinte maneira: cada Estado persegue seus próprios interesses, qualquer que seja sua definição, da maneira que julga melhor. A força é um meio de realizar os fins externos dos Estados porque não há um processo sólido e confiável de conciliação dos conflitos de interesses que surgem inevitavelmente entre unidades semelhantes em uma condição de anarquia. Uma política externa baseada nessa imagem das relações internacionais não é moral nem imoral, personificando apenas uma resposta ponderada ao mundo que nos cerca. A terceira imagem descreve a estrutura da política mundial, mas sem a primeira e a segunda imagens não pode haver conhecimento das forças que determinam a política; a primeira e a segunda imagens descrevem as forças presentes na política mundial, mas sem a terceira é impossível avaliar a importância ou prever os resultados dessas forças.

Bibliografia

ADAMS, Henry. *The Education of Henry Adams*. Nova York: The Book League of America, 1928.

ADAMS, Walter e GRAY, Horace M. *Monopoly in America*. Nova York: The Macmillan Co., 1955.

AGOSTINHO, SANTO. *The City of God*. Traduzido por Marcus Dods. 2 vols. Nova York: Hafner Publishing Co., 1948.

ALMOND, Gabriel A. *The American People and Foreign Policy*. Nova York: Harcourt, Brace and Co., 1950.

_____. "Anthropology, Political Behavior, and International Relations", *World Politics*, II, 1950, pp. 277-84.

ANGELL, Norman. *The Great Illusion*. Londres: William Heinemann, 1914.

Approaches to World Peace. Fourth Symposium of the Conference on Science, Philosophy, and Religion. Nova York: Distribuído por Harper & Brother, 1944.

ARISTÓTELES. *Politics*. Traduzido por B. Jowet. Nova York: The Modern Library, 1943.

ARON, Raymond e HECKSCHER, August. *Diversity of Worlds*. Nova York: Reynal & Co., 1957.

BAILEY, Stephen K. *et al. Research Frontiers in Politics and Government.* Washington: The Brooking Institution, 1955.

BEARD, Charles A. *A Foreign Policy for America.* Nova York: Alfred A. Knopf, 1940.

_____. *Giddy Minds and Foreign Quarrels.* Nova York: The Macmillan Co., 1939.

BENEDICT, Ruth. *Patterns of Culture.* Nova York: Penguin Books, 1946.

BENTHAM, Jeremy. *Deontology.* Organizado por John Bowring. 2 vols. Londres: Longman, Rees, Orme, Browne, Green, and Longman, 1834.

_____. *The Works of Jeremy Bentham.* Organizado por John Bowring. 11 vols. Edimburgo: William Tait, 1843. Vols. II, III e IV.

BERLIN, Isaiah. "Political Ideas in the Twentieth Century", *Foreign Affairs*, XXVIII, 1950, pp. 351-85.

BERNARD, L. L. *War and Its Causes.* Nova York: Henry Holt and Co., 1944.

BERNSTEIN, Eduard. *Evolucionary Socialism.* Traduzido por Edith C. Harvey. Nova York: B. W. Huebsch, 1909.

BLUM, Léon. *Les Problèmes de la Paix.* Paris: Librairie Stock, 1931.

BODIN, Jean. *Six Books of the Commonwealth.* Condensado e traduzido por M. J. Tooley. Oxford: Basil Blackwell, s/d.

BORBERG, William. "On Active Service of Peace", *Bulletin of the World Federation for Mental Health*, II, 1950, pp. 6-9.

BRIGHT, John. *Speeches.* Organizado por James E. Thorold Rogers. Londres: Macmillan & Co., 1869.

BUEHRIG, Edward H. *Woodrow Wilson and the Balance of Power.* Bloomington: Indiana University Press, 1955.

CALLIS, Helmut. "The Sociology of International Relations", *American Sociological Review*, XII, 1947, pp. 323-4.

CANTRIL, Hadley, org. *Tensions That Cause Wars.* Urbana: University of Illinois Press, 1950.

CARVER, Thomas Nixon. *Essays in Social Justice.* Cambridge, Mass.: Harvard University Press, 1915.

CASSERLEY, J. V. Langmead. *Morals and Man in the Social Sciences.* Londres: Longmans, Green and Co., 1951.

CHAMBERLAIN, Neville. *In Search of Peace*. Nova York: G. P. Putnam's Sons, 1939.

CHURCHILL, Winston S. *The World Crisis, 1911-1914*. 4 vols. Nova York: Charles Scribner's Sons, 1923-29. Vol. I.

CLAUSEWITZ, Carl von. *On War*. Traduzido por O. J. Matthijs Jolles. Washington: Infantry Journal Press, 1950.

COBBAN, Alfred. *National Self-Determination*. Rev. org. Chicago: University of Chicago Press, 1948.

COBDEN, Richard. *Speeches on Peace, Financial Reform, Colonial Reform and Other Subjects Delivered during 1849*. Londres: James Gilbert, s/d.

_____. *Speeches on Questions of Public Policy*. 2 vols. Organizado por John Bright e James E. Thorold Rogers. Londres: Macmillan & Co., 1870.

COLE, G. D. H. *A History of Socialist Thought*. 3 vols. Londres: Macmillan & Co., 1953-56. Vol. III.

COLLINGWOOD, R. G. *The New Leviathan*. Oxford: Clarendon Press, 1942.

COMMAGER, Henry Steele, org. *Documents of American History*. 3ª ed. Nova York: F. S. Crofts & Co., 1946.

COOK, Thomas I. e MOOS, Malcolm. *Power through Purpose: The Realism of Idealism as a Basis for Foreign Policy*. Baltimore: The John Hopkins Press, 1954.

COTTRELL, W. Fred. "Research to Establish the Conditions for Peace", *Journal of Social Issues*, XI, 1955, pp. 13-20.

DEDIJER, Vladimir. "Albania, Soviet Pawn", *Foreign Affairs*, XXX, 1951, pp. 103-11.

DENNIS, Wayne *et al. Current Trends in Social Psychology*. Pittsburgh: University of Pittsburgh Press, 1948.

DEUTSCH, Karl. "The Growth of Nations: Some Recurrent Patterns of Political and Social Integration", *World Politics*, V, 1953, pp. 168-95.

DEWEY, John. *Reconstruction in Philosophy*. Nova York: The New American Library, 1950.

DICKINSON, G. Lowes. *The European Anarchy*. Nova York: The Macmillan Co., 1917.

DIDEROT, Denis. *Oeuvres complètes de Diderot*. Organizado por J. Assézat. 20 vols. Paris: Garnier Frères, 1875-77. Vol. XIV.

DOLLARD, John *et al. Frustration and Aggression.* New Haven: Yale University Press, 1939.

DOSTOIEVSKI, F. M. *The Diary of a Writer.* Traduzido por Boris Brasol. 2 vols. Nova York: Charles Scribner's Sons, 1949.

DUNN, Frederick S. *Peaceful Change.* Nova York: Council on Foreign Relations, 1937.

_____. *War and the Minds of Men.* Nova York: Council on Foreign Relations, 1950.

DURBIN, E. F. M. e BOWLBY, John. *Personal Aggressiveness and War.* Nova York: Columbia University Press, 1939.

DURKHEIM, Emile. *The Rules of Sociological Method.* Tradução da 8ª edição por Sarah Solovay e John Mueller. Glencoe, Ill.: The Free Press, 1938.

DYMOND, Jonathan. *An Inquiry into the Accordancy of War with the Principles of Christianity, and an Examination of the Philosophical Reasoning by Which It Is Defended.* 3ª ed., Filadélfia, 1834.

ENGELS, Friedrich. *Herr Eugen Dühring's Revolution in Science (Anti-Dühring).* Traduzido por Emile Burns. Nova York: International Publishers, 1939.

_____. *The Origin of the Family, Private Property and the State.* Nova York: International Publishers, 1942.

_____. *Ver também* Marx, Karl.

ESPINOSA, Baruch de. *The Chief Works of Benedict de Spinoza.* Traduzido por R. H. M. Elwes. 2 vols. Nova York: Dover Publications, 1951.

ESSLINGER, William. *Politics and Science.* Nova York: The Philosophical Library, 1955.

FLYNN, John T. *The Roosevelt Myth.* Nova York: The Devin-Adair Co., 1948.

FOR SOCIALISM AND PEACE. Londres: Transport House, 1934.

FOUNDATIONS FOR WORLD ORDER. Denver: University of Denver Press, 1949.

FRANK, Lawrence. *Society as the Patient.* New Brunswick: Rutgers University Press, 1949.

FREUD, Sigmund. *Civilization, War and Death.* Organizado por John Rickman. Londres: The Hogarth Press and the Institute of Psychoanalysis, 1953.

FRIEDRICH, Carl J. *Inevitable Peace*. Cambridge, Mass.: Harvard University Press, 1948.

GALILEI, Galileu. *Dialogues concerning Two New Sciences*. Traduzido por Henry Crew e Alfonso de Salvio. Nova York: The Macmillan Co., 1914.

GODWIN, William. *Enquiry concerning Political Justice*. 3ª ed. 2 vols. Londres: 1798.

GOLDHAMER, Herbert. "The Psychological Analysis of War", *Sociological Review*. Londres, XXVI, 1934, pp. 249-67.

GREEN, Thomas Hill. *Lectures on the Principles of Political Obligation*. Londres: Longmans, Green and Co., s/d.

GREGG, Richard B. *The Power of Non-Violence*. Filadélfia: J. B. Lippincott Co., 1934.

GREY, Edward. *Twenty-five Years*. 2 vols. Nova York: Frederick A. Stokes Co., 1925.

HAAS, Ernest B. "The Balance of Power: Prescription, Concept, or Propaganda?", *World Politics*, V, 1953, pp. 442-77.

HAMILTON, Alexander. *The Works of Alexander Hamilton*. Organizado por Henry Cabot Lodge. 12 vols. Nova York: G. P. Putnam's Sons, 1904. Vol. V.

HAMILTON, Alexander, JAY, John e MADISON, James. *The Federalist*. Nova York: The Modern Library, 1941.

HAYES, C. J. H. *Essays on Nationalism*. Nova York: The Macmillan Co., 1928.

_____. *The Historical Evolution of Modern Nationalism*. Nova York: The Macmillan Co., 1950.

HEGEL, G. W. F. *Philosophy of Right*. Traduzido por T. M. Knox. Oxford: Clarendon Press, 1942.

HELVÉTIUS, Claude Adrien. *A Treatise on Man: His Intellectual Faculties and His Education*. Traduzido por W. Hooper. 2 vols. Londres, 1810. Vol. II.

HENDERSON, Arthur. *The Aims of Labour*. Londres: Headley Bros., 1918.

HERÓDOTO. *The History of Herodotus*. Traduzido por George Rawlinson. 2 vols. Everyman's Library Edition. Londres: J. M. Dent & Sons, Ltd., 1949.

HERZ, John. *Political Realism and Political Idealism*. Chicago: University of Chicago Press, 1951.

HERZFELD, Hans. "Bismarck und die Skobelewepisode", *Historische Zeitschrift*, CXLII, 1930, pp. 279-302.

HIRST, Margaret E. *The Quakers in Peace and War*. Londres: The Swarthmore Press, 1923.

HOBSON, John. *The Crisis of Liberalism*. Londres: P. S. King & Son, 1909.

_____. *Democracy after the War*. Londres: George Allen & Unwin, 1917.

_____. *Imperialism*. 3ª ed. Londres: George Allen & Unwin, 1938.

_____. *The New Protectionism*. Londres: T. Fisher Unwin, 1916.

_____. *Notes on Law and Order*. Londres: The Hogarth Press, 1926.

_____. *Problems of a New World*. Londres: George Allen & Unwin, 1921.

_____. *The Recording Angel*. Londres: George Allen & Unwin, 1921.

_____. *Richard Cobden, the International Man*. Londres: T. Fisher Unwin, 1919.

_____. *Towards International Government*. Londres: George Allen & Unwin, 1915.

_____. *The War in South Africa*. Nova York: The Macmillan Co., 1900.

HOMO, Leon. *Roman Political Institutions*. Traduzido por M. R. Dobie. Londres: Kegan Paul, Trench, Trubner & Co., 1929.

HUME, David. *Essays Moral, Political, and Literary*. Organizado por T. H. Green e T. H. Grose. 2 vols. Londres: Longmans, Green and Co., 1875. Vol. I.

HUMPHREY, A. W. *International Socialism and the War*. Londres: F. S. King & Co., 1915.

HUTCHISON, T. W. *A Review of Economic Doctrines, 1870-1929*. Oxford: Clarendon Press, 1953.

HUTT, W. H. "Pressure Groups and *Laissez-Faire*", *South African Journal of Economics*, VI, 1938, pp. 1-23.

INGE, William R. *Lay Thoughts of a Dean*. Nova York: Garden City Publishing Co., 1926.

JAMES, William. *Memories and Studies*. Nova York: Longmans, Green and Co., 1912.

JOLL, James. *The Second International*. Londres: Weidenfeld and Nicolson, 1955.

KANT, Immanuel. *Critique of Practical Reason and Other Works on the Theory of Ethics*. Traduzido por T. K. Abbott. Londres: Longmans, Green and Co., 1909.

_____. *Eternal Peace and Other International Essays*. Traduzido por W. Hastie. Boston: The World Peace Foundation, 1914.

_____. *The Philosophy of Law*. Traduzido por W. Hastie. Edimburgo: T. & T. Clark, 1887.

KAPLAN, Morton A. *System and Process in International Politics*. Nova York: John Wiley & Sons, 1957.

KAUTSKY, Karl. "Der Imperialismus", *Die Neue Zeit*, 32° ano, II, 1914, pp. 908-22.

_____. "Die Internationalität und der Krieg", *Die Neue Zeit*, 33° ano, I, 1914, pp. 225-50.

_____. "Die Sozialdemocratie im Kriege", *Die Neue Zeit*, 33° ano, I, 1914, pp. 1-8.

KEGLEY, Charles W. e BRETALL, Robert W., orgs. *Reinhold Niebuhr, His Religious, Social, and Political Thought*. Nova York: The Macmillan Co., 1956.

KELSEN, Hans. *General Theory of Law and State*. Traduzido por Anders Wedberg. Cambridge, Mass.: Harvard University Press, 1946.

KENNAN, George F. *Realities of American Foreign Policy*. Princeton: Princeton University Press, 1954.

KEYNES, John Maynard. "National Self-Sufficiency", *Yale Review*, XXII, 1933, pp. 755-69.

KIRK, Grayson. "In Search of the National Interest", *World Politics*, V, 1952, pp. 110-5.

KISKER, George, org. *World Tension*. Nova York: Prentice-Hall, 1951.

KLINEBERG, Otto. *Tensions Affecting International Understanding*. Nova York: Social Science Research Council, 1950.

KLUCKHOHN, Clyde. *Mirror of Man*. Nova York: McGraw-Hill Book Co., 1949.

KOHN, Hans. *The Idea of Nationalism*. Nova York: The Macmillan Co., 1944.

LA BRUYÈRE, Jean de. *Oeuvres complètes*. Organizado por Julien Brenda. (Bibliothèque de la Pléiade, vol. 23.) Paris: Librairie Gallimard, 1951.

LA CHESNAIS, P. G. *Le Groupe Socialiste du Reichstag et la Déclaration de Guerre*. Paris: Librairie Armand Colin, 1915.

LAIR, Maurice. *Jaurès e l'Allemagne*. Paris: Librairie Académique Perrin, 1935.

LASSWELL, Harold. *Psychopathology and Politics*. Chicago: University of Chicago Press, 1930.

_____. *World Politics and Personal Insecurity*. Nova York: McGraw-Hill Book Co., 1935.

LEIGHTON, Alexander H. "Dynamic Forces in International Relations", *Mental Hygiene*, XXXIII, 1949, pp. 17-24.

_____. *Human Relations in a Changing World*. Nova York: E. P. Dutton & Co., 1949.

LEISERSON, Avery. "Problems of Methodology in Political Research", *Political Science Quarterly*, LXVII, 1953, pp. 558-84.

LENIN, Vladimir Ilyich. *The Collapse of the Second International*. Traduzido por A. Sirnis. Glasgow: The Socialist Labour Press, s/d.

_____. *Imperialism*. Nova York: International Publishers, 1939.

_____. *"Left-Wing" Communism: An Infantile Disorder*. Nova York: International Publishers, 1934.

_____. *What Is to Be Done?* Nova York: International Publishers, 1929.

LERNER, Daniel e LASSWELL, Harold, orgs. *The Policy Sciences*. Stanford: Stanford University Press, 1951.

LEVINSON, Salmon. *Outlawry of War*. Chicago: American Committee for the Outlawry of War, 1921.

LEWIN, Kurt. *Resolving Social Conflicts*. Nova York: Harper & Brothers, 1948.

LIEBKNECHT, Karl, LUXEMBURGO, Rosa e MEHRING, Franz. *The Crisis in the Social-Democracy*. Nova York: The Co-operative Press, s/d.

LINK, Arthur S. *Woodrow Wilson and The Progressive Era, 1910-1917*. Nova York: Harper & Brothers, 1954.

LINTON, Ralph, org. *The Science of Man in the World Crisis*. Nova York: Columbia University Press, 1945.

LIU SHAO-CHI. *Internationalism and Nationalism*. Pequim: Foreign Language Press, s/d.

MacCURDY, J. T. *The Psychology of War*. Boston: John W. Luce and Co., s/d.

MacDONALD, J. Ramsay. *Labour and the Empire*. Londres: George Allen, 1907.

MACRIDIS, Roy. "Stalinism and the Meaning of Titoism", *World Politics*, IV, 1952, pp. 219-38.

MADARIAGA, Salvador de. *Disarmament*. Nova York: Coward-McCann, 1929.

MALTHUS, Thomas. *An Essay on the Principle of Population. Parallel Chapters from the First and Second Editions*. Nova York: Macmillan & Co., 1895.

MANDEVILLE, Bernard. *The Fable of the Bees*. Londres, 1806.

MAO TSÉ-TUNG. *Strategic Problems of China's Revolutionary War*. Bombaim: People's Publishing House, 1951.

MAQUIAVEL, Nicolau. *The Prince and the Discourses*. Traduzido por Luigi Ricci e Christian E. Detmold. Nova York: The Modern Library, s/d.

MARTIN, Kingsley. *The Rise of French Liberal Thought*. Boston: Little, Brown and Co., 1929.

MARTINEAU, Harriet. *Illustrations of Political Economy*. 9 vols. Londres: Charles Fox, 1834. Vol. III.

MARX, Karl. *Capital*. Traduzido por Samuel Moore e Edward Aveling. 3 vols. Chicago: Charles H. Kerr & Co., 1909-10. Vol. I.

MARX, Karl e ENGELS, Friedrich. *Communist Manifesto*. Traduzido por Samuel Moore. Chicago: Charles H. Kerr & Co., 1946.

_____. *The German Ideology*. Traduzido por R. Pascal. Nova York: International Publishers, 1939.

_____. *Selected Correspondence, 1846-1895*. Traduzido por Dona Torr. Nova York: International Publishers, 1942.

MATTINGLY, Garrett. *Renaissance Diplomacy*. Boston: Houghton Mifflin Co., 1955.

MAY, Mark. *A Social Psychology of War and Peace*. New Haven: Yale University Press, 1943.

MAZZINI, Giuseppe. *Selected Writings*. Organizado por N. Gangulee. Londres: Lindsay Drummond, 1945.

McDONALD, John. *Strategy in Poker, Business and War*. Nova York: W. W. Norton & Co., 1950.

McKINSEY, J. C. C. *Introduction to the Theory of Games*. Nova York: McGraw-Hill Book Co., 1952.

MEAD, Margaret. *And Keep Your Powder Dry*. Nova York: Wm. Morrow & Co., 1942.

_____. *Coming of Age in Samoa*. Nova York: The New American Library, 1949.

_____. "Warfare Is Only an Invention – Not a Biological Necessity", *Asia*, XL, 1940, pp. 402-5.

MILL, James. *Essays on Government, Jurisprudence, Liberty of the Press, Prisons and Prison Discipline, Colonies, Law of Nations, Education*. Reproduzido, com autorização, do Supplement to the Encyclopaedia Britannica. Londres, s/d.

MILL, John Stuart. *Dissertations and Discussions*. 5 vols. Nova York: Henry Holt and Co., 1874-82. Vols. III e V.

_____. *The Letters of John Stuart Mill*. Organizado por Hugh S. R. Elliot. 2 vols. Londres: Longmans, Green and Co., 1910.

_____. *On Liberty, Representative Government, The Subjection of Women*. Oxford: The World's Classics, n° 170. Londres: Oxford University Press, 1946.

_____. *Principles of Political Economy*. Organizado por J. W. Ashley, a partir da 7ª edição de 1871. Londres: Longmans, Green and Co., 1909.

_____. *Socialism*. Organizado por W. D. P. Bliss. Nova York: The Humboldt Publishing Co., 1891.

MILNE, A. A. *Peace with Honor*. Nova York: E. P. Dutton & Co., 1934.

MILTON, John. *The Prose Works of John Milton*. 5 vols. Londres: Henry G. Bohn, 1848-81. Vol. III.

MONTESQUIEU, Charles Louis de Secondat, Baron de la Brède et de. *The Spirit of the Laws*. Traduzido por Thomas Nugent. Nova York: Hafner Publishing Co., 1949.

MORELLET, André. *Lettres de l'abbé Morellet a Lord Shelburne, 1772-1803*. Paris: Librairie Plon, 1898.

MORGENTHAU, Hans J. "Another 'Great Debate': The National Interest of the United States", *American Political Science Review*, XLVI, 1952, pp. 961-88.

_____. *In Defense of the National Interest*. Nova York: Alfred A. Knopf, 1951.

_____. *Politics among Nations*. 2ª ed. Nova York: Alfred A. Knopf, 1954.

_____. *Scientific Man vs. Power Politics*. Chicago: University of Chicago Press, 1946.

MORGENTHAU, Hans J. e THOMPSON, Kenneth W. *Principles and Problems of International Politics, Selected Readings*. Nova York: Alfred A. Knopf, 1952.

MORLEY, John. *The Life of Richard Cobden*. Boston: Roberts Brothers, 1881.

_____. *The Life of William Ewart Gladstone*. 3 vols. Nova York: The Macmillan Co., 1903.

MORRISON, Charles Clayton. *The Outlawry of War*. Chicago: Willett, Clark & Colby, 1927.

NEUMANN, John von e MORGENSTERN, Oskar. *Theory of Games and Economic Behavior*. Princeton: Princeton University Press, 1944.

NEWCOMB, Theodore M. e HARTLEY, Eugene L., orgs. *Readings in Social Psychology*. Nova York: Henry Holt & Co., 1947.

NICHOLS, Beverly. *Cry Havoc!* Nova York: Doubleday, Doran & Co., 1933.

NIEBUHR, Reinhold. *Beyond Tragedy*. Nova York: Charles Scribner's Sons, 1938.

_____. *The Children of Light and the Children of Darkness*. Nova York: Charles Scribner's Sons, 1945.

_____. *Christianity and Power Politics*. Nova York: Charles Scribner's Sons, 1940.

_____. *Christian Realism and Political Problems*. Nova York: Charles Scribner's Sons, 1953.

_____. *Discerning the Signs of the Times*. Nova York: Charles Scribner's Sons, 1946.

_____. *Does Civilization Need Religion?* Nova York: The Macmillan Co., 1928.

_____. *Faith and History*. Nova York: Charles Scribner's Sons, 1949.

_____. *An Interpretation of Christian Ethics*. Nova York: Harper & Brothers, 1935.

_____. *The Irony of American History*. Nova York: Charles Scribner's Sons, 1952.

_____. "Is Social Conflict Inevitable?", *Scribner's Magazine*, XCVIII, 1935, pp. 166-9.

_____. *Leaves from the Notebook of a Tamed Cynic*. Hamden, Connecticut: The Shoe Sprint Press, 1956. Copyright original, 1929.

_____. *Moral Man and Immoral Society*. Nova York: Charles Scribner's Sons, 1941.

_____. *The Nature and Destiny of Man*. 2 vols. Nova York: Charles Scribner's Sons, 1951.

_____. *Reflections on the End of an Era*. Nova York: Charles Scribner's Sons, 1934.

_____. *The Self and the Dramas of History*. Nova York: Charles Scribner's Sons, 1955.

NIEBUHR, Reinhold e EDDY, Sherwood. *Doom and Dawn*. Nova York: Eddy and Page, 1936.

OLIVER, F. S. *The Endless Adventure*. 3 vols. Londres: Mcmillan & Co., 1930-35. Vol. III.

PAINE, Thomas. *The Complete Writings of Thomas Payne*. Organizado por Philip Foner. 2 vols. Nova York: The Citadel Press, 1945.

PARTRIDGE, Eric. *Here, There, and Everywhere*. 2ª ed. Londres: Hamish Hamilton, 1950.

PEAR, T. H., org. *Psychological Factors of Peace and War*. Nova York: The Philosophical Library, 1950.

PLATÃO. *The Dialogues of Plato*. Traduzido por B. Jowett. 3ª ed. 5 vols. Londres: Oxford University Press, 1892. Vol. V.

POLÍBIO. *The Histories*. Traduzido por W. R. Paton. 6 vols. Londres: William Heinemann, 1922-27. Vol. I.

POPPER, Karl. *The Open Society and Its Enemies*. Princeton: Princeton University Press, 1950.

Readings in the Theory of International Trade. Selecionados por uma Comissão da American Economic Association. Filadélfia: The Blakiston Co., 1949.

ROBBINS, Lionel. *The Economic Base of Class Conflict and Other Essays in Political Economy*. Londres: Macmillan & Co., 1939.

_____. *Economic Planning and International Order*. Londres: Macmillan & Co., 1937.

RÖPKE, Wilhelm. *Civitas Humana*. Traduzido por Cyril Spencer Fox. Londres: William Hodge, 1948.

_____. *The Social Crisis of Our Time*. Traduzido por Annette e Peter Schiffer Jacobson. Chicago: University of Chicago Press, 1950.

ROUSSEAU, J.-J. *A Lasting Peace through the Federation of Europe and The State of War*. Traduzido por C. E. Vaughan. Londres: Constable, 1917.

_____. *Oeuvres complètes de J.-J. Rousseau*. 13 vols. Paris: Librairie Hachette, 1871-77. Vols. IV e VIII.

_____. *The Political Writings of Jean-Jacques Rousseau*. Organizado por C. E. Vaughan. 2 vols. Cambridge: Cambridge University Press, 1915.

_____. *The Social Contract and Discourses*. Traduzido por G. D. H. Cole. Everyman's Library Edition. Nova York: E. P. Dutton, 1950.

RUSSELL, Bertrand. *Political Ideals*. Nova York: The Century Co., 1917.

SCHORSKE, Carl E. *German Social Democracy, 1905-1917*. Cambridge, Massachusetts: Harvard University Press, 1955.

SCHUMAN, F. L. *International Politics*. 5ª ed. Nova York: McGraw-Hill, 1953.

SHERWOOD, Robert E. *Roosevelt and Hopkins*. Nova York: Harper & Brothers, 1948.

SHOTWELL, James. *War as an Instrument of National Policy*. Nova York: Harcourt, Brace and Co., 1939.

SIMONDS, Frank H. e EMENY, Brooks. *The Great Powers in World Politics*. Nova York: American Book Co., 1939.

SMITH, Adam. *Adam Smith's Moral and Political Philosophy*. Organizado por Herbert W. Schneider. Nova York: Hafner Publishing Co., 1923.

SNOWDEN, Philip. *If Labour Rules*. Londres: The Labour Publishing Co., 1923.

SPENCER, Herbert. *Social Statics, abridged and revised; together with The Man versus the State*. Nova York: D. Appleton and Co., 1897.

SPROUT, Harold e SPROUT, Margaret. *Toward a New Order of Sea Power*. Princeton: Princeton University Press, 1940.

STEPHEN, Leslie. *The English Utilitarians*. 3 vols. Londres: Duckworth and Co., 1900. Vol. III.

Stock Market Study. *Hearings before the Committee on Banking and Currency. United States Senate, Eighty-Fourth Congress, First Session, on Factors Affecting the Buying and Selling of Equity Securities. March, 1955*. Washington: United States Government Priting Office, 1955.

STOURZH, Gerald. *Benjamin Franklin and America Foreign Policy*. Chicago: University of Chicago Press, 1954.

STRACHEY, John. *A Faith to Fight For*. Londres: Victor Gollancz, 1941.

STRAIGHT, Michael. *Make This the Last War*. Nova York: Harcourt, Brace and Co., 1943.

STRAUSZ-HUPÉ, Robert. *The Balance of Tomorrow*. Nova York: G. P. Putnan's Sons, 1945.

SUMNER, William Graham. *War and Other Essays*. Organizado por Albert G. Keller. New Haven: Yale University Press, 1911.

SWANTON, John. *Are Wars Inevitable?* Washington: Smithsonian Institute War Background Studies, nº 12, 1943.

TÁCITO. *The Works of Tacitus*. Tradução de Oxford, revisada. 2 vols. Nova York: Harper & Brothers, 1858. Vol. II.

TAFT, Robert A. *A Foreign Policy for Americans*. Nova York: Doubleday, 1951.

TAFT, William Howard. *The United States and Peace*. Nova York: Charles Scribner's Sons, 1914.

TANNENBAUM, Frank. "The American Tradition in Foreign Relations", *Foreign Affairs*, XXX, 1951, pp. 31-50.

_____. "The Balance of Power in Society", *Political Science Quarterly*, LXVI, 1946, pp. 481-504.

_____. "The Balance of Power versus the Co-ordinate State", *Political Science Quarterly*, LXVII, 1952, pp. 173-97.

TAYLOR, A. J. P. *Rumours of War*. Londres: Hamish Hamilton, 1952.

THOMPSON, Kenneth W. "Beyond National Interest: A Critical Evaluation of Reinhold Niebuhr's Theory of International Politics", *Review of Politics*, XVIII, 1955, pp. 167-88.

THOMPSON, W. S. *Danger Spots in World Population*. Nova York: Alfred A. Knopf, 1930.

TOLMAN, Edward. *Drives toward War*. Nova York: D. Appleton Century Co., 1942.

TREITSCHKE, Heinrich von. *Politics*. Traduzido por Blanche Dugdale e Torben de Bille. 2 vols. Londres: Contable and Co., 1916.

TREVELYAN, Charles. *The Union of Democratic Control: Its History and Its Policy*. Londres, Simson & Co., 1919.

TUCÍDIDES. *History of the Peloponnesian War*. Traduzido por B. Jowett. 2ª ed. Londres: Oxford University Press, 1900.

TUMULTY, Joseph. *Woodrow Wilson as I Knew Him*. Edição exclusiva da *Literary Digest*, 1921.

VAGTS, Alfred. *Defense and Diplomacy*. Nova York: King's Crow Press, 1956.

_____. "The United States and the Balance of Power", *Journal of Politics*, III, 1941, pp. 401-49.

VATTEL, E. de. *The Law of Nations*. 3 vols. O 3º volume é uma tradução da edição de 1758 por Charles G. Fenwick. Washington: The Carnegie Institution, 1916. Vol. III.

"Vigilantes". *Inquest of Peace*. Londres: Victor Gollancz, 1935.

VON LAUE, Theodore H. *Leopold Ranke, the Formative Years*. Princeton: Princeton University Press, 1950.

WALLING, William E. *The Socialists and the War*. Nova York: Henry Holt and Co., 1915.

WEBB, Leicester. "The Future of International Trade", *World Politics*, V, 1953, pp. 423-41.

WEBER, Max. *From Max Weber: Essays in Sociology*. Organizado e traduzido por H. H. Gerth e C. Wright Mills. Londres: Kegan Paul, Trench, Trubner & Co., 1947.

WILLIAMS, J. D. *The Compleat Strategyst*. Nova York: McGraw-Hill Book Co., 1954.

WILSON, Woodrow. *Woodrow Wilson, Selections for Today*. Organizado por Arthur Bernon Tourtellot. Nova York: Duell, Sloan and Pearce, 1945.

WOLFERS, Arnold e MARTIN, Laurence W., orgs. *The Anglo-American Tradition in Foreign Affairs*. New Haven: Yale University Press, 1956.

WOOLF, Leonard, org. *The Intelligent Man's Way to Prevent War*. Londres: Victor Gollancz, 1933.

WRIGHT, Quincy. "Realism and Idealism in International Politics", *World Politics*, V, 1952, pp. 116-28.

Índice analítico

Ação, internacional, estrutura
 política da, 96, 285 s.
– racional, 234 ss.; requisitos
 da, 210-1
Acordo, internacional, para
 banir a guerra, 290
Adams, John, 197 s.
Adler, Mortimer, 5
Adolescência, padrões de
 cultura e, 69
Agostinho, Santo, 283; sobre a
 natureza do homem, 29 s.,
 33; sobre as instituições
 políticas, 41; citado, 33
Agressão: individual e
 guerra, 59, 62, 89 ss.; de
 Estados e incidência da
 guerra, 13 s.; guerra e paz
 em relação a, 272 ss.
Agressor, na guerra, 166

Alemanha, atitude dos
 participantes da Primeira
 Guerra Mundial com
 relação à, 269 s.; atitude
 com relação à Rússia, 269;
 autoritarismo e Primeira
 Guerra Mundial, 14;
 Social-democratas e
 Primeira Guerra Mundial,
 161-76, 184; Tácito sobre
 guerras entre alemães,
 248n
Alexandre III, czar, 268 s.
Aliança Dual, 270
Alianças, sistema de, 268 ss.
Allport, Gordon, 75n; sobre a
 expectativa de guerra, 85 s.;
 citado, 82, 93 s., 97 ss.;
 sugestão ref. Nações
 Unidas, 60

Almond, Gabriel, citado, 78, 97*n*

Ambiente, *ver* Natureza e comportamento humanos, efeito do ambiente sobre; *e* Estado, entre Estados

Amigos, Sociedade dos, 24

Amor, como cura para a guerra, 35

Anarquia, harmonia no Estado de, 31, 35, 143, 149, 209 s.; Estados em condição de, 9 s., 197-230, 231 s., 248, 256, 282 s., 293 s.

Angell, Norman, 24 94, 125, 277

Antropologia, abordagem da paz da, 64 s.; e política, 97*n*

Arbitragem, de disputas internacionais, 144

Aristófanes, *Os acarnianos*, 221; remédio para a guerra, 25

Aristóteles, sobre a estrutura política do Estado, 155

Armamentos, argumento ref. segurança por meio dos, 199, 231

Armas, nucleares, e paz por meio do medo, 291 s.

Aron, Raymond, 65*n*

Atenas, 245

Atômicas, armas, 291 s.

Áustria, Cobden com ref. a, 12, 194

Áustria-Hungria, e Primeira Guerra Mundial, 269, 290

Autodeterminação, nacional, 105 ss., 148, 178; e autodeterminismo, 178 s.

Autopreservação, como motivação humana, 30 s.; individual, 107

Autoridade, impor a justiça, 234 s., 260-1; internacional, *ver* Mundial, governo; internacional, e socialismo, 193

Autoritarismo, de Estado, e guerra, 12, 14; *ver também* Despotismo

Baring, *Sir* Evelyn, 64

Barnard, Chester I., "Sobre o planejamento do governo mundial", 75*n*

Beard, Charles, citado, 101; ref. Roosevelt, 156-7

Bebel, August, 165

Behanan, K. T., citado, 84*n*

Bem-estar, nacional, e relações internacionais, 235 ss., 254

Benedict, Ruth, 68

Bentham, Jeremy, sobre a necessidade do recurso à guerra, 121; sobre a opinião pública e a guerra, 127 s.; citado, 109 s., 128*n*

Berlin, Isaiah, 72

Bernard, L. L., 59

Bernstein, Eduard, 176

Birmarck, Otto, Fürst von, 6, 271; sistema de alianças, 268; políticas, 279 s.

Blum, Léon, 190
Bodin, Jean, 103 s.
Bôeres, Guerra dos, 180
Bonifácio VIII, papa, 218
Borah, William, 145
Borberg, William, 78 ss.
Bright, John, 125 ss.; sobre o equilíbrio de poder, 245; citado, 125n, 126
Bryan, William Jennings, 134
Burguesia, 157

Caça ao cervo, exemplo de conflito, 207 ss., 226 s., 237
Callis, Helmut, citado, 96
Cantril, Hadley, citado, 81
Capital, tirania do, 116
Capitalismo, guerra comunista contra o, 140; e política externa, 182; fonte de "vontade de poder", 186; e guerra, 150, 157 s., 161, 181, 187
Caridade, efeito da, 113 s.
Carlos V, 232 s.
Carver, Thomas Nixon, 136 s.; citado, 119
Casamento, pré-requisito econômico para o, 117
Casserley, J. V. L., 93
Catarina, a Grande, 241n
Causas da guerra, acidentais, 286; fixas e manipuláveis, 97; imagens das causas da, 17 ss.; imediatas, ou ativas, 287 ss.; inter-relação das, 20 s., 282 ss.; justas, 142 s.;

primárias e secundárias, 43 ss.
Causas judiciais, domésticas: análogas a disputas internacionais, 121 s.
Chamberlain, Neville, 271 s.
Checoslováquia, 272
Chinês, Partido Comunista, 140
Churchill, Sir Winston, 273, 290
Cícero, sobre a força, 197
Cidadãos, direitos dos, 104
Cidades-Estado, 219 s., 259
Ciência política, política de prevenção, 59 s.; uso de dispositivos mecânicos, 73 s.
Cientistas sociais, sobre o estabelecimento da paz, 3; pesquisa internacional, 82 s.; e o problema da guerra, 59 s.
Civil, guerra, 283; antídoto para a, 103 s.
Clausewitz, Karl von, citado, 273; sobre o uso da força, 254
Cobban, Alfred, 178
Cobden, Richard, 141, 194, 289; sobre armamentos, 199 s.; fé na evolução, 130; Hobson ref., 189; concepção errônea da política, 144 s.; citado, 12, 128 ss.
Cohen, J., 60
Coletiva, segurança, ver Segurança

Collingwood, R. G., 17

Comércio, internacional, e tarifas nacionais, 233-44

Competição, na economia doméstica, 109 ss., 188, 211, 233 ss.; 238 ss.; na política internacional, 249 ss., 268 ss; no comércio internacional, 236 ss. (*ver também* Livre comércio); como instituição social, 119

Comportamento, ciências do, 23 ss., 283; e redução da guerra, 55-100; repetição de padrões passados, 92 ss.

Comportamento, humano, *ver* Natureza e comportamento humanos – racional, 30 ss., 208 ss., 239

Compreensão, internacional, e paz, 61; *ver também* Conhecimento

Comunicações de massa, 88

Comunismo, Marx e Engels, 157 ss., 172 s.; como ameaça ao mundo livre, 197; Iugoslávia *vs.* União Soviética, 151

Conciliação, 272 ss.

Condições sociais, dificuldades para mudar as, 71 ss.; e guerra, 59, 74, 88

Confiança corporativa, analogia da, 214

Conhecimento, e ação, 76, 93; *ver também* Educação; Compreensão

Constitucionalistas, reformas propostas, 115

Contrato Social, 208

Contrato Social, teóricos do, sobre o comportamento dos Estados, 213 s.

Controle de preços, voluntário, 241

Cooperação, na teoria dos jogos, 249, 251 s.; como necessidade humana, 207 ss.; internacional, 64, 83 s., 123-2, 185 s., 260; produtiva, 73n; autopreservação e, 30 s.

Cottrell, W. Fred., citado, 94 s.

Crenças, influência das, 6 s.

Crime, e natureza humana, 37 s.

Criméia, Guerra da, 132

Cristãos, sociedade de, 209, 283

Cristianismo, com ref. instituições sociais e políticas, 43; concepção do mal, 29 s.

Crucé, Emeric, 7, 125

Cultura(s), mudança nos padrões da(s), 74 s.; diversidade na(s), 63

Curtice, Harlow, testemunho, 240 s.

Daniels, Josephus, citado, 138n

Decisões, tomada de, para resolver conflitos, 234 s., 260

Defesa, nacional, 154; guerra de, 163 ss.

Democracia, capitalista *vs.* socialista, 150; e nacionalidade, 179; como Estado pacífico, 12, 106, 127, 136 s., 147 s., 280; política, visão revisionista da, 179; social, 161; *vs.* totalitarismo, 43

Desarmamento, Blum ref., 191; como política de paz, 199; *ver também* Armamentos

Despotismo, declínio do, 129; efeito das privações nacionais sob o, 103; esclarecido, 151; intervenção *vs.*, 135 ss.; *ver também* Tirania

Deus, e a existência do mal, 5

Deutsch, Karl, citado, 64

Dewey, John, 58

Dickinson, G. Lowes, 15

Dicks, H. V., citado, 75n

Diderot, Denis, 93

Diplomacia, 278 ss.; *ver também* Política externa; estadistas

Direito, civil, 212 s.; aplicação, 203, 286 s.

– internacional: efeito da falta de, 197, 202, 258 s., 264; aplicado à federação de Estados, 229 s.

Direito(s), natural, 30; de nações pequenas, 148

Dirigente(s), Paine com ref. a, 127; propósito do(s), 123 ss., 224

Disputas, internacionais, 198 s.; resolução pacífica de, 144 ss., 234 ss., 290

Dostoiévski, F. M., citado, 139 s.

Duelos, 66

Dulles, John Foster, citado, 273, 292

Dunn, Frederick S., citado, 89n, 198

Durbin, E. F. M., citado, 89 ss.

Durkheim, Emile, fator psicológico e formas sociais, 40 s.; citado, 37, 58

Dymond, Jonathan, 28

Economia, e matemática, 98; Niebuhr com ref., 41 s.

Economistas, atitude com relação à guerra, 94

Educação, abordagem da paz por meio da, 24, 56, 71 ss., 83; controvérsia na França 85n; sistema nacional, 115; e mudança social, 69 s.; *ver também* Conhecimento

Einstein, Albert, equação de, 82

Eisenhower, Dwight D., sobre as causas da Guerra, 13; citado, 241n.

Elites, papel das, 78

Empregador, como classe, e classe trabalhadora, 112

Engels, Friedrich, 172; citado, 151, 176 s.; *ver também* Marx e Engels

Entente britânico-russa, 270
Equilíbrio de poder, 28, 38,
  149; nas relações
  internacionais, 11, 245-59;
  atitudes dos liberais com
  relação a, 133 ss.; alianças
  mutáveis, 255 s., 266 ss.
Equilíbrio do terror, 277,
  291 s.
Espinosa, Baruch de, 5, 29;
  explicação do
  comportamento humano,
  37; explicação da
  violência, 200; sobre a
  razão e a paixão, 325 s.;
  sobre a autopreservação,
  30; com ref. a Estados, 33
Estadistas, Durkheim sobre o
  dever dos, 58;
  considerações éticas dos,
  49 s.; e políticas para a
  paz, 4; e soluções para
  causas da guerra, 82
Estado irresponsável, 139
Estado(s), abolição do(s),
  para pôr fim à guerra, 159,
  183; como unidade ativa
  nas relações internacionais,
  217 ss.; acordo entre,
  como condição para a paz,
  83 s. entre Estados, 9 s.;
  136 s.; 151 s., 198, 213-30,
  238, 248 ss., 284 ss.; maus
  e bons, 20; "maus", e
  guerra, 102 ss., 125 s., 142,
  152, 284 s.; causas de
  atritos entre, 33; código de
  comportamento dos, 257;

em comparação com os
  homens, 201, 211 ss.;
  política doméstica dos,
  concepção liberal, 107-20,
  136 s.; interesses
  domésticos vs.
  internacionais dos, 237 ss.;
  deveres dos, 120 ss.;
  estabelecimento do, 207;
  expansão territorial dos,
  123 s., 223; relações
  externas e condições
  internas, 278 ss.; e a
  vontade geral, 224 ss.;
  privações geográficas ou
  econômicas, 104 s.; metas
  do, 251 ss.; "bons", e paz,
  11, 101-53, 177, 186, 192 s.,
  202 s., 224, 228, 287;
  "bom", Estado limitado
  como o, 111; condições
  internas e proficiência na
  guerra, 287; de inclinações
  pacíficas, 272 ss., 285 s.;
  preservação da unidade
  interna, 102 s.; segurança
  do, e poder do, 48 s.,
  120 s., 133 s., 198 s.;
  organização socialista do,
  176 s., 186 s.
Estados Unidos, e equilíbrio
  de poder europeu, 247; e
  Primeira Guerra Mundial,
  134; missão de libertação,
  138 s.; Estados Unidos,
  razões para entrar na
  Primeira e na Segunda
  Guerra mundiais, 156;

política externa de Seward, 103; uso da bomba nuclear, 291

Estratégia, na política internacional, 248 ss., 268, 294; nacional, interdependência internacional da, 280 s.

Ética, no governo dos países, 49 s., 255 s.

Europa, inevitabilidade de choques, 227 s.; no último estágio do estado de natureza, 227

Europa Central, socialistas e a, 168

Excedente, industrial, e luta por mercados, 180

Fabianos, 177

Federalist Papers, 230, 292

Felipe da Macedônia, 264

Filipinas, Comunidade das, 285

Filosofia, papel da, 48

Filosofia política, cientistas do comportamento e, 99; novo ponto de vista, 72; e problema da paz, 16

Fim, meios justificados pelo, 261 s.

Flynn, John, 156

Força, na mudança cultural, 74, 95; manutenção da paz por meio da, 147; para manter a lei, 122

– uso da: e equilíbrio de poder, 258-9; e interesses nacionais, 280 s., 295;

pelos Estados, 197 ss., 253 ss., 231; ameaça de, 231

Formuladores de políticas, e causas da guerra, 85 s.

França, atitude diante da Primeira Guerra Mundial, 163 s., 167 s.; atitude com relação à Alemanha, 269 s.; e Bonifácio VIII, 218; controvérsia sobre política educacional, 85n; princípio da nacionalidade na, 177 s.; teoria socialista revisionista, 177

France, Anatole, citado, 155

Francisco I, 231 s.

Franco-prussiana, guerra, 132n, 137

Franco-russos, debates 1891, 268 s.

Frank, Lawrence, sobre a paz e a compreensão, 63 ss.; sobre a sociedade como paciente, 59

Franklin, Benjamin, 291

Freud, Sigmund, citado, 89n, 231

Freycinet, primeiro-ministro francês, 270n

Galileu, citado, 91

Garnier-Pagés, Louis, 190

General Motors, 240 s.

Geografia, como fator na guerra, 155

Gladstone, William E., 132

Godwin, William, 110

Goldhamer, Herbert, "A análise psicológica da Guerra", 57

Governo: internacional, concerto de potências, 186 (*ver também* Mundial, governo); concepção de, dos liberais, 107-20; precondição da sociedade, 8-9, 42, 286; regulamentação da indústria, 111, 240 s.

Grandes Potências, liderança deficiente das, 79

Grant Duff, *Sir* M. E., citado, 183

Green, Thomas H., citado, 143

Gregg, Richard B., citado, $33n$

Gregos, idéias sobre si mesmos, 218

Greve, geral, 160, $165n$

Grey, Edward, 290 s.; sobre a força para manter a lei, 122; sobre os instigadores da Primeira Guerra Mundial, 156, 185

Guerra, causas da, *ver* Causas da guerra; civil, 103 s., 283; para estabelecer a paz, 138 ss.; expectativa de, 85 s.; impossibilidade de ganho por meio da, 3, 94 s., 125 s., 277; e anarquia internacional, 197-231; disputas internacionais e, 121; irracionalidade da, 189; último estágio do estado de natureza e, 228;

na defesa nacional, 162 ss.; proscrição da, 145; preventiva, 11, $256n$, 273, 291; como instituição social, 66 ss.; efeito unificador da, 102 s., 185, 221

Guerra, culpa pela, 156, 184 s.

Guerras revolucionárias francesas, 151

Guesde, socialista francês, citado, $165n$

Gurvitch, Georges, citado, 85

Hamilton, Alexander, 246, 293

Hardie, Keir, 160

Harmonia, princípio da, 111, 122, 125, 136 s.; ausente na anarquia, 207 ss., 226-32; e interesses conflitantes da classe trabalhadora, 170 s.; em época de guerra, 193

Heckscher, August, $65n$

Helvétius, Claude Adrien, 93

Herder, Johann Gotfried von, 178

Heródoto, 218

Herz, John, *Realismo político e idealismo político*, 48

Hidrogênio, armas de, 291 s.

Hierão, 245-6

Hispano-americana, guerra, 125

Hobbes, Thomas, 108, 121; teoria do estado de natureza, 206 ss.

Hobson, John, 180-94

Homem, natureza do, *ver* Natureza humana;
primitivo, auto-avaliação, 217; racional, sociedade do, 283
Hukbalahaps, 285
Humana, natureza, *ver* Natureza humana
Hume, David, 93, 245
Hungria, revolta de 1956, 275
Hutchins, Robert M., 282

Idealismo, nacional, e guerra, 143
Igualdade dos cidadãos, e unidade do Estado, 217
Iluminismo, o, 92-4
Imoralidade, na política internacional, 255 s.
Imperativo categórico, 150, 235
Imperialismo, Hobson com ref., 181
Indivíduos, participação na guerra, 221
Indústria, regulamentação governamental da, 111, 240 s.
Inge, William R., 151
Inglaterra, atitude diante da Primeira Guerra Mundial, 14, 156, 165 ss., 270; Bright sobre envolvimentos externos da, 126; e as guerras revolucionárias francesas, 133 s.; intervencionismo, 132; governo trabalhista, 188 s.;

programa dos radicais filosóficos, 115; teoria socialista revisionista, 178; escolas de pensamento sobre a natureza humana, 108 s.; guerra com a Rússia, 12
Interesse pessoal *vs.* cooperação, 207 ss.; de grupos minoritários, 180 s.; proteção do, por meio da força, 233 s.
– nacional, 281, 294; sublimação do, 224
Interesses, conflito de, entre grupos, 233 s.; conflitos de, nacionais e internacionais, 236 ss.; harmonia de, *ver* Harmonia, princípio da; egoístas, *ver* Interesses específicos, de grupos especiais *vs.* bem geral, 238 ss.
– internacionais: equilíbrio de, 127, 144, 148; do proletariado, 162, 166, 169
– nacionais: efeitos dos, sobre a guerra e a paz, 132, 261
Internacional, Segunda, *ver* Segunda Internacional
Internacional, Segunda: programa de ação, 160 ss.; 191; resoluções da, 167 s., 179
Intervencionismo, 132 ss.; e equilíbrio de poder, 138
Itália, descrição de Maquiavel da, 266 s.; liberdade nacional, 135 ss., 263, 279

Jackson, Andrew, e a Suprema Corte, 145
James, William, 25
Japão, mudança de padrões culturais, 74
Jaurès, Jean, 160, 177; citado,164 s., 177
Jay, John, citado, 293
Jogos, teoria dos, 248-56
Judeus, idéia de si mesmos, 218
Julgamento pelo combate, 66
Justiça, como preocupação do governo, 112, 121; conflito de interesses e, 234; dependente do poder de aplicação, 234 s., 260; e liberdade, 16 s. Justiça, social, 83

Kant, Immanuel, 256; análise do homem e do Estado, 200 ss.; sobre a república e a paz, 105 s., 127, 135
Kardiner, Abraham, citado, 85n
Kautsky, Karl, 165 s., 193; citado, 167n
Kelsen, Hans, citado, 235
Kennan, George, 141
Kirk, Grayson, citado, 49
Kisker, George, 96; sobre a liderança política, 79; citado, 77n
Klineberg, Otto, 76 ss., 98
Kluckhohn, Clyde, 59; citado, 63n, 65n

Knupfer, Genevieve, e P. F. Lazarsfeld, citados, 88 s.
Kohn, Hans, 218

La Bruyère, Jean de, citado, 123 s.
Lacedemônia, 245
Laissez-faire, 115 s.; e regulamentação governamental, 117 ss.; imperialismo e, 181
Lasswell, Harold, "política preventiva", 97; citado, 58 s.
Lazarsfeld, P. F. e Genevieve Knupfer, citados, 88
Lealdade, ao grupo mais amplo, 88; nacional, 219 s.
Leighton, Alexander, 76; sobre causas *vs.* sintomas, 72 s.
Leis do Trigo, 113
Lênin, V. I., ajuste da teoria socialista, 170-6; citado, 172n, 174 s.
Levinson, Salmon, 145; citado, 146n
Lewin, Kurt, 69 s.
Liberalismo, ciências do comportamento comparadas com o, 93 s.; dificuldades na prática, 129-43, política doméstica, 107-20; falhas teóricas, 143-9; Hobson com ref. a teorias do, 189 s.; Niebuhr e Morgenthau sobre o, 48 s.; com ref. ao progresso na história, 283, 288;

socialistas em comparação com, 177 s.; visão das relações internacionais, 120-9; com ref. à culpa pela guerra, 14

Liberdade, Hobbes com ref. à, 107; internacional e intervencionismo, 132 s.;

Liberdade, individual, 117 s., 131; e tirania, 16 s.; *ver também* Liberdade

Libertação, 140 s., 275

Liderança, beligerante, como causa da guerra, 13; socialista, função da, 174 s.; despreparada, como causa da guerra, 78 ss.

Liebknecht, Karl, Rosa Luxemburgo e Franz Mehring, citados, 173

Liga das Nações, 18; Hobson com ref. a, 186

Linton, Ralph, citado, 80n

Liu Shao-chi, 140

Livre comércio, 108, 189; e equilíbrio de poder, 134; Cobden com ref., 133; argumento dos liberais em favor do, 123 s.; e tarifas protecionistas, 235 ss.

Livre mercado, regulamentação governamental do, 113

Locke, John, 284

Longfellow, Henry Wadsworth, citado, 23

Lucros, maximização dos, 237 s., 240

Ludlow, Louis L., 127

Luta de classes, 157 s.

Luxemburgo, Rosa, Karl Leibknecht e Franz Mary, citados, 173

MacCurdy, J. T., 59

MacDonald, Ramsay, citado, 190

Macridis, Roy, citado, 151

Mal, certos resultados benéficos do, 111; existência do, 6, 25 ss.; ânsia de poder, 33; potencialidade do, no comportamento humano, 29

Malthus, Thomas R., 9, 113

Mandeville, Bernard, *Fábula das abelhas*, 111

Mann, Thomas, *A montanha mágica*, 93n

Mao Tsé-tung, citado, 140

Maoris, mudança cultural dos, 74

Maquiavel, 256, 261-5

Mar do Norte, 269

Marshall, Alfred, 99

Martineau, Harriet, 114; citada, 114

Marx, Karl, sobre a força e a mudança, 95; sobre o "bom" Estado, 105 s.; Niebuhr com ref. a, 33, 40; e revisionismo, 177n

– e Engels: citados, 172 s.; concepção da guerra e da paz, 158 ss.

Marxistas, pressuposto ref. instituições sociais, 92 s.;

sobre a tese do empobrecimento, 16; *ver também* Socialismo

Massas, tensões mentais e guerra, 78 s.

Matemática, e economia, 98 s.

Materialismo, de Hobson, 181 s.

Mattingly, Garrett, 263n

May, Mark, citado, 87 s.

Mazzini, Giuseppe, 178-9; citado, 135, 137 s.

McDonald, John, 248 s.

Mead, Margaret, sobre frustração adolescente, 69; prescrições para a paz, 66 ss., 75 ss.; citada, 66 s.

Médicos, problema dos sintomas e causas, 72 s.

Medo, equiparado à paz, 291 ss.

Mehring, Franz, Karl Liebknecht e Rosa Luxemburgo, citados, 173

Meios, justificação dos, 261 s.

Metternich, Klemens, Fürst von, 279 s.

Militarismo, alemão, 164, 185, 194

Mill, James, 118

Mill, John Stuart, 109, 115 ss.; sobre a guerra franco-prussiana, 132n; sobre a liberdade italiana, 279 s.; citado, 122, 263n; socialismo de, 119 s.

Miller, James, 60, 75; citado, 62

Milne, A. A., 290

Milner, Alfred, 64 s.

Milton, John, citado, 6

Minoritários, grupos, interesses dos, e imperialismo, 181 s.

Mobilização, competição na, 268 s.

Monarquia, declínio da, 129; e guerra, 150 s., 293

Monopólio, 237 ss.

Montesquieu, 204 ss.

moral, 212; Morellet sobre a, 112; natural e liberdade civil, 212; no estado de natureza, 211; *ver também* Liberdade, individual

Morellet, André, citado, 112

Morgenstein, Oskar, e John von Neumann, teoria dos jogos, 248 s.

Morgenthau, Hans J., 29, 141, 245; explicação do comportamento político, 33 ss., 45 ss.

Morrison, Charles C., 145

Motoristas de caminhão, disputa com relação a oleodutos, 233

Mulheres, papel no governo, 60

Mundial, corte, 145n; propostas para uma, 127 s.

Mundial, federação, 11, 18, 229

Mundial, governo, os liberais e o, 150; paz por meio do, 83 ss., 96 s., 282 ss., 295

Mundial, Guerra, Primeira,
151; argumento com ref.
participação americana,
133; advento da, 155-95;
autoritarismo alemão como
causa da, 14; pressões
internas e externas sobre
Estados participantes,
268 ss.; argumentos
intervencionistas, 136 s.;
como guerra de defesa,
162 ss.
Mundial, Guerra, Segunda,
151, 222, 271 ss.;
revisionistas históricos com
ref. a, 156
Mundial, Guerra, Terceira, 275

Nacionalismo e
nacionalidade, 216 ss.;
como causa da guerra,
187 s.; doutrina do, como
base da paz, 178 s., 182;
efeito das viagens ao
exterior sobre o, 64
Nações, pequenas, preservação
do direito das, 148
Nações Unidas, 257; sugestão
de Allport com ref. às, 60;
e a expectativa de guerra,
85 s.
Não-intervencionismo, *ver*
Intervencionismo
Napoleão III, 80
Natureza, estado de, 6 ss.,
106, 200 ss., 221 s., 281 s.
Natureza e comportamento
humanos, como causa de

conflito, 65 s., 19, 23s., 28 s.,
31-40, 45-53, 101 s., 200,
293; efeito do ambiente
sobre, 6 ss., 42 s., 52 s.,
89 ss., 202 s., 206, 284;
melhoria de, e paz, 23 ss.,
34 ss., 50 s., 58, 75 ss.,
86 ss., 288; e individualismo
liberal, 108-20
Neumann, John von, e Oskar
Morgenstein, teoria dos
jogos, 248 s.
Neutralidade, Wilson com ref.
a Estados neutros, 11
Nichols, Beverly, 24, 60n
Niebuhr, Reinhold, 28 ss.
Nixon, Richard, citado, 194
Nobel, Alfred, 291

Opinião pública, força da,
144 s., 148; e arbitragem
internacional, 144 s.;
mundial, e paz, 127 s.
Organismo, analogia do
Estado como, 214, 219 s.
Organização militar, e
estrutura do Estado, 155 s.
Otimistas, 26; primeira
imagem, 51 s.; soluções
para a guerra dos, 55 ss.

Pacifismo, 55, 95 s.
Pacto de Segurança do
Atlântico, 257
Pactos, internacionais, 148;
abertos, 188
Page, Walter Hines, citado, 151

Paine, Thomas, promessa a Lafayette, 137; citado, 127, 129

Pais Fundadores, atitude com relação ao equilíbrio de poder, 246

Paixão, *vs.* razão, 32 s.

Palmerston, Henry John Temple, Terceiro Visconde de, 80

Partidos comunistas, função dos líderes dos, 175

Partidos Socialistas, na Primeira Guerra Mundial, 160-70; harmonia internacional de interesses, 179 s.; organização nacional *vs.* internacional, 182 s.

Partridge, Eric, 217 s.

Patriotismo, 216 s.

Paz, estabelecimento da, 3 ss., 75 ss., 137 ss., 277 ss. simultânea com o desaparecimento dos Estados, 156 ss., 177; e livre comércio, 123 ss., 188 s.; por meio da compreensão internacional, 61 s.; preponderância de poder e, 272 ss.; prescrições para a, 16 ss., 288 ss.; por meio da reforma dos Estados, 105 ss., 129 ss., 148 ss.; desejo de, 3, 12, 292; e governo mundial, 84 ss., 281 s.

Pear, T. H., 75

Pecado, como causa da guerra, 36 s.

Pecado original, 32

Perfeição e perfectibilidade, nas instituições humanas, 43; do homem, 109 s.; e paz, 280 s.; dos Estados, e fim da guerra, 129 s., 149, 192 s.

Persas, auto-avaliação dos, 218

Pessimistas, atitude com relação ao ideal dos otimistas, 35 s.; sobre as causas da guerra, 26; primeira imagem, 39, 50 s.; soluções políticas para a guerra, 55 ss.

Pitt, William, 132

Platão, 156, 284; citado, 156n

Poder, equilíbrio de, *ver* Equilíbrio de poder; em competição, 116; definição de, 255; comunidade internacional de, 147 s.; ânsia pelo, 32, 35n; política, luta pelo, 45 ss.; preponderância do, e prevenção da guerra, 274 s.; propriedade como, 116 s.; papel do, nas relações internacionais, 197 ss.; "vontade de poder", 186

Políbio, citado, 246

Polícia, como dispositivo mecânico, 73 s.; como soldados, 122

Política, científica, século
XVIII, 93
Política, nacional: e unidade
do Estado, 219 s.
Política econômica,
administração por
exortação, 240 s.; nacional,
e relações internacionais,
242 s.
Política externa, nacional:
aceita pelos cidadãos, 219 s.;
dos Estados capitalistas,
181; e relações
internacionais, 294; e
tensões nacionais, 104 ss.;
visão revisionista da, 182
Potências Centrais, 156, 271
Pressão, externa, e unidade
interna, 103 s., 184, 221 s.;
grupos de, 233
Primat der Aussenpolitik, Das
[A primazia da política
externa], 155
Produção, capitalista, e luta
por mercados, 180;
internacional, distribuição
da, 122 ss., 235 s.;
nacional, distribuição da,
110 s., 119; nacional,
França em guerra em
busca de canais para a, 155
Proletariado, 157; harmonia
de interesses em época de
guerra, 193; não
internacional, 168 s.;
participação na guerra, 165
ss.; revolução do, 159 s.;
seduzido pelo capitalismo,

172; unidade dos interesses
do, 175
Propriedade, como poder
potencial, 116 s.; proteção
da, 119
Proprietários de terra,
interesses especiais, 113
Protecionismo, 240 ss.;
irrracionalidade do, 189; de
grupos especiais, 243 s.
Psicologia, abordagem de
problemas da guerra e da
paz, 57, 102; dados da com
ref. ao homem e à
sociedade, 38 ss.
Psicopatologia, e prevenção
da guerra, 58 s.

Quakers, *ver* Amigos,
Sociedade dos

Racionalistas, identificação do
controle com o
conhecimento, 77
Radicais filosóficos, Inglaterra,
115
Ranke, Leopold von, 11, 278
Razão, deslocada pela paixão,
200; e força, 150;
comportamento humano e,
30 ss., 208 ss., 239 s.; nas
relações internacionais, 187
ss.; e não recurso à guerra,
290; paz por meio da,
128 s., 293 s.; e anarquia
pacífica, 35, 209 s.; e
interesse pessoal, 236 s.; e
resolução de disputas, 292

Realismo, dos
intervencionistas, 141 s.;
político, 48 s.;
sociopsicológico, 97
Realpolitik, 18, 261, 266
Região dos Balcãs, e Estados
da, 279
Regiões costeiras, disputa
sobre, 235
Regulamentação,
governamental, do
comércio exterior, 233-44;
da indústria, 110, 240 s.,
Religião, soluções da, para
causas da guerra, 43 s., 55.
Rendição, como caminho
para a paz, 292
República, e guerra, 103, 292 s.
Republicanismo, e paz, 105 s.,
127, 132, 151 s.
Revisionistas, historiadores,
sobre a culpa pela guerra,
156; liberais, 149;
socialistas, 176-94
Revolução, socialista, 159 s.,
169 s., 174, 177 s.
Revolução Francesa, 127
Ricardo, David, 113
Rickman, John, 76
Robbins, Lionel, 237; citado,
238-9n
Roma, guerra com Cartago,
245 s.
Romanas, guerras externas e
civis, 103 s.
Roosevelt, Franklin D., 264;
acusações de Flynn com
ref. a, 156-7

Röpke, Wilhelm, 120
Rousseau, Jean-Jacques, 8 ss.,
200, 204-30, 232; citado,
212, 216, 222 s., 227 ss.
Russell, Bertrand, sobre os
instintos positivos, 25;
citado, 104n
Russel, John, Primeiro Conde
Russell, 80
Rússia, Dostoievski em
missão da, 139 s.; pacto
com os britânicos, 270;
temor alemão de
conquista pela, 164, 168;
importância dos êxitos
militares no exterior, 103;
ver também União
Soviética
Russos, mudança nos
padrões culturais dos, 74;
desejo de paz dos, 3

Saint-Pierre, Abade de, 10
Samoa, adolescência na, 69
Saúde mental, e paz, 76, 79 ss.
Schlegel, Friedrich von, 64
Scitovszky, Tibor de, 237,
244
Segregação, decisão da
Suprema Corte sobre a, 145
Segurança, coletiva, 107, 257
externa, 48, 120 s., 133 s.;
da pessoa e da
propriedade, 112
– nacional: e alianças
internacionais, 260, 270 s.;
e política externa racional,
248 ss.; por meio de
armamentos, 198 s.

Senado dos Estados Unidos, comitê para o sistema bancário, 240 s.

Sérvia, 271

Seward, William Henry, 103

Shelburne, Lorde, 112

Shotwell, James, citado, 123

Sintomas, e causas, 73 s., 90

Skobelev, Mikhail, 103

Smith, Adam, 243; com ref. a deveres do Estado, 121; citado, 109, 112, 123, 241

Snowden, Philip, citado, 188, 188n

Soberania, nacional, e socialismo, 168 ss.

Sobrevivência, desejo de, de todos os Estados, 248 s.

Socialdemocracia, 161

Socialdemocratas, alemães, Lenin com ref. a, 171

Socialismo, como forma de governo, 152; interesse pela revolução, 170 s.; falta de harmonia dentro do, 283; de Mill, 118 s.; paz por meio do, 189 ss.; atitude revisionista do, com relação à paz, 177 s.; concepção da guerra e da paz, 159 ss.; e a guerra, 152

– internacional: ajuste da teoria, 170-6; e início da Primeira Guerra Mundial, 155-95; revisionistas, 176-94

Sociedade, análise causal de eventos na, 36 s.; como causa de conflito entre os homens, 205; mudanças na, e paz, 65 ss., 96; cristã, 209, 283; lógica da, 282; divisões de classe, 172 s.; controle de grupos de conflito, 233 s.; influência de instituições políticas e sociais, 52 s.; o homem e a, 7, 153; organizada, e estado de natureza, 211 s.; fator psicológico e formas da, 40 s.; estrutura da, 286 s.

Sociologia, abordagem da, 102

Soldados, liberdade de escolha dos, na guerra, 127; como policiais, 122

Solidariedade, grupo de, 216 s.; internacional, e independência nacional, 178 s.

Soma zero, jogo de, 250 ss., 270 s.

Stimson, Henry L., 264

Stlín, Ossip V., 151

Stourzh, Gerald, 47

Straight, Michael, 139

Sufrágio, universal, 115

Sully, Maximilien de Béthune, duque de, 7

Sumner, William Graham, 125, 246

Suprema Corte, dos Estados Unidos, força da opinião pública sobre a, 145

Swanton, John, citado, 83 s.

Swift, Jonathan, 6

Tácito, citado, 258*n*
Taft, Robert A., 13
Taft, William Howard, *The United States and Peace,* 145
Tannenbaum, Frank, 247, 257 s.; sobre o equilíbrio de poder, 266
Tarifas, e comércio internacional, 233-44; e prosperidade nacional, 19
Tawney, R. H., 139
Taylor, A. J. P., citado, 143
Tecnologia, no esforço de guerra moderno, 290 s.
Tensões, nacionais, 82; e conflito internacional, 78 s.; e guerra, 103
"Terror, Equilíbrio do", 277, 291 s.
Tirania, e anarquia, 17, 41; *ver também* Despotismo
Tirpitz, Alfred von, 269
Tissafernes, 245
Tito, Josip Broz, 151
Tolerância, aumento do conhecimento e, 65
Tolman, Edward, *Drives Toward War,* 57
Totalitarismo, e democracia, 43
Trabalhadores, *ver* Trabalho
Trabalhista, governo, Inglaterra, 181 s.
Trabalho, divisão do, 110 s.; interesses da, 233 s.; divisão internacional do, 236; parcela da produção,

118; *ver também* Proletariado, Socialismo
Treitschke, Heinrich von, citado, 121
Trevelyan, Charles, citado, 187
Tribos, primitivas, razão para estudar as, 66
Tríplice Aliança, e Tríplice Entente, 275
Truman, Harry S., citado, 194*n*
Tucídides, 197 s., 245 s.; *História da guerra do Peloponeso,* 259 s., 266

Unesco, Preâmbulo da Constituição da, 81; ação internacional concertada, 85; Projeto Tensões, 75*n*, 77
União de Controle Democrático, 187
União Soviética, Chamberlain com ref. conferência sugerida pela, 272; guerra fria, 62; segurança coletiva como defesa contra a, 257; sugestão de Miller com ref. à, 60; questão de mudança na educação e no governo, 71 s.; ameaça de guerra representada pela, 194, 285; *ver também* Rússia
Unidade, nacional, 216 ss.; e pressão externa, 102 s., 155, 185 s.

Utilitarismo, individual e
nacional, 128 s.; limitações
sobre o governo, 110
Utopismo, dos liberais
intervencionistas, 141;
liberal, 128

Vagts, Alfred, 247
Vattel, Emmerich de, citado,
142
Viagens, e compreensão
internacional, 64 s.
Vida familiar, padrões de, 66
ss.
Voltaire, 5, 111

Weber, Max, 151

Wilson, Woodrow,
democracia e paz, 179; e
a Primeira Guerra
Mundial, 11, 138 s., 156;
idéia do "bom" Estado,
105 s.; sobre a
interdependência das
políticas nacionais, 280 s.;
sobre a organização
internacional, 146 ss.;
citado, 138 s., 147
Wright, Quincy, citado, 48

Xadrez, diplomacia como
jogo de, 279 s.

Young, Donald, citado, 98